FP技能士 2級

精選問題解説集

[実技]

'20～'21年版

個人資産相談業務

JN247753

厚生労働大臣指定試験機関

(一社)金融財政事情研究会 検定センター 監修

きんざい ファイナンシャル・プランナーズ・センター 編著

株式会社きんざい

おことわり

・本書は、原則として、2020年4月1日時点の法令等に基づいて編集されています。

・所得税の税額計算・税率の表記については、特に記載のない限り、復興特別所得税を加算しています。

・東日本大震災および新型コロナウイルス感染症対応に係る各種制度については、特に記載のない限り、表記等には反映せずに解説しています。

・公的年金の年金額については、特に記載のない限り、2020年度の価額およびその計算方法を記載しています。

・法および制度改正等に伴う内容の変更・追加等は下記ウェブサイトに掲載いたします。

https://www.kinzai.jp/seigo/

きんざい　ファイナンシャル・プランナーズ・センター

ファイナンシャル・プランニング技能検定とは

　ファイナンシャル・プランニング技能検定とは、顧客である個人や中小企業事業主の相談に応じて、顧客の資産に関する情報を収集・分析し、顧客のライフプランやニーズに合わせた貯蓄、投資、保険、税務、不動産、相続・事業承継等についてのプランの立案や資産相談に必要とされる技能の習得レベルを評価する国家試験です。一般社団法人金融財政事情研究会および特定非営利活動法人日本ファイナンシャル・プランナーズ協会により実施されており、同技能検定に合格した方には、国家資格「ファイナンシャル・プランニング技能士」（名称独占資格）の称号が付与されます。

　銀行、信用金庫、信用組合、農協、郵便局などの預貯金取扱金融機関、保険会社、保険代理店、証券会社、クレジット会社、不動産会社、建設会社等に勤務されている方の多くがファイナンシャル・プランニング技能士の資格を取得しています。また、ＦＰ事務所の看板を掲げて開業し、顧客の資産に関する相談に有償で応じるいわゆる独立系ＦＰの方も、ファイナンシャル・プランニング技能士の資格を取得しています。さらに、一般企業の総務部や経理部の方々、大学生、専門学校生、高校生や主婦の方などの取得者も増えています。

　ファイナンシャル・プランニング技能士は国が認めたＦＰのエキスパートであり、金融ビジネスにおいて、今後ますます活躍の場が広がります。

目　次

ファイナンシャル・プランニング技能検定２級実技試験

〈2019 年度実施〉

ファイナンシャル・プランニング技能検定の概要

▶1. ファイナンシャル・プランニング技能検定の等級・分野

　ファイナンシャル・プランニング技能検定は1級、2級、3級の等級に分かれており、それぞれ学科試験と実技試験が行われます。両方の試験に合格すればその等級の合格となります。

〈各級の出題分野〉

A	ライフプランニングと資金計画
B	リスク管理
C	金融資産運用
D	タックスプランニング
E	不動産
F	相続・事業承継

（※）　分野ごとの細目・出題範囲については一般社団法人金融財政事情研究会のウェブサイトで確認ください。（https://www.kinzai.or.jp/fp/fp_specifications.html）

▶2. 出題形式・試験時間等

等級	学科実技	出題（審査）形式	試験時間		満点	合格基準
1級	学科	〈基礎編〉マークシート方式（四答択一式、50問）	10：00〜12：30	150分	200点	120点以上
		〈応用編〉記述式（事例形式5題）	13：30〜16：00	150分		
	実技	口頭試問方式	（注1）		200点	120点以上
2級	学科	マークシート方式（四答択一式、60問）	10：00〜12：00	120分	60点	36点以上
	実技	記述式（事例形式5題）	13：30〜15：00	90分	50点	30点以上
3級	学科	マークシート方式（○×式、三答択一式、計60問）	10：00〜12：00	120分	60点	36点以上
	実技	マークシート方式（事例形式5題）	13：30〜14：30	60分	50点	30点以上

（注1）設例課題に基づく12分程度の口頭試問が2回実施されます（半日程度）。
（注2）1級実技試験以外はいずれも筆記試験です。
（注3）筆記用具、計算機（プログラム電卓等を除く）の持込みが認められています。
（注4）一般社団法人金融財政事情研究会が実施する試験について掲載しています。

▶ 3. 試験科目・受検資格と受検手数料

等級	学科実技	実技試験の選択科目	受検資格	受検手数料（非課税）
1級	学科	－	◆2級技能検定合格者で、FP業務に関し1年以上の実務経験を有する者 ◆FP業務に関し5年以上の実務経験を有する者 ◆厚生労働省認定金融渉外技能審査2級の合格者で、1年以上の実務経験を有する者	8,900円
1級	実技	●資産相談業務	◆1級学科試験の合格者（注1） ◆「FP養成コース」修了者でFP業務に関し1年以上の実務経験を有する者（注2） ◆日本FP協会のCFP®認定者 ◆日本FP協会のCFP®資格審査試験の合格者（注3）	25,000円
2級	学科	－	◆3級技能検定の合格者 ◆FP業務に関し2年以上の実務経験を有する者 ◆厚生労働省認定金融渉外技能審査3級の合格者 ◆日本FP協会が認定するAFP認定研修を修了した者	4,200円
2級	実技	●個人資産相談業務 ●中小事業主資産相談業務 ●生保顧客資産相談業務 ●損保顧客資産相談業務		各4,500円
3級	学科	－	◆FP業務に従事している者または従事しようとしている者	3,000円
3級	実技	●個人資産相談業務 ●保険顧客資産相談業務		各3,000円

（注1）2020年度に実施する1級実技試験を受検できるのは、2018年度以降の1級学科試験合格者です。
（注2）FP養成コースとは、一般社団法人金融財政事情研究会が実施する「普通職業訓練短期課程金融実務科FP養成コース」を指します。2020年度に実施する1級実技試験を受検できるのは、2018年度以降の修了者です。
（注3）2020年度に実施する1級実技試験を受検できるのは、2018年度以降のCFP®資格審査試験合格者です。
（注4）一般社団法人金融財政事情研究会が実施する試験について掲載しています。
（注5）日本FP協会では、2級、3級学科試験および1級、2級、3級実技試験（資産設計提案業務）を実施しています。

▶ 4. 試験結果と資格取得者数

(1) 試験結果（合格率／金融財政事情研究会実施分）

等級	学科実技	試験科目	2019年5月試験	2019年9月試験	2020年1月試験
1級	学科	－	11.77%	10.14%	11.81%
	実技	資産相談業務（注）	85.69%	83.10%	84.92%
2級	学科	－	20.88%	20.97%	28.81%
	実技	個人資産相談業務	25.77%	31.72%	33.13%
		中小事業主資産相談業務	－	55.49%	55.81%
		生保顧客資産相談業務	54.73%	50.80%	45.88%
		損保顧客資産相談業務		67.22%	—
3級	学科	－	42.76%	62.77%	65.43%
	実技	個人資産相談業務	54.35%	45.44%	50.22%
		保険顧客資産相談業務	44.85%	43.31%	48.19%

（注）1級実技試験については、2019年6月実施分は2019年5月試験結果、2019年10月実施分は2019年9月試験結果、2020年2月実施分は2020年1月試験結果に掲載しています。

(2) ファイナンシャル・プランニング技能士資格取得者数

●1級…22,881名　●2級…465,455名　●3級…918,687名

※一般社団法人金融財政事情研究会実施分。2020年3月27日現在の延べ人数。

▶ 5. 2020年9月～2021年5月 試験日程（金融財政事情研究会実施分）

9月	2020年9月13日（日）	【受検申請書請求期間】 【受検申請受付期間】 【合格発表日（予定）】	6月1日（月）～7月21日（火） 7月6日（月）～7月28日（火） 10月23日（金）
1月	2021年1月24日（日）	【受検申請書請求期間】 【受検申請受付期間】 【合格発表日（予定）】	10月1日（木）～11月24日（火） 11月10日（火）～12月1日（火） 2021年3月5日（金）
5月	2021年5月23日（日）(予定)	【受検申請書請求期間】 【受検申請受付期間】 【合格発表日（予定）】	未　定

（注）2級実技試験中小事業主資産相談業務は2020年9月および2021年1月に、また、2級実技試験損保顧客資産相談業務は2020年9月に実施されます。

　　　1級実技試験は、同級学科試験合格者を対象に2月、6月、10月に実施され、試験日のおよそ2～3カ月前より受検申請受付が開始されます。

▶6. 受検手続

　個人申込の場合、受検申請の方法には、（a）インターネットを利用して申し込む方法と、（b）申込書を郵送して申し込む方法の2通りがあります。詳しくは、以下のウェブサイトをご覧ください。

https://www.kinzai.or.jp/ginou/fp/apply/index.html

●**ファイナンシャル・プランニング技能検定に関するお問合せ**

　　　一般社団法人 金融財政事情研究会 検定センター　TEL 03-3358-0771

　　　　　　　　　　　　　　個人申込専用ダイヤル　TEL 03-4334-1263

　　　　　　　　　　　　　　URL：https://www.kinzai.or.jp/fp

　　　特定非営利活動法人 日本ファイナンシャル・プランナーズ協会

　　　　　　　　　　　　　　　試験業務部　TEL 03-5403-9890

　　　　　　　　　　　　　　URL：https://www.jafp.or.jp/

〈税額計算の速算表等〉

1．所得税の速算表（税額＝Ａ×Ｂ−Ｃ）

課税所得金額(A)	税率(B)	控除額(C)
195万円以下	5%	—
195万円超　330万円以下	10%	9.75万円
330万円超　695万円以下	20%	42.75万円
695万円超　900万円以下	23%	63.6万円
900万円超　1,800万円以下	33%	153.6万円
1,800万円超　4,000万円以下	40%	279.6万円
4,000万円超	45%	479.6万円

2．住民税の所得割額の速算表

課税総所得金額	税率	控除額
一律	10%	—

3．給与所得控除額

給与収入金額	給与所得控除額
180万円以下	収入金額×40%−10万円（55万円に満たない場合は、55万円）
180万円超　360万円以下	収入金額×30%＋8万円
360万円超　660万円以下	収入金額×20%＋44万円
660万円超　850万円以下	収入金額×10%＋110万円
850万円超※	195万円

※　特別障害者に該当する者、または23歳未満の扶養親族を有する者、もしくは特別障害者の同一生計配偶者または扶養親族を有する者は、「（給与等の収入金額（上限1,000万円）−850万円）×10%」の金額が控除額に加算される（所得金額調整控除）。

4．公的年金等控除額

年齢	公的年金等の収入金額(A)	公的年金等控除額		
		公的年金等に係る雑所得以外の所得に係る合計所得金額		
		1,000万円以下	1,000万円超 2,000万円以下	2,000万円超
65歳以上	330万円以下	110万円	100万円	90万円
	330万円超　410万円以下	A×25%+27.5万円	A×25%+17.5万円	A×25%+7.5万円
	410万円超　770万円以下	A×15%+68.5万円	A×15%+58.5万円	A×15%+48.5万円
	770万円超1,000万円以下	A×5%+145.5万円	A×5%+135.5万円	A×5%+125.5万円
	1,000万円超	195.5万円	185.5万円	175.5万円
65歳未満	130万円以下	60万円	50万円	40万円
	130万円超　410万円以下	A×25%+27.5万円	A×25%+17.5万円	A×25%+7.5万円
	410万円超　770万円以下	A×15%+68.5万円	A×15%+58.5万円	A×15%+48.5万円
	770万円超1,000万円以下	A×5%+145.5万円	A×5%+135.5万円	A×5%+125.5万円
	1,000万円超	195.5万円	185.5万円	175.5万円

※　受給者の年齢は、受給した年の12月31日現在の年齢で判定する。

5．相続税の速算表（税額＝A×B－C）

法定相続分に応ずる取得金額(A)		税率(B)	控除額(C)
	1,000万円以下	10%	―
1,000万円超	3,000万円以下	15%	50万円
3,000万円超	5,000万円以下	20%	200万円
5,000万円超	1億円以下	30%	700万円
1億円超	2億円以下	40%	1,700万円
2億円超	3億円以下	45%	2,700万円
3億円超	6億円以下	50%	4,200万円
6億円超		55%	7,200万円

6．贈与税の速算表（税額＝A×B－C）
①特例贈与財産[※1]（特例税率）

基礎控除および配偶者控除後の課税価格(A)		税率(B)	控除額(C)
	200万円以下	10%	―
200万円超	400万円以下	15%	10万円
400万円超	600万円以下	20%	30万円
600万円超	1,000万円以下	30%	90万円
1,000万円超	1,500万円以下	40%	190万円
1,500万円超	3,000万円以下	45%	265万円
3,000万円超	4,500万円以下	50%	415万円
4,500万円超		55%	640万円

※1　特例贈与財産…贈与年の1月1日において20歳以上の者が直系
　　尊属から贈与を受けた財産

②一般贈与財産[※2]（一般税率）

基礎控除および配偶者控除後の課税価格(A)		税率(B)	控除額(C)
	200万円以下	10%	―
200万円超	300万円以下	15%	10万円
300万円超	400万円以下	20%	25万円
400万円超	600万円以下	30%	65万円
600万円超	1,000万円以下	40%	125万円
1,000万円超	1,500万円以下	45%	175万円
1,500万円超	3,000万円以下	50%	250万円
3,000万円超		55%	400万円

※2　一般贈与財産…特例贈与財産以外の贈与財産

第 1 章

A
ライフプランニングと資金計画

公的医療・介護保険

　Aさんは、妻Bさんとの2人暮らしであり、年金および賃金による収入で生活をしている。先日、Aさんは、友人と公的介護保険や後期高齢者医療制度の話をしたが、詳しい内容についてよくわからなかったので、ファイナンシャル・プランナーのMさんに相談した。Aさんおよび妻Bさんに関する資料は、以下のとおりである。

〈Aさんおよび妻Bさんに関する資料〉

・Aさん　（70歳）：1949年（昭和24年）8月6日生まれ

　　　　　　　　　　（年齢は2020年（令和2年）4月1日時点、以下同じ）

　　　　　　　　　　全国健康保険協会管掌健康保険（協会けんぽ）に加入中

・妻Bさん（70歳）：1950年（昭和25年）3月3日生まれ

　　　　　　　　　　全国健康保険協会管掌健康保険（協会けんぽ）に加入中（Aさんの被扶養者）

　　　　　　　　　　現在および将来もAさんと同居し、生計維持関係にあるものとする。

※上記以外の条件は考慮せず、各問に従うこと。

《問1》　公的介護保険に関してMさんが説明した次の記述①～③について、適切なものには○印で、不適切なものには×印で答えなさい。

① 「公的介護保険の第1号被保険者は、初老期における認知症、脳血管疾患等の特定疾病によって要介護状態になった場合に限り、公的介護保険の保険給付を受けることができます」

② 「公的介護保険の居宅サービスおよび介護予防サービスでは、要介護・要支援の各区分に応じて保険給付の上限額（支給限度額）が決められており、上限額を超えてサービスを利用した場合には、超えた額の3割が自己負担となります」

③ 「Aさんまたは妻Bさんが、公的介護保険の要介護または要支援の認定を受け、介護支援専門員によるケアプランの作成支援を受けた場合には、

作成料の1割（一定所得以上の者は2割、そのうち特に所得が高い者は3割）が自己負担となります」

《問2》 Aさんは、公的年金および賃金以外の収入がないため、医療や介護の出費による家計への負担を心配している。これについて、Mさんが、下記の〈条件〉および〈資料〉に基づいて説明した次の文章の空欄①～③に入る最も適切な語句または数値を答えなさい。

〈条件〉
・ Aさんの1年間の健康保険の療養給付の自己負担額：40万円
・ 妻Bさんの1年間の公的介護保険の利用者負担額：30万円
・ 高額療養費および高額介護(介護予防)サービス費に該当する金額はなかったものとし、計算期間は2020年（令和2年）8月1日以降の1年間とする。
・ Aさん世帯の所得区分は〈一般〉に該当するものとする。

〈資料〉
高額介護合算療養費・高額医療合算介護（介護予防）サービス費に係る自己負担限度額（年額）

所得区分	加入制度・年齢	健康保険＋介護保険（70～74歳の世帯）
現役並み所得者	年収 約1160万円～	212万円
	年収 約770万円～約1160万円	141万円
	年収 約370万～約770万円	67万円
一般（年収約156万～約370万円）		56万円
市町村民税非課税世帯	区分Ⅱ	31万円
	区分Ⅰ	19万円

「世帯内の同一の医療保険の加入者が、1年間（2020年（令和2年）8月1日から2021年（令和3年）7月31日までの期間）に負担した医療保険および介護保険の自己負担額の合計額が、上記〈資料〉の限度額を超えた場合は、所定の手続により、医療保険からは『高額介護合算療養費』、介護保険からは『高額医療合算介護（介護予防）サービス費』が支給されます。

　Aさんおよび妻Bさんがこの制度を利用した場合、世帯の自己負担限度額（年額）は、（ ① ）万円となるため、高額介護合算療養費と高額医療合算介護（介護予防）サービス費として支給される合計金額は（ ② ）万円

となります。

　なお、Aさんが高額介護合算療養費の支給を受けるためには、介護保険の保険者である（　③　）で介護保険の自己負担額証明書の交付を受け、これを添付して医療保険者に申請する必要があります」

《問3》 Mさんは、Aさんに対して、後期高齢者医療制度についての概略を説明した。Mさんが説明した以下の文章の空欄①～④に入る最も適切な語句または数値を、下記の〈語句群〉のなかから選びなさい。

　「原則として（　①　）歳になる者は、後期高齢者医療制度の被保険者となり、それまでの公的医療保険の被保険者または被扶養者の資格を喪失します。

　後期高齢者医療制度の保険料は、公的年金の受給額が年額（　②　）万円以上の場合、原則として、公的年金から特別徴収されますが、口座振替により納付することも選択できます。将来Aさんと妻Bさんが後期高齢者医療制度の被保険者となり、妻Bさんの後期高齢者医療制度の保険料を、Aさんの預金口座から引落しによって支払った場合、妻Bさんの保険料は、Aさんの所得税の計算上、（　③　）の対象となります。

　また、後期高齢者医療制度の保険料は、『均等割額』と『所得割額』を合計した額になりますが、健康保険の被扶養者であった妻Bさんの（　④　）は、加入から2年を経過する月まで5割の軽減措置があります」

┌─〈語句群〉──────────────────────────
　70　　　75　　　80　　　12　　　15　　　18

　社会保険料控除　　　医療費控除　　　配偶者控除　　　所得割額　　　均等割額
└─────────────────────────────────

✎ 解答と解説 ・・・・・・・・・・・・・・・・・・・・・・・・・・・・・・・・・・

《問1》

①　不適切。保険給付を受けるにあたり、第1号被保険者は、介護や支援が必要になった原因を問われない。なお、第2号被保険者は、介護や支援が必要になった原因が特定疾病である場合に限り、保険給付を受けることができる。

4

② 不適切。公的介護保険の居宅サービス・介護予防サービスでは、各状態区分に応じて保険給付の上限額（支給限度額）が定められている。上限額の範囲内でサービスを利用する場合は、利用者負担は1割（一定所得以上の者は2割、そのうち特に所得が高い者は3割）だが、上限額を超えてサービスを利用した場合は、超えた分の全額が利用者の負担となる。

③ 不適切。現時点でケアプラン作成における居宅介護サービス計画費などにかかる利用者負担はない。

正解 ①× ②× ③×

《問2》

介護保険のサービスを受ける利用者は、高齢であるため、病気やケガにより医療費の支払で二重の負担がかかるケースも多い。

高額療養費や高額介護（介護予防）サービスが利用できたとしても過重な負担がかかるので、それを軽減するためにこの制度が創設された。

これまでの高額療養費の計算では原則として、個人単位で自己負担限度額は月単位で行われていたが、高額医療・高額介護合算制度での自己負担限度額は、世帯合算で、かつ年単位、すなわち、当年8月1日から翌年7月31日までの1年間を計算期間として算出する。なお、計算期間終了日の翌日（8月1日）から2年を経過すると時効により申請ができなくなるので、注意が必要である。

また、同一世帯で同じ医療制度に加入している人の場合は、たとえば、夫の介護保険のサービス費と妻の医療費を合算して一定額を超えれば、超えた分が還付されることになる。

Aさんおよび妻Bさんがこの制度を利用した場合は所得区分が「一般」であるため、世帯の自己負担限度額は56万円となり、高額介護合算療養費と高額医療合算介護（介護予防）サービス費の支給額の合計額は次のとおりとなる。

40万円＋30万円－56万円＝14万円

正解 ①56 ②14 ③市町村（特別区を含む）

《問3》

後期高齢者医療制度の運営は、都道府県ごとに設けられた広域連合が行っている。市町村は、保険料の徴収や各種申請・受付などの窓口業務を行う。

正解 ①75 ②18 ③社会保険料控除 ④均等割額

老齢給付（1）

　会社員のAさん（59歳、2020年（令和2年）7月1日時点。以下同じ）は、妻Bさん（58歳）との2人暮らしである。Aさんが勤務している会社（X社）の定年は満60歳であるが、希望すれば60歳以降も継続して勤務することが可能である。Aさんは、自分が何歳からどのくらい公的年金を受け取ることができるのかを把握したうえで、定年退職するか継続勤務するかについて検討したいと考えている。そこで、Aさんはファイナンシャル・プランナーのMさんに相談することにした。

　Aさんおよび妻Bさんに関する資料は、以下のとおりである。

〈Aさんおよび妻Bさんに関する資料〉

(1)　Aさん

　　生年月日：1960年（昭和35年）10月3日

　〔公的年金の加入歴（60歳までX社に勤務した場合の見込みを含む）〕

(2)　妻Bさん（専業主婦）

　　生年月日：1962年（昭和37年）5月27日

　　20歳からAさんと結婚をするまで国民年金の第1号被保険者として保険料を納付、結婚後は、第3号被保険者として国民年金に加入。

※妻Bさんは、現在および将来においてもAさんと同居し、生計維持関係にあるものとする。

※Aさんおよび妻Bさんは、現在および将来においても公的年金制度における障害等級に該当する障害の状態にないものとする。

※上記以外の条件は考慮せず、各問に従うこと。

《問1》 Mさんは、Aさんに係る公的年金制度からの老齢給付の概略を下図により説明した。Mさんが説明した以下の図および文章の空欄①〜③に入る最も適切な語句または数値を、下記の〈語句群〉のなかから選びなさい。なお、問題の性質上、明らかにできない部分は「□□□」で示してある。

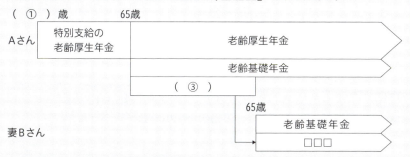

「Aさんは、原則として、（　①　）歳から報酬比例部分のみの特別支給の老齢厚生年金を受給することができ、65歳から老齢基礎年金および老齢厚生年金を受給することができます。

　また、Aさんの厚生年金保険の被保険者期間の月数は（　②　）月以上あり、かつ、所定の要件を満たす配偶者（妻Bさん）がいることから、Aさんが65歳から受給することができる老齢厚生年金には、配偶者が65歳に達するまでの間、（　③　）が加算されます」

┌─〈語句群〉─────────────────────────
│ 62　　　63　　　64　　　120　　　180　　　240
│ 経過的加算額　　加給年金額　　中高齢加算額
└──────────────────────────────────

《問2》 Aさんが60歳でX社を定年退職し、再就職しない場合に、原則として支給開始年齢から受給することができる特別支給の老齢厚生年金の年金額を、2020年度（令和2年度）価額に基づいて求めなさい。計算にあたっては、《設例》および下記の〈資料〉を利用すること。また、年金額の端数処理は円未満を四捨五入すること。

〈資料〉 特別支給の老齢厚生年金の計算式

報酬比例部分の額 ＝（①＋②）

① 2003 年（平成 15 年）3 月以前の期間分

平均標準報酬月額 × $\dfrac{7.125}{1,000}$ × 2003 年（平成 15 年）3 月以前の被保険者期間の月数

② 2003 年（平成 15 年）4 月以後の期間分

平均標準報酬額 × $\dfrac{5.481}{1,000}$ × 2003 年（平成 15 年）4 月以後の被保険者期間の月数

《問3》 MさんがAさんに対して行ったアドバイスに関する次の記述①〜③について、適切なものには○印で、不適切なものには×印で答えなさい。

① 「Aさんが 60 歳でX社を定年退職する場合、老齢給付の繰上げ支給を請求することが考えられますが、その場合の減額率は、1,000 分の 7 に繰上げ月数を乗じて算出され、その減額率は生涯にわたり変わりません」

② 「Aさんが、特別支給の老齢厚生年金の支給開始年齢到達以後も厚生年金保険の被保険者としてX社に勤務した場合、特別支給の老齢厚生年金は、在職支給停止の仕組みにより、その一部または全部が支給停止となる場合があります」

③ 「Aさんが希望すれば、過去の国民年金の未加入期間に係る保険料を 10 年分まで納付することができます」

解答と解説 . . . .

《問1》

① 1959 年（昭和 34 年）4 月 2 日から 1961 年（昭和 36 年）4 月 1 日生まれの男性の特別支給の老齢厚生年金の支給開始年齢は、64 歳である。

② 加給年金額が加算されるためには、厚生年金保険の被保険者期間が 240 月以上あることが必要である。

③ 特別支給の老齢厚生年金の報酬比例部分のみが支給される期間は、加給年金額の加算は行われない。

正解　① 64　② 240　③加給年金額

《問2》

$$360,000\,円 \times \frac{7.125}{1,000} \times 240\,月 + 500,000\,円 \times \frac{5.481}{1,000} \times 210\,月 = 1,191,105\,円$$

正解 1,191,105 円

《問3》

① 不適切。繰上げ支給の場合の減額率は、0.5%に繰上げ月数を乗じて算出される。

② 適切。基本月額と総報酬月額相当額の合計額が 28 万円（2020 年度の価額）を超える場合、支給停止となる。

③ 不適切。免除や納付猶予により納付を免除もしくは猶予されていた保険料について過去 10 年前までであれば遡って追納できるのであり、未納期間の保険料について 10 年分まで納付できるような制度はない。

正解 ①× ②○ ③×

🔍 **ポイント** . . . .

　老齢厚生年金は支給開始年齢が段階的に引き上げられ、1941 年（昭和 16 年）4月2日（第1号厚生年金被保険者の女性は5年遅れ）以後に生まれた者からは、特別支給の老齢厚生年金（報酬比例部分＋定額部分）の支給開始が 61 ～ 64 歳となる。また、1949 年（昭和 24 年）4月2日（第1号厚生年金被保険者の女性は5年遅れ）以降に生まれた者からは、定額部分はなくなり、60 歳から 65 歳になるまでの間、特別支給の老齢厚生年金の報酬比例部分だけの支給になる。

　さらに、1953 年（昭和 28 年）4月2日（第1号厚生年金被保険者の女性は5年遅れ）以後に生まれた者からは、特別支給の老齢厚生年金の報酬比例部分の支給開始年齢も段階的に引き上げられ、最終的には 1961 年（昭和 36 年）4月2日（第1号厚生年金被保険者の女性は5年遅れ）以後に生まれた者からは、原則として 65 歳にならないと老齢厚生年金は支給されない。

〈65歳未満の老齢厚生年金の支給開始年齢の引上げ〉

生年月日	年齢					
	60歳	61歳	62歳	63歳	64歳	65歳以後
男性　昭和16年4月1日以前	特別支給の老齢厚生年金（報酬比例部分）					老齢厚生年金
女性※　昭和21年4月1日以前	特別支給の老齢厚生年金（定額部分）					老齢基礎年金
男性　昭和16年4月2日～昭和18年4月1日	（報酬比例部分）					老齢厚生年金
女性　昭和21年4月2日～昭和23年4月1日		（定額部分）				老齢基礎年金
男性　昭和18年4月2日～昭和20年4月1日	（報酬比例部分）					老齢厚生年金
女性　昭和23年4月2日～昭和25年4月1日			（定額部分）			老齢基礎年金
男性　昭和20年4月2日～昭和22年4月1日	（報酬比例部分）					老齢厚生年金
女性　昭和25年4月2日～昭和27年4月1日				（定額部分）		老齢基礎年金
男性　昭和22年4月2日～昭和24年4月1日	（報酬比例部分）					老齢厚生年金
女性　昭和27年4月2日～昭和29年4月1日					(定額部分)	老齢基礎年金
男性　昭和24年4月2日～昭和28年4月1日	（報酬比例部分）					老齢厚生年金
女性　昭和29年4月2日～昭和33年4月1日						老齢基礎年金
男性　昭和28年4月2日～昭和30年4月1日		（報酬比例部分）				老齢厚生年金
女性　昭和33年4月2日～昭和35年4月1日						老齢基礎年金
男性　昭和30年4月2日～昭和32年4月1日			（報酬比例部分）			老齢厚生年金
女性　昭和35年4月2日～昭和37年4月1日						老齢基礎年金
男性　昭和32年4月2日～昭和34年4月1日				（報酬比例部分）		老齢厚生年金
女性　昭和37年4月2日～昭和39年4月1日						老齢基礎年金
男性　昭和34年4月2日～昭和36年4月1日					（報酬比例部分）	老齢厚生年金
女性　昭和39年4月2日～昭和41年4月1日						老齢基礎年金
男性　昭和36年4月2日～						老齢厚生年金
女性　昭和41年4月2日～						老齢基礎年金

※　「女性」は、女性が第1号厚生年金被保険者期間に基づく特別支給の老齢厚生年金を受給する場合の支給開始年齢。女性の第2～4号厚生年金被保険者期間に基づく特別支給の老齢厚生年金の支給開始年齢は「男性」と同じ。

老齢給付（2）

　Aさん（59歳、2020年（令和2年）9月1日時点。以下同じ）は、妻Bさん（57歳）との2人暮らしである。Aさんは、高校卒業後から現在に至るまで、X社に勤務している。X社は満60歳定年制を採用しているが、再雇用制度が設けられており、その制度を利用した場合、最長65歳まで厚生年金保険の被保険者として勤務することが可能である。Aさんは、X社の再雇用制度を利用して同社に65歳まで勤務する予定であり、その場合の公的年金制度からの給付等について知りたいと考えている。そこで、Aさんは、ファイナンシャル・プランナーのMさんに相談することにした。

　Aさんおよび妻Bさんに関する資料は、以下のとおりである。

〈Aさんおよび妻Bさんに関する資料〉

⑴　Aさん（会社員）

　　生年月日：1961年（昭和36年）3月24日

　　厚生年金保険、全国健康保険協会管掌健康保険、雇用保険に加入している。

　〔公的年金の加入歴（見込みを含む）〕

1979年4月 （昭和54年）		2020年9月 （令和2年）	2026年3月退職 （令和8年）
厚生年金保険 497月			厚生年金保険 66月納付見込み
18歳		59歳	65歳

　　　2003年（平成15年）3月以前（288月）　　2003年（平成15年）4月以後（275月）
　　　平均標準報酬月額　350,000円　　　　　　平均標準報酬額　490,000円

⑵　妻Bさん（パート勤務）

　　生年月日：1962年（昭和37年）12月10日

　　高校卒業後から28歳でAさんと結婚するまでは厚生年金保険に加入。結婚後は国民年金に第3号被保険者として加入している。また、Aさんが加入している健康保険の被扶養者である。

※妻Bさんは、現在および将来においても、Aさんと同居し、生計維持関係にあるものとする。

※Aさんおよび妻Bさんは、現在および将来においても、公的年金制度における障害等級に該当する障害の状態にないものとする。

※上記以外の条件は考慮せず、各問に従うこと。

《問1》 Mさんは、60歳以上65歳未満の在職老齢年金の仕組みについて説明した。MさんがAさんに対して説明した以下の文章および〈資料〉の空欄①〜③に入る最も適切な語句を、下記の〈語句群〉のなかから選びなさい。

「Aさんは、原則として（ ① ）から報酬比例部分のみの特別支給の老齢厚生年金を受給することができます。ただし、Aさんが（①）以後も引き続き厚生年金保険の被保険者としてX社に勤務する場合、特別支給の老齢厚生年金は、（ ② ）との合計額により調整が行われ、年金額の一部または全部が支給停止となることがあります。

2020年度（令和2年度）における支給停止額（月額）は、下記の〈資料〉の計算式によって算出されます。仮に、（②）が30万円、基本月額が10万円である場合、1カ月当たりの支給停止額は（ ③ ）となります」

〈資料〉2020年度（令和2年度）における支給停止額（月額）

（ ② ）（A）／基本月額（B）	47万円以下	47万円超
28万円以下	$(A + B - 28万円) \times \frac{1}{2}$	$(47万円 + B - 28万円) \times \frac{1}{2} + (A - 47万円)$
28万円超	$A \times \frac{1}{2}$	$47万円 \times \frac{1}{2} + (A - 47万円)$

〈語句群〉

62歳　63歳　64歳　総報酬月額相当額　標準報酬月額
報酬月額　4万円　6万円　10万円

《問2》 Aさんが、定年退職後もX社の再雇用制度を利用して65歳まで同社に勤務し、その後再就職しない場合に、原則として65歳から受給することができる老齢厚生年金の年金額を、1. 報酬比例部分の額、2. 経過的加算額、3. 基本年金額、4. 加給年金額、5. 老齢厚生年金の年金額の順に、計算過程を示して求めなさい。なお、年金額は2020年度（令和2年度）価額に基づくものとし、計算にあたっては、《設例》および下記の〈資料〉を利用すること。また、年金額の端数処理は、円未満を四捨五入すること。

〈資料〉

老齢厚生年金の年金額

　下記、老齢厚生年金の計算式の ⅰ）＋ⅱ）＋ⅲ）

老齢厚生年金の計算式

ⅰ）報酬比例部分の額＝①＋②

　① 2003年（平成15年）3月以前の期間分

　　平均標準報酬月額 $\times \dfrac{7.125}{1,000} \times$ 2003年（平成15年）3月以前の被保険者期間の月数

　② 2003年（平成15年）4月以後の期間分

　　平均標準報酬額 $\times \dfrac{5.481}{1,000} \times$ 2003年（平成15年）4月以後の被保険者期間の月数

ⅱ）経過的加算額＝1,630円×被保険者期間の月数

　　$- 781,700$円 $\times \dfrac{\text{1961年（昭和36年）4月以後で20歳以上60歳未満の厚生年金保険の被保険者期間の月数}}{480}$

ⅲ）加給年金額＝390,900円（要件を満たしている場合のみ加算すること）

《問3》 MさんがAさんに対して行ったアドバイスに関する次の記述①〜③について、適切なものには○印で、不適切なものには×印で答えなさい。

① 「Aさんが60歳以後も雇用保険の一般被保険者としてX社に勤務し、賃金が60歳到達時点に比べて85％未満に低下した場合、所定の手続により、原則として雇用保険から高年齢雇用継続基本給付金が支給されます」

② 「Aさんは老齢厚生年金の支給開始を66歳以後に繰り下げることができますが、老齢厚生年金の繰下げ支給の申出は、老齢基礎年金の繰下げ支給の申出と同時に行う必要があります」

③ 「妻Bさんは63歳から報酬比例部分のみの特別支給の老齢厚生年金を受給することができますので、妻Bさんが60歳以後もパート勤務を続けながらAさんの健康保険の被扶養者となるためには、63歳からその収入要件について留意する必要があります」

解答と解説

《問1》

① 従来60歳であった特別支給の老齢厚生年金の支給開始年齢は、1953年（昭和28年）4月2日以降生まれの男性から順次引き上げられており、1959年（昭和34年）4月2日から1961年（昭和36年）4月1日までに生まれた男性の特別支給の老齢厚生年金の支給開始年齢は64歳である。

② 2020年度（令和2年度）における支給停止額計算に用いる総報酬月額相当額の調整基準額は、47万円となっている。

③ （30万円 + 10万円 − 28万円）$\times \dfrac{1}{2} = 6$万円

> 正解 ①64歳 ②総報酬月額相当額 ③6万円

《問2》

1．報酬比例部分の額

$$350{,}000 \text{円} \times \frac{7.125}{1{,}000} \times 288\text{月} + 490{,}000\text{円} \times \frac{5.481}{1{,}000} \times 275\text{月}$$

$$= 718{,}200\text{円} + 738{,}564.75\text{円}$$

$$= 1{,}456{,}764.75\text{円} \rightarrow 1{,}456{,}765\text{円（円未満四捨五入）}$$

2．経過的加算額

$$1{,}630\text{円} \times 480\text{月}^{※} - 781{,}700\text{円} \times \frac{480\text{月}}{480\text{月}}$$

$$- 700\text{円}$$

※ 算式の前半部分の「被保険者期間の月数」は厚生年金保険の被保険者期間（20歳前、60歳以降も含む）であるが、480月が上限となっている（1946年（昭和21年）4月2日以降生まれの場合）。

3．基本年金額

$$1{,}456{,}765\text{円} + 700\text{円} = 1{,}457{,}465\text{円}$$

4．加給年金額

Aさんの厚生年金保険の被保険者期間が20年以上あることなどから、加

給年金額は加算される。

5．老齢厚生年金の年金額

1,457,465 円 + 390,900 円 = 1,848,365 円

正解 1,848,365 円

《問3》

① 不適切。高年齢雇用継続基本給付金が支給されるのは、賃金が 60 歳到達時点に比べて 75％未満に低下した場合である。

② 不適切。老齢厚生年金の繰下げ支給の申出は老齢基礎年金の繰下げ支給の申出と同時に行う必要はなく、いずれか一方だけを繰り下げて支給を受けることができる。

③ 適切。妻Bさんは 1962 年（昭和 37 年）12 月 10 日生まれであるため、特別支給の老齢厚生年金（報酬比例部分のみ）を 63 歳から受給することができる（第1号厚生年金被保険者の女性の場合、1962 年（昭和 37 年）4 月 2 日から 1964 年（昭和 39 年）4 月1日までに生まれた人は 63 歳支給開始）。健康保険の被扶養者認定の収入要件は、給与だけでなく年金収入も含めて判断される。なお、被扶養者の収入要件は原則として年間収入 130 万円未満とされているが、60 歳以上または障害者の場合、180 万円未満に緩和される。

※ 2020 年（令和 2 年）4 月1日より、被扶養者の認定要件が追加され、原則として日本国内に居住していることが要件になっている。

正解 ①× ②× ③○

老齢給付（3）

　　X社に勤務するAさん（44歳）は、妻Bさん（42歳）および長男Cさん（14歳）との3人暮らしである。Aさんは、2021年（令和3年）5月末日付でX社を早期退職し、6月からは、個人事業主として飲食業を開業する予定である。Aさんは、X社退職後に個人事業主となった場合における社会保険および老後資金の準備について詳しく知りたいと考えている。そこで、Aさんは、ファイナンシャル・プランナーのMさんに相談することにした。

　　Aさんおよびその家族に関する資料は、以下のとおりである。

〈Aさんおよびその家族に関する資料〉

⑴　Aさん（会社員）

　　生年月日：1976年（昭和51年）4月28日

　　厚生年金保険、全国健康保険協会管掌健康保険、雇用保険に加入している。

　　〔公的年金の加入歴（見込みを含む）〕

18歳		45歳	60歳
厚生年金保険			国民年金
被保険者期間 96月 （平均標準報酬月額：30万円）		被保険者期間 218月 （平均標準報酬額：45万円）	保険料納付予定 178月
1995年4月 （平成7年）		2003年4月 （平成15年）	2021年6月 （令和3年）

⑵　妻Bさん（専業主婦）

　　生年月日：1978年（昭和53年）6月2日

　　短期大学卒業後からX社に勤務し、35歳で退職するまでは厚生年金保険に加入（被保険者期間は180月）していた。X社退職後は、第3号被保険者として国民年金に加入している。

⑶　長男Cさん（中学生）

　　生年月日：2006年（平成18年）5月12日

※妻Bさんは、現在および将来においても、Aさんと同居し、生計維持関係にあるものとする。

※Aさん、妻Bさんおよび長男Cさんは、現在および将来においても、公的年金制度における障害等級に該当する障害の状態にないものとする。

※上記以外の条件は考慮せず、各問に従うこと。

《問1》 Mさんは、Aさんに対して、Aさんの退職後の国民年金について説明した。Mさんが説明した以下の文章の空欄①～③に入る最も適切な語句を、下記の〈語句群〉のなかから選びなさい。

ⅰ）「Aさんは、X社を退職後、国民年金に第1号被保険者として加入することになります。国民年金の種別変更の届出は、厚生年金保険の被保険者資格を喪失した日から、原則として（　①　）以内に住所地の市町村（特別区を含む）の窓口で行います」

ⅱ）「Aさんは、個人事業主となった後、収入の減少等により国民年金の保険料を納めることが経済的に難しくなった場合は、保険料の免除を申請することができます。免除された期間の保険料は追納することができますが、追納ができるのは、追納が承認された月の前（　②　）以内の免除期間の保険料です。なお、追納がない場合、その保険料免除期間は、所定の割合で老齢基礎年金の年金額に反映されます。仮に、Aさんが、保険料の4分の1免除を受け、残り4分の3の保険料を納付し、その期間に係る保険料の追納や国民年金への任意加入を行わなかった場合、その保険料免除期間の月数の（　③　）に相当する月数が、老齢基礎年金の年金額に反映されます」

┌─〈語句群〉─────────────────────────────
│ 10日　　14日　　20日　　5年　　10年　　15年
│ 2分の1　　8分の5　　4分の3　　8分の7
└──────────────────────────────────

《問2》 Aさんが2021年（令和3年）5月末日付でX社を退職して、個人事業主となった場合に、原則として65歳から受給することができる老齢厚生年金の年金額（2020年度（令和2年度）価額）を計算した次の〈計算の手順〉の空欄①、②、④に入る最も適切な数値を求めなさい。また、空欄③に入る語句を、「される／されない」のいずれかから選びなさい。計算にあたっては、《設

例》および下記の〈資料〉を利用すること。なお、問題の性質上、明らかにできない部分は「□□□」で示してある。

〈計算の手順〉

1．報酬比例部分の額（円未満四捨五入）：（　①　）円

2．経過的加算額（円未満四捨五入）：（　②　）円

3．基本年金額（上記「1＋2」の額）：□□□円

4．加給年金額（「される／されない」のいずれかから選ぶこと）

　　Aさんの場合、加給年金額は加算（　③　）。

5．老齢厚生年金の年金額：（　④　）円

〈資料〉

> 老齢厚生年金の計算式
>
> ⅰ）報酬比例部分の額＝a＋b
>
> 　a　2003年（平成15年）3月以前の期間分
>
> $$平均標準報酬月額 \times \frac{7.125}{1,000} \times 2003年（平成15年）3月以前の被保険者期間の月数$$
>
> 　b　2003年（平成15年）4月以後の期間分
>
> $$平均標準報酬額 \times \frac{5.481}{1,000} \times 2003年（平成15年）4月以後の被保険者期間の月数$$
>
> ⅱ）経過的加算額＝1,630円×被保険者期間の月数
>
> $$- 781,700円 \times \frac{1961年（昭和36年）4月以後で20歳以上60歳未満の厚生年金保険の被保険者期間の月数}{加入可能年数 \times 12}$$
>
> ⅲ）加給年金額＝390,900円（要件を満たしている場合のみ加算すること）

《問3》　Mさんは、Aさんに対して、AさんがX社を退職して個人事業主となった場合における老後資金の準備についてアドバイスした。Mさんがアドバイスした次の記述①～③について、適切なものには○印で、不適切なものには×印で答えなさい。

①　「Aさんは、国民年金の定額保険料のほかに月額400円の付加保険料を納付することができます。仮に、Aさんが付加保険料を150月納付し、65歳から老齢基礎年金を受給する場合は、年額30,000円の付加年金を受給することができます」

② 「Aさんは、小規模企業共済制度に加入することができます。小規模企業共済制度は、一定規模以下である個人事業主または会社等の役員が加入することができる積立てによる退職金制度です。毎月の掛金は 1,000 円から 50,000 円までの範囲内（500 円単位）で選択することができ、その全額が所得控除の対象となります」

③ 「Aさんは、国民年金基金に加入することができます。国民年金基金の毎月の掛金は、加入時の年齢や選択する給付の型などによって異なりますが、掛金の拠出限度額は月額 68,000 円となります。ただし、小規模企業共済制度に加入している場合は、その掛金と合わせて月額 68,000 円が上限となります」

解答と解説

《問1》

① 国民年金の種別変更（第2号被保険者から第1号被保険者への変更）の届出は、厚生年金保険の被保険者資格を喪失した日から、原則として 14 日以内に住所地の市町村（特別区を含む）の窓口で行う。

② 国民年金の保険料が免除された期間の保険料について追納できるのは、追納が承認された月の前 10 年以内の免除期間の保険料である。

③ 2009 年（平成 21 年）4月以降に4分の1免除を受けた場合、免除期間の月数の8分の7に相当する月数が老齢基礎年金の年金額に反映される。

$$\boxed{\text{正解}} \quad ① \ 14 \ 日 \quad ② \ 10 \ 年 \quad ③ \ 8分の7$$

《問2》

1．報酬比例部分の額（円未満四捨五入）

$$300{,}000 \ 円 \times \frac{7.125}{1{,}000} \times 96 \ 月 + 450{,}000 \ 円 \times \frac{5.481}{1{,}000} \times 218 \ 月$$

$= 742{,}886.1 \ 円 \rightarrow （① \ 742{,}886）円$

2．経過的加算額（円未満四捨五入）

$$1{,}630 \ 円 \times 314 \ 月 - 781{,}700 \ 円 \times \frac{302 \ 月^{※}}{480 \ 月}$$

$= 20{,}000.4 \cdots \rightarrow （② \ 20{,}000）円$

※ 20 歳以上 60 歳未満の厚生年金保険の被保険者期間の月数
= 314 月 − 12 月（1995 年（平成7年）4月から 1996 年（平成8年）3月まで）= 302 月

3．基本年金額（上記「1＋2」の額）

　　742,886 円＋20,000 円＝762,886 円

4．加給年金額

　　Aさんの場合、厚生年金保険の被保険者期間が 20 年以上で、生計維持関係にある 65 歳未満の妻Bさんがいるため、加給年金額は加算（③される）。

5．老齢厚生年金の年金額

　　762,886 円＋390,900 円＝（④ 1,153,786）円

　　正解　① 742,886（円）　② 20,000（円）　③される　④ 1,153,786（円）

《問3》

①　適切。国民年金の第1号被保険者は、付加保険料（月額 400 円）を納付することができる。

　　付加年金の額（年額）＝

　　　200 円×付加保険料納付済期間の月数（150 月）＝30,000 円

②　不適切。小規模企業共済制度の毎月の掛金は 1,000 円から 70,000 円までの範囲内（500 円単位）で選択することができる。なお、その全額が小規模企業共済等掛金控除として所得控除の対象となる。

③　不適切。国民年金の第1号被保険者は、国民年金基金に加入することができるが、小規模企業共済制度に加入している場合でも、掛金の拠出限度額は合算されず月額 68,000 円である。

　　正解　①○　②×　③×

A-5

✓ Check! ▶ □ □ □

介護休業給付と障害給付

会社員のAさんは、専業主婦の妻Bさんと大学生の子Cさんとの3人暮らしである。ここにきて、故郷でひとり暮らしをしている母Dさんの身体を心配し、母Dさんとの同居を考えるようになった。また、やがて必要になるであろう母Dさんの介護や、自分が万一、疾病等により障害を負った場合のことを不安に思い、ファイナンシャル・プランナーのMさんに相談することにした。Aさんの家族および母Dさんに関する資料は以下のとおりである。

〈Aさんの家族および母Dさんに関する資料〉

・Aさん　：1968年（昭和43年）4月25日生まれ　52歳（2020年（令和2年）4月30日時点、以下同じ）
　　　　　厚生年金保険の被保険者である。

・妻Bさん：1974年（昭和49年）4月9日生まれ　46歳
　　　　　現在、障害の状態になく、Aさんと生計維持関係にある。

・子Cさん：2000年（平成12年）8月30日生まれ　19歳
　　　　　現在、障害の状態になく、Aさんと生計維持関係にある。

・母Dさん：1942年（昭和17年）5月6日生まれ　77歳

〈Aさんの公的年金の加入歴〉

20歳			52歳
学生で国民年金未加入（36月）	厚生年金保険（349月）		
		（144月）	（205月）

▲ 1988年4月（昭和63年）　▲ 1991年4月（平成3年）　▲ 2003年4月（平成15年）　▲ 2020年4月（令和2年）

※上記以外の条件は考慮せず、各問に従うこと。

《問1》 Mさんは、Aさんに対して、雇用保険の介護休業給付金について説明した。Mさんが説明した次の記述①～③について、適切なものには○印で、不適切なものには×印で答えなさい。

① 「介護休業給付金は、負傷、疾病または身体上もしくは精神上の障害

により、2週間以上にわたり常時介護を必要とする状態にある一定の家族を介護するため休業したときに支給されます」

② 「介護休業給付金は、支給対象となる同一の家族の介護休業期間につき、介護休業開始日から最長1年間支給されます」

③ 「介護休業給付金の支給額は、原則として、休業開始時賃金日額×支給日数×67％相当額です」

《問2》 Mさんは、Aさんに対して、公的年金制度からの障害給付について説明した。Mさんが説明した以下の文章の空欄①〜③に入る最も適切な語句を下記の〈語句群〉のなかから選びなさい。

「障害基礎年金は、原則として、国民年金の被保険者または被保険者であった者で日本国内に住所を有する60歳以上65歳未満の者が、障害認定日において国民年金法に規定する障害等級の1級または2級に該当する程度の障害の状態にあり、障害の原因となった傷病に係る（　①　）の前日において、その（①）の属する月の（　②　）までに国民年金の被保険者期間があるときは、その被保険者期間に係る保険料納付済期間と保険料免除期間を合算した期間が当該被保険者期間の3分の2以上を満たしている場合、その者に支給されます。

なお、障害厚生年金における障害等級は1級から（　③　）までとなっています。仮に、Aさんが厚生年金保険の被保険者期間中に（①）のある傷病により、65歳に達する日の前日までの間において障害等級の1級または2級の障害厚生年金の受給権を取得した場合、Aさんは、障害基礎年金および障害厚生年金を受けることができます」

┌─〈語句群〉──────────────────────
│ 初診日　　発病日　　前々月　　前月　　翌月
│ 3級　　7級　　14級
└───────────────────────────

《問3》 Mさんは、仮にAさんが現時点（2020年（令和2年）4月30日、障害認定日であるものとする）において障害等級の2級に該当する程度の障害の状態にある場合にAさんが受給できる公的年金制度からの障害給付の額について、下記の〈条件〉および〈資料〉に基づいて試算した。以下の計算式の空欄①〜③に入る最も適切な語句または数値を答えなさい。年金額は、2020年度（令和2年度）価額により計算すること。なお、問題の性質上、明らかにできない部分は「□□□」で示してある。

〈条件〉
・平均標準報酬月額　　　　　：　400,000円
・平均標準報酬額　　　　　　：　600,000円
・直近1年間の標準賞与額総計：1,500,000円

〈資料（2020年度価額）〉
・老齢基礎年金の額　　　　　：　781,700円
・子の加算額（子2人まで）　：各224,900円
・加給年金額　　　　　　　　：　224,900円

〈Aさんが受給できる障害給付の額（2020年度価額）〉

(1)　障害基礎年金2級の額

　　（　①　）円

(2)　障害厚生年金2級の額

　・報酬比例部分の年金額（円未満四捨五入）

　　$((　②　)円 \times \dfrac{7.125}{1,000} \times 144月 + □□□円 \times \dfrac{5.481}{1,000} \times 205月)$

　　$=□□□円$

　・（　③　）

　　224,900円

　　$\therefore □□□円 + 224,900円 = □□□円$

(3)　Aさんが受給できる公的年金制度からの障害給付の合計額

　　$(1) + (2) = □□□円$

解答と解説 . . . .

《問1》

① 適切。一定の家族とは、一般被保険者の「配偶者（事実上の婚姻関係と同様の事情にある者を含む）」「父母（養父母を含む）」「子（養子を含む）」「配偶者の父母（養父母を含む）」「祖父母」「兄弟姉妹」「孫」である。

② 不適切。介護休業給付金は、介護休業開始日からのべ93日間支給される。

③ 適切。介護休業中に賃金を受け、その額が休業開始時賃金月額の80％以上であるときは、介護休業給付金は支給されない。

正解 ①○ ②× ③○

《問2》

正解 ①初診日 ②前々月 ③3級

《問3》

Aさんが受給できる公的年金制度からの障害給付の額（2020年度価額）は、以下のとおりとなる。

⑴ 障害基礎年金2級の額：（① 781,700）円

⑵ 障害厚生年金2級の額

・報酬比例部分の年金額：

$$((② 400,000) 円 \times \frac{7.125}{1,000} \times 144 月 + 600,000 円 \times \frac{5.481}{1,000} \times 205 月)$$

$$= 410,400 円 + 674,163 円$$

$$= 1,084,563 円$$

・（③加給年金額）：224,900円

∴ 1,084,563円 + 224,900円 = 1,309,463円

⑶ Aさんが受給できる公的年金制度からの障害給付の合計額

⑴ + ⑵ = 2,091,163円

正解 ① 781,700（円） ② 400,000（円） ③加給年金額

A-6

遺族給付（1）

　会社員のAさん（55歳、2021年（令和3年）1月1日時点、以下同じ）は、妻Bさん（54歳）および長男Cさん（26歳）との3人暮らしである。Aさんは、高校卒業後から現在に至るまでX社に勤務している。先日、友人が急逝したことから、Aさんは自身が死亡した場合の家族の生活などについて考えるようになった。そこで、Aさんは、ファイナンシャル・プランナーのMさんに相談することにした。

　Aさんおよびその家族に関する資料は、以下のとおりである。

〈Aさんおよびその家族に関する資料〉

(1)　Aさん（会社員）
　　生年月日：1965年（昭和40年）7月2日
　　厚生年金保険、全国健康保険協会管掌健康保険、雇用保険に加入している。

〔公的年金の加入歴〕

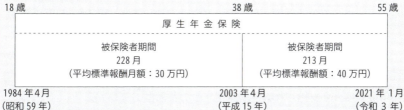

(2)　妻Bさん（専業主婦）
　　生年月日：1966年（昭和41年）2月18日
　　高校卒業後から25歳でAさんと結婚するまでは厚生年金保険に加入していた。結婚後はAさんの被扶養配偶者として国民年金に加入している。また、Aさんが加入している健康保険の被扶養者である。

(3)　長男Cさん（会社員）
　　生年月日：1994年（平成6年）5月25日

厚生年金保険、全国健康保険協会管掌健康保険、雇用保険に加入している。

※妻Bさんは、現在および将来においても、Aさんと同居し、生計維持関係にあるものとする。

※妻Bさんおよび長男Cさんは、現在および将来においても、公的年金制度における障害等級に該当する障害の状態にないものとする。

※上記以外の条件は考慮せず、各問に従うこと。

《問1》 Mさんは、Aさんに対して、Aさんが現時点（2021年（令和3年）1月24日）で死亡した場合の妻Bさんに係る公的年金制度および公的医療保険制度について説明した。Mさんが説明した以下の文章の空欄①～③に入る最も適切な語句を、下記の〈語句群〉のなかから選びなさい。

ⅰ）「妻Bさんの公的年金制度への加入については、国民年金の種別変更の手続を行い、（　①　）被保険者として、国民年金の保険料を納付することになります」

ⅱ）「妻Bさんの公的医療保険制度への加入については、妻Bさん自身の年間収入が（　②　）未満で、かつ、長男Cさんの年間収入の2分の1未満である場合、妻Bさんは、原則として、長男Cさんが加入している健康保険の被扶養者となることができます。この際の妻Bさんの年間収入には、公的年金制度から支給される遺族厚生年金の金額は（　③　）。

　なお、妻Bさんが長男Cさんの加入する健康保険の被扶養者となるための条件を満たさなかった場合、妻Bさんは、国民健康保険に加入することになります」

〈語句群〉

第1号　　第2号　　第3号　　103万円　　130万円　　180万円
含まれます　　含まれません

《問2》 Mさんは、Aさんに対して、妻Bさんが遺族厚生年金を受給した場合の公的年金制度について説明した。Mさんが説明した次の記述①～③について、適切なものには○印で、不適切なものには×印で答えなさい。

① 「妻Bさんは、65歳から老齢基礎年金と老齢厚生年金を受給することになりますが、その場合、遺族厚生年金は、その額のうち、妻Bさんの老齢厚生年金の額に相当する部分の支給が停止されます」

② 「妻Bさんは、特別支給の老齢厚生年金の受給権を法定の支給開始年齢到達時に取得した場合、特別支給の老齢厚生年金と遺族厚生年金を同時に受給することができます」

③ 「妻Bさんが65歳以後に受給する遺族厚生年金には、経過的寡婦加算の加算は行われません」

《問3》 Aさんが現時点（2021年（令和3年）1月24日）で死亡し、妻Bさんが遺族厚生年金の受給権を取得した場合、受給権取得時における妻Bさんの遺族厚生年金の年金額（2020年度（令和2年度）価額）を計算した次の〈計算の手順〉の空欄①に入る適切な数値を「$\frac{1}{3}$／$\frac{2}{3}$／$\frac{3}{4}$／$\frac{4}{5}$」から、空欄②に入る適切な語句を「される／されない」のいずれかから、それぞれ選びなさい。また、空欄③に入る適切な数値を求めなさい。計算にあたっては、《設例》および下記の〈資料〉を利用すること。なお、問題の性質上、明らかにできない部分は「□□□」「△」「□」で示してある。

〈計算の手順〉

1. 基本額（円未満四捨五入）

　（a＋b)×（　①　）＝□□□円

　（①に入る適切な数値を、「$\frac{1}{3}$／$\frac{2}{3}$／$\frac{3}{4}$／$\frac{4}{5}$」から選ぶこと）

2. 中高齢寡婦加算額（「される／されない」のいずれかから選ぶこと）
　妻Bさんの場合、中高齢寡婦加算額は加算（　②　）。

3. 遺族厚生年金の年金額
　（　③　）円

〈資料〉

遺族厚生年金の計算式

　遺族厚生年金の年金額＝基本額（本来水準の額）＋中高齢寡婦加算額

ⅰ）基本額＝（a＋b）×$\frac{\triangle}{\square}$（円未満四捨五入）

　a　2003年（平成15年）3月以前の期間分

　　　平均標準報酬月額×$\frac{7.125}{1,000}$×2003年（平成15年）3月以前の被保険者期間の月数

　b　2003年（平成15年）4月以後の期間分

　　　平均標準報酬額×$\frac{5.481}{1,000}$×2003年（平成15年）4月以後の被保険者期間の月数

ⅱ）中高齢寡婦加算額＝586,300円（要件を満たしている場合のみ加算すること）

解答と解説

《問1》

正解　①第1号　②130万円　③含まれます

《問2》

① 適切。

② 不適切。特別支給の老齢厚生年金と遺族厚生年金を同時に受給することはできず、どちらかを選択して受給する（妻Bさんに特別支給の老齢厚生年金の受給権が生じる法定の支給開始年齢は64歳である）。

③ 適切。1956年4月2日以後生まれの人には、経過的寡婦加算額の加算はない。

正解　①○　②×　③○

《問3》

1．基本額（円未満四捨五入）

　（300,000円×$\frac{7.125}{1,000}$×228月＋400,000円×$\frac{5.481}{1,000}$×213月）×（①$\frac{3}{4}$）

　＝715,748.4円　→　715,748円（円未満四捨五入）

2．中高齢寡婦加算額

　　妻Bさんには遺族基礎年金の受給要件を満たす子がなく、Aさん死亡時に40歳以上65歳未満であるので、中高齢寡婦加算額は加算（②される）。

3．遺族厚生年金の年金額

　　715,748円＋586,300円＝（③1,302,048）円

正解　①$\frac{3}{4}$　②される　③1,302,048（円）

まとめ

公的年金の遺族給付には、国民年金の被保険者や受給権者が死亡したときに遺族に支給される遺族基礎年金と、厚生年金保険の被保険者や受給権者が死亡したときに遺族（妻以外は受給の可否のための年齢要件等がある）に支給される遺族厚生年金がある。また、国民年金の独自給付として寡婦年金と死亡一時金がある。

以下の図は、夫が死亡した場合の妻に対する遺族給付の例である。

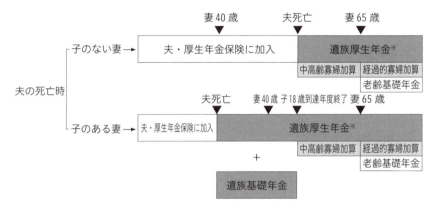

※ 妻が65歳以後自分の老齢厚生年金を受給できるようになった場合、遺族厚生年金は、受給できる老齢厚生年金の額に相当する部分の支給が停止される。

中高齢寡婦加算とは、夫の死亡時に遺族厚生年金の受給権者である妻が40歳以上65歳未満で子がいないか、または、夫の死亡時には子がいたが、その子が18歳到達年度末を過ぎたとき妻が40歳以上65歳未満である場合に、遺族基礎年金が支給されなくなったときから65歳になるまで遺族厚生年金に加算されるもので、定額で586,300円（2020年度（令和2年度）価額）である。

経過的寡婦加算は、1956年（昭和31年）4月1日以前に生まれた遺族厚生年金の受給権者である妻が、65歳に達しているときに支給されるもので、支給額は妻の生年月日で異なる。

なお、夫死亡時に30歳未満で子を養育していない妻に対する遺族厚生年金は、5年間の有期年金となる。

遺族給付（2）

　会社員のＡさん（43歳、2021年（令和3年）1月1日時点、以下同じ）は、妻Ｂさん（41歳）、長男Ｃさん（10歳）および二男Ｄさん（6歳）との4人暮らしである。Ａさんは、住宅ローンの返済や教育資金の準備など、今後の資金計画を再検討したいと考えている。その前提として、自分が死亡した場合に公的年金制度から遺族給付がどのくらい支給されるのかを知りたいと思っている。また、公的年金制度からの障害給付や公的介護保険についても確認したいと考えている。そこで、Ａさんは、懇意にしているファイナンシャル・プランナーのＭさんに相談することにした。

　Ａさんとその家族に関する資料は、以下のとおりである。

〈Ａさんとその家族に関する資料〉

⑴　Ａさん（1977年（昭和52年）9月13日生まれ・43歳・会社員）

　・公的年金加入歴：下図のとおり（2020年（令和2年）12月までの期間）

　・全国健康保険協会管掌健康保険、雇用保険に加入中

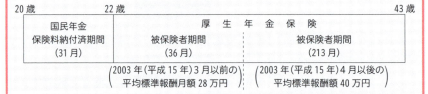

⑵　妻Ｂさん（1979年（昭和54年）8月10日生まれ・41歳・専業主婦）

　・公的年金加入歴：20歳から22歳の大学生であった期間（32月）は国民年金の第1号被保険者として保険料を納付し、22歳からＡさんと結婚するまでの7年間（84月）は厚生年金保険に加入。結婚後は、国民年金に第3号被保険者として加入している。

　・全国健康保険協会管掌健康保険の被扶養者である。

⑶　長男Ｃさん（2010年（平成22年）7月16日生まれ・10歳）

⑷　二男Ｄさん（2014年（平成26年）11月27日生まれ・6歳）

※妻Ｂさん、長男Ｃさんおよび二男Ｄさんは、現在および将来においても、

Aさんと同居し、Aさんと生計維持関係にあるものとする。

※家族全員、現在および将来においても、公的年金制度における障害等級に該当する障害の状態にないものとする。

※上記以外の条件は考慮せず、各問に従うこと。

《問1》 Mさんは、Aさんに対して、**遺族基礎年金**について説明した。Mさんが説明した以下の文章の空欄①〜③に入る最も適切な語句または数値を、下記の〈語句群〉のなかから選びなさい。なお、問題の性質上、明らかにできない部分は「□□□」で示してある。

I 「遺族基礎年金を受給することができる遺族の範囲は、死亡した被保険者によって生計を維持されていた『子のある（　①　）』または『子』です。『子』とは、18歳到達年度の末日までの間にあるか、（　②　）歳未満で障害等級1級または2級に該当する障害の状態にあり、かつ、現に婚姻していない子を指します」

II 「子のある（　①　）の遺族基礎年金の額（2020年度（令和2年度）価額）は、『781,700円＋子の加算』の式により算出され、子の加算は第1子・第2子までは1人につき（　③　）円、第3子以降は1人につき75,000円となります。したがって、仮に、Aさんが現時点（2021年（令和3年）1月24日）で死亡した場合、妻Bさんが受給することができる遺族基礎年金の額は、年額□□□円となります」

〈語句群〉
20　25　30　224,900　390,900　586,300
妻　妻または55歳以上の夫　配偶者

《問2》 Mさんは、Aさんに対して、**遺族厚生年金**について説明した。Mさんが説明した以下の文章の空欄①〜③に入る最も適切な数値を求めなさい。なお、年金額は2020年度（令和2年度）価額に基づいて計算し、年金額の端数処理は円未満を四捨五入すること。

I 「Ａさんが厚生年金保険の被保険者期間中に死亡した場合、遺族厚生年金の額は、Ａさんの厚生年金保険の被保険者記録を基礎として計算した老齢厚生年金の報酬比例部分の額の4分の3相当額になります。ただし、その計算の基礎となる被保険者期間の月数が（　①　）月に満たないときは、（　①　）月とみなして年金額が計算されます。仮に、Ａさんが現時点（2021年（令和3年）1月24日）で死亡した場合、〈Ａさんとその家族に関する資料〉および下記〈資料〉の計算式により、妻Ｂさんが受給することができる遺族厚生年金の額は、年額（　②　）円となります」

II 「二男Ｄさんの18歳到達年度の末日が終了し、妻Ｂさんの有する遺族基礎年金の受給権が消滅したときは、妻Ｂさんが（　③　）歳に達するまでの間、妻Ｂさんに支給される遺族厚生年金の額に中高齢寡婦加算が加算されます」

〈資料〉

遺族厚生年金の年金額（本来水準の額）＝（ⓐ＋ⓑ）×$\dfrac{\square\square\square 月}{\square\square\square 月}$×$\dfrac{3}{4}$

ⓐ 2003年（平成15年）3月以前の期間分

　平均標準報酬月額×$\dfrac{7.125}{1,000}$×2003年（平成15年）3月以前の被保険者期間の月数

ⓑ 2003年（平成15年）4月以後の期間分

　平均標準報酬額×$\dfrac{5.481}{1,000}$×2003年（平成15年）4月以後の被保険者期間の月数

※問題の性質上、明らかにできない部分は「□□□」で示してある。

《問3》 Ｍさんは、Ａさんに対して、公的年金制度からの障害給付および公的介護保険（以下、「介護保険」という）の保険給付について説明した。Ｍさんが説明した次の記述①～③について、適切なものには○印で、不適切なものには×印で答えなさい。なお、各選択肢において、ほかに必要とされる要件等はすべて満たしているものとする。

① 「仮に、Ａさんが現時点で疾病等により重度の障害状態となり、その障害の程度が障害等級1級または2級と認定された場合、Ａさんは障害基礎年金を受給することができます。Ａさんの障害の程度が障害等級1級に該当する場合、障害基礎年金の額（2020年度（令和2年度）価額）は、

『781,700 円 ×1.5 ＋子の加算』の式により算出されます」

② 「仮に、Ａさんが現時点で疾病等により重度の障害状態となり、その障害の程度が障害等級1級から3級のいずれかに認定された場合、Ａさんは障害厚生年金を受給することができます。Ａさんの障害の程度が障害等級1級または2級に該当する場合、障害厚生年金には配偶者の加給年金額が加算されます」

③ 「介護保険の保険給付を受けるためには、都道府県から、要介護認定または要支援認定を受ける必要があります。ただし、Ａさんのような40歳以上60歳未満の第2号被保険者は、要介護状態または要支援状態となった原因が、末期がんや脳血管疾患などの加齢に伴う特定疾病によって生じたものでなければ給付は受けられません」

解答と解説

《問1》

① 遺族基礎年金を受給することができる遺族の範囲は、死亡した被保険者によって生計を維持されていた「子のある配偶者」または「子」である。

② 「子」とは、18歳到達年度の末日までの間にあるか、20歳未満で障害等級1級または2級に該当する障害の状態にあり、かつ、現に婚姻していない子をいう。

③ 遺族基礎年金の額の子の加算は、第1子・第2子までは1人につき 224,900 円（2020 年度（令和2年度）価額）である。

正解 ①配偶者 ② 20 ③ 224,900

《問2》

① 厚生年金保険の被保険者が死亡した場合、短期要件に該当し、遺族厚生年金の額の計算において、計算の基礎となる被保険者期間の月数が 300 月に満たないときは、300 月とみなして計算する（いわゆる 300 月みなし計算）。

② 遺族厚生年金の年金額

$$= (280,000 \text{円} \times \frac{7.125}{1,000} \times 36 \text{月} + 400,000 \text{円} \times \frac{5.481}{1,000} \times 213 \text{月}) \times \frac{300 \text{月}}{249 \text{月}} \times \frac{3}{4}$$

$$= 486,868.5\cdots \quad \rightarrow \quad 486,869 \text{円（円未満四捨五入）}$$

③ 中高齢寡婦加算は、40歳以上65歳未満の一定の妻に加算される。Ａさん

死亡時は、遺族基礎年金を受給できるため加算されないが、二男Dさんの18歳到達年度の末日が終了後、妻Bさんが65歳に達するまで、加算される。

正解 ① 300（月）　② 486,869（円）　③ 65（歳）

《問3》

①　不適切。障害の程度が障害等級1級に該当する場合、障害基礎年金の額（2020年度（令和2年度）価額）は、「781,700円×1.25＋子の加算」の式により算出される。

②　適切。なお、障害等級1級または2級に該当する場合、障害基礎年金も同時に支給される。

③　不適切。公的介護保険の保険給付を受けるためには、市町村から、要介護認定または要支援認定を受ける必要がある。また、第2号被保険者は、40歳以上65歳未満の者である。

正解 ①×　②○　③×

A-8

出産・育児に係る給付と遺族給付

Aさん（33歳、2021年（令和3年）1月1日時点。以下同じ）および妻Bさん（29歳）は、民間企業に勤める会社員である。2021年（令和3年）3月に第1子を出産予定の妻Bさんは、産前産後休業および育児休業を取得する予定である。Aさんは、妻Bさんの産前産後休業および育児休業に係る社会保険からの給付の内容について知りたいと考えている。また、Aさんは、自分が死亡した場合の公的年金制度からの給付等についての理解も深めたいと思っている。

そこで、Aさんは、ファイナンシャル・プランナーのMさんに相談することにした。Aさんおよび妻Bさんに関する資料は、以下のとおりである。

〈Aさんおよび妻Bさんに関する資料〉

(1) Aさん（会社員）

生年月日：1987年（昭和62年）8月30日

厚生年金保険、全国健康保険協会管掌健康保険、雇用保険に加入している。

〔公的年金の加入歴〕

2007年8月 （平成19年）		2010年4月 （平成22年）		2021年1月 （令和3年）
	国民年金 保険料納付済期間 32月		厚生年金保険 被保険者期間 129月（平均標準報酬額：35万円）	
20歳		22歳		33歳

(2) 妻Bさん（会社員）

生年月日：1991年（平成3年）12月15日

厚生年金保険、全国健康保険協会管掌健康保険、雇用保険に加入している。

〔公的年金の加入歴〕

2011年12月 （平成23年）		2014年4月 （平成26年）		2021年1月 （令和3年）
	国民年金 保険料納付済期間 28月		厚生年金保険 被保険者期間 81月	
20歳		22歳		29歳

※妻Bさんは、現在および将来においても、Aさんと同居し、生計維持関係にあるものとする。

※Aさんおよび妻Bさんは、現在および将来においても、公的年金制度における障害等級に該当する障害の状態にないものとする。

※上記以外の条件は考慮せず、各問に従うこと。

《問1》 Mさんは、Aさんに対して、妻Bさんが産前産後休業を取得した場合の全国健康保険協会管掌健康保険からの給付および全国健康保険協会の出産費貸付制度について説明した。Mさんが説明した以下の文章の空欄①〜③に入る最も適切な語句を選びなさい。

ⅰ)「全国健康保険協会管掌健康保険の被保険者である妻Bさんは、出産のために休業し、その期間について事業主から給与の支払を受けられない場合、所定の手続により、出産の日（出産の日が出産の予定日後であるときは出産の予定日）以前42日（多胎妊娠の場合は98日）から出産の日後（　①　）までの間における休業した日について、出産手当金を受給することができます」

ⅱ)「妻Bさんは、2021年（令和3年）3月に出産した場合、所定の手続により、出産育児一時金を受給することができます。出産育児一時金の額は、産科医療補償制度に加入している医療機関で出産した場合は1児につき（　②　）、産科医療補償制度の対象外となる出産の場合は1児につき40万4,000円です」

ⅲ)「出産育児一時金が支給されるまでの間に出産費用が必要となった場合には、一定の要件のもとに、全国健康保険協会の出産費貸付制度を利用することができます。この制度では、出産育児一時金支給見込額の（　③　）相当額を限度に無利子で資金の貸付を受けることができます」

┌〈語句群〉─────────────────────────
│ 42日　　56日　　63日　　42万円　　45万円　　52万円
│ 6割　　7割　　8割
└────────────────────────────────

《**問2**》 Mさんは、Aさんに対して、妻Bさんが産前産後休業および育児休業を取得し、その期間について勤務先から給与が支給されない場合における社会保険の取扱い等について説明した。Mさんが説明した次の記述①〜③について、適切なものには○印で、不適切なものには×印で答えなさい。

① 「妻Bさんを使用する事業主が、妻Bさんの産前産後休業期間中に所定の手続を行うことにより、妻Bさんの産前産後休業期間に係る健康保険の保険料は免除されますが、厚生年金保険の保険料は免除されません」

② 「妻Bさんは、所定の手続により、雇用保険の育児休業給付金の支給を受けることができます。育児休業給付金の額は、育児休業を開始した日から育児休業給付金の支給に係る休業日数が通算して180日に達するまでの間は、1支給単位期間当たり、休業開始時賃金日額に支給日数を乗じて得た額の67%に相当する額となります」

③ 「妻Bさんが所定の手続により受給することができる雇用保険の育児休業給付金には、支給限度額および最低限度額が設けられており、これらの額は、原則として毎年8月1日に改定されます」

《**問3**》 仮に、Aさんが現時点（2021年（令和3年）1月24日）で死亡し、妻Bさんが遺族厚生年金の受給権を取得した場合、受給権取得時における妻Bさんの遺族厚生年金の年金額（2020年度（令和2年度）価額）を計算した次の〈計算式〉の空欄①、②、④に入る最も適切な数値を求めなさい。また、空欄③に入る適切な語句を、「される／されない」のいずれかから選びなさい。計算にあたっては、《設例》および下記の〈資料〉を利用すること。なお、問題の性質上、明らかにできない部分は「□□□」で示してある。

〈計算式〉
1．基本額（本来水準の額。円未満四捨五入）

$$350,000 円 \times \frac{5.481}{1,000} \times （ ① ）月 \times （ ② ） = □□□ 円$$

2．中高齢寡婦加算額
　妻Bさんの場合、中高齢寡婦加算額は加算③（される／されない）

3．遺族厚生年金の年金額（円未満四捨五入）
　（ ④ ）円

〈資料〉

遺族厚生年金の計算式（2020年度（令和2年度）価額）

　遺族厚生年金の年金額＝基本額（本来水準の額）＋中高齢寡婦加算額

ｉ）基本額（厚生年金保険の被保険者期間がすべて2003年（平成15年）4月以後である場合）

　　基本額＝平均標準報酬額× $\dfrac{5.481}{1,000}$ ×□□□月× $\dfrac{□□□}{□□□}$

ⅱ）中高齢寡婦加算額 586,300円（要件を満たしている場合のみ加算すること）

✍ 解答と解説 ・・・

《問1》

　　　　　　　　　　　　　　正解 　① 56日　② 42万円　③ 8割

《問2》

① 　不適切。健康保険だけでなく厚生年金保険の保険料も免除される。

② 　適切。

③ 　適切。

　　　　　　　　　　　　　　正解 　①×　②○　③○

《問3》

1．基本額

　　基本額は以下のとおり計算される。Aさんの厚生年金保険の被保険者期間は129月であるが、厚生年金保険の被保険者であるときに死亡した場合は、短期要件に該当し、被保険者期間を300月とみなして計算する。

　　350,000円× $\dfrac{5.481}{1,000}$ ×（① 300）月×（② $\dfrac{3}{4}$ ）

　＝ 431,628.75　→　431,629円（円未満四捨五入）

2．中高齢寡婦加算額

　　中高齢寡婦加算が加算されるのは40歳以上の妻で、夫の死亡時に子がいないなどの要件を満たす場合である。妻Bさんは29歳であり、中高齢寡婦加算は加算（③されない）。

3．遺族厚生年金の年金額

　　したがって、遺族厚生年金の年金額は上記基本額の（④ 431,629）円である。

　　　　　　正解 　① 300（月）　② $\dfrac{3}{4}$ 　③されない　④ 431,629（円）

A-9

退職後の生活設計

会社員のAさん（50歳、2020年（令和2年）7月1日時点。以下同じ）は、妻Bさん（47歳）および長女Cさん（20歳）との3人暮らしである。Aさんは、2020年（令和2年）12月末に勤務先のX社を早期退職し、その後は父親が経営している飲食店を継いで自営業者となる予定である。Aさんは、退職後の社会保険制度についての説明を受けるために、ファイナンシャル・プランナーのMさんに相談することにした。

Aさんおよびその家族に関する資料は、以下のとおりである。

〈Aさんおよびその家族に関する資料〉

(1) Aさん（会社員・世帯主）

1970年（昭和45年）5月10日生まれ

全国健康保険協会管掌健康保険、厚生年金保険に加入中である。

〔公的年金の加入歴（見込みを含む）〕

国民年金 35月 納付済	厚生年金保険 333月	国民年金 112月 納付見込み

20歳　　22歳　　　　　　　　　　　　50歳　　　60歳

(2) 妻Bさん（専業主婦）

1972年（昭和47年）10月8日生まれ

20歳からAさんと結婚するまでは国民年金に加入し保険料を納付、結婚後は第3号被保険者として国民年金に加入。また、Aさんが加入している健康保険の被扶養者である。

(3) 長女Cさん（大学生）

1999年（平成11年）9月3日生まれ

Aさんが加入している健康保険の被扶養者である。

※妻Bさんは、現在および将来においてもAさんと同居し、生計維持関係にあるものとする。

※Aさん、妻Bさんおよび長女Cさんは、現在および将来においても公的年

金制度における障害等級に該当する障害の状態にないものとする。

※上記以外の条件は考慮せず、各問に従うこと。

《問1》 Aさんの退職後の社会保険制度についてMさんが説明した以下の文章の空欄①〜④に入る最も適切な語句を、下記の〈語句群〉のなかから選びなさい。

ⅰ)「Aさんは、退職後、国民年金に第1号被保険者として加入することになります。国民年金の保険料は2020年度については月額16,540円であり、毎月の保険料の納期限は原則として（ ① ）となります」

ⅱ)「退職後の公的医療保険制度への加入方法としては、退職時の健康保険に任意継続被保険者として加入する、国民健康保険に加入するなどの選択肢があります。なお、健康保険の任意継続被保険者の資格取得手続は、原則として退職した日の翌日から（ ② ）以内に行う必要があります。任意継続被保険者として健康保険に加入できる期間は最長（ ③ ）であり、この間の保険料は（ ④ ）となります」

〈語句群〉

その月の末日　　翌月の末日　　翌々月の末日

10日　　14日　　20日　　1年間　　2年間　　3年間

元の事業主と折半　　全額自己負担

《問2》 Aさんの退職後における妻Bさんと長女Cさんの社会保険制度についてMさんが説明した次の記述①〜③について、適切なものには○印で、不適切なものには×印で答えなさい。

① 「Aさんの退職後、妻Bさんは、国民年金の第3号被保険者から第1号被保険者への種別変更の手続を行い、以後、国民年金の保険料を納付することになります」

② 「長女Cさんが、Cさん自身の国民年金の保険料について学生納付特例制度の適用を受けるためには、世帯主であるAさんの前年の所得が所定

の金額以下である必要があります」

③ 「Aさんが退職後に健康保険の任意継続被保険者となった場合、妻Bさんおよび長女Cさんは、Aさんが加入する健康保険の被扶養者となることができます」

《問3》 MさんがAさんに対して行ったアドバイスに関する次の記述①～③について、適切なものには○印で、不適切なものには×印で答えなさい。

① 「Aさんは、退職後に国民年金の定額保険料のほかに月額400円の付加保険料を納付することで、老齢基礎年金の受給時に『200円×付加保険料納付月数×改定率』の算式で算出した付加年金を受給することができます」

② 「Aさんは、国民年金の保険料を現金払いや口座振替等によって前納することができ、その納付方法や前納期間に応じて保険料の割引を受けることができます」

③ 「Aさんが65歳以降に受給する老齢厚生年金には、加給年金額の加算はありません」

解答と解説

《問1》

[正解] ①翌月の末日 ②20日
③2年間 ④全額自己負担

《問2》

① 適切。

② 不適切。学生納付特例制度の適用を受けるためには、世帯主の所得の制限はなく、学生本人の所得が所定の金額以下であればよい。

③ 適切。

[正解] ①○ ②× ③○

《問3》

① 不適切。付加年金に改定率は適用されない。

② 適切。なお、クレジットカードによる前納も可能である。

③　不適切。Aさんの厚生年金保険の被保険者期間は 333 月であり、20 年（240月）以上であること、妻Bさんには厚生年金保険の被保険者期間が 20 年以上ないこと、妻Bさんは現在および将来においてもAさんと生計維持関係にあることなどから加給年金額は加算される。

正解　①× 　②○ 　③×

自営業者の年金・社会保険

飲食店を個人経営しているＡさんは、日本年金機構から「年金記録のお知らせ」を受け取った。Ａさんは、年金や社会保険についての知識がなく、老後の生活についても不安を抱えているため、ファイナンシャル・プランナーのＭさんに相談することにした。

Ａさんおよびその家族に関する資料は、以下のとおりである。

〈Ａさんおよびその家族に関する資料〉

・Ａさん（58歳）：1962年（昭和37年）1月1日生まれ

　　　　　　　　　（年齢は2020年（令和2年）4月1日時点、以下同じ）

・妻Ｂさん（53歳）：1966年（昭和41年）4月25日生まれ

※妻Ｂさんは、20歳でＡさんと結婚以後Ａさんと同居している。

※妻Ｂさんは、現在および将来もＡさんと生計維持関係にあるものとする。

※Ａさんと妻Ｂさんは国民健康保険の被保険者である。

※上記以外の条件は考慮せず、各問に従うこと。

《問1》 国民健康保険の高額療養費に関して、Ｍさんが説明した次の記述①〜③について、適切なものには○印で、不適切なものには×印で答えなさい。

① 「70歳未満の被保険者について、同じ人が同一の月に、同一の保険医療機関等でかかった一部負担金が21,000円以上のもののみを世帯合算し、その合算額が自己負担限度額を超過した場合に高額療養費として支給されます」

② 「75歳未満の被保険者が同一の月に一の保険医療機関において入院療養を受けた場合、窓口で支払う一部負担金をその世帯の所得区分に応じた高額療養費算定基準額（自己負担限度額）にとどめるためには、事前に保険者から国民健康保険限度額適用認定証の交付を受ける必要があります」

③ 「国民健康保険の高額療養費算定基準額（自己負担限度額）は、その世帯の所得によって区分されるとともに、被保険者の年齢によっても異な

るため、65歳未満の被保険者とそれ以上の年齢の被保険者とでは異なります」

《問2》 「後期高齢者医療制度」に関する次の文章の空欄①、②に入る最も適切な語句または数値を、下記の〈語句群〉のなかから選びなさい。

原則として75歳以上の者は、都道府県ごとに設立された（　①　）が運営する「後期高齢者医療制度」に加入することになる。

本制度に係る保険料は、原則として被保険者が受け取る公的年金から天引きにて徴収されることになるが、介護保険料と後期高齢者医療保険料の合計額が年金額の（　②　）を超える者等については、公的年金からの徴収は行われず、市区町村に対して個別に納付することになる。

┌─〈語句群〉─────────────────────────
│　全国健康保険協会　　　後期高齢者医療広域連合
│　4分の1　　　3分の1　　　2分の1
└───────────────────────────────

《問3》 Aさんに係る社会保険に関する次の記述のうち、最も適切なものはどれか。

1) 2020年度の国民年金の保険料は月額16,540円であるが、保険料は6カ月分や1年度分あるいは2年度分を前納することも可能であり、この場合、年間支払額で比べると、毎月払いに比べて前納したほうが、保険料負担は軽減される。

2) 国民年金の第1号被保険者は、原則として20歳以上65歳未満の者であるので、Aさんが国民年金の被保険者資格を喪失した後は、国民年金の保険料負担は妻Bさんの分だけとなる。

3) 公的介護保険の保険料は、第2号被保険者（40歳以上65歳未満）については公的医療保険料に上乗せして支払うことになり、年額18万円未満の公的年金を受給している第1号被保険者（65歳以上）については、原則として公的年金から天引きにて徴収される。

4) 国民年金の保険料に加え月額400円の付加保険料を納付した者は、

老齢基礎年金に加え付加年金を受給することができるが、仮に、Aさんが今後100カ月にわたって付加保険料を納付した場合、受給できる付加年金の額は4万円となる。

《問4》 Mさんは、Aさんから、「10年後には、完全に仕事から離れる予定であり、現在、老後のための資金として2,000万円を用意している。この2,000万円に、今後10年間で貯蓄する資金を加え、68歳から15年間にわたって毎年200万円ずつを取り崩して、老後の夫婦の生活資金の一部にしたいと考えている。この場合、これからの10年間で、あといくら準備すればよいのか教えてほしい」と依頼された。仮に、年利1.0%で複利運用しながら、毎年200万円を取り崩していくとした場合、Aさんが68歳までに準備すべき金額を求めなさい。なお、計算にあたっては下記の〈資料〉を利用し、すでに用意している2,000万円の運用益、税金・手数料等は考慮しないものとする。

〈資料〉年利1.0%による各種係数

期間	年金終価係数	年金現価係数
15年	16.0969	13.8651

解答と解説

《問1》

　高額療養費は、病気等により療養を受けた場合に一部負担金等の額が高額になり、過大な負担になることから、患者の負担の軽減を図ることを目的として設けられている。

① 適切。

② 不適切。国民健康保険限度額適用認定証（低所得者（住民税非課税世帯）は、国民健康保険限度額適用・標準負担額減額認定証）は、原則、70歳に達する日の属する月以前の被保険者に対して交付され、70歳に達する日の属する月の翌月以後の被保険者には交付されない。ただし、所得区分が低所得者とされた70歳以上75歳未満の者は、高額療養費の現物給付化を希望する場合に引き続き限度額適用・標準負担額減額認定証が必要となるので、申請により当該認定証の交付を受け、医療機関に提示することになる。したがって、

70歳以上75歳未満で、所得区分が「現役並み所得者」または「一般」の者は、高齢受給者証を提示するだけで高額療養費の限度額が適用される。

③　不適切。年齢によって異なるのは70歳に達する日の属する月以前の被保険者と70歳に達する日の属する月の翌月以後の被保険者である。

正解　①〇　②×　③×

《問2》

後期高齢者医療制度の被保険者は75歳以上の者のほか、65歳以上75歳未満の者で一定の障害があり、申請により認定された者である。公的年金を年額18万円以上受給し、かつ、介護保険料と後期高齢者医療保険料の合計額が年金額の2分の1を超えない場合は、原則として保険料は公的年金から天引き（特別徴収）される。なお、後期高齢者医療保険料については、特別徴収の対象であっても、申し出ることで、口座振替に変更することも可能である。

正解　①後期高齢者医療広域連合　②2分の1

《問3》

1)　適切。前納制度等を利用した割引制度がある。6カ月前納・1年前納・2年前納の方法があり、6カ月前納よりも1年前納のほうが、1年前納よりも2年前納のほうが、支払保険料の金額は軽減される。

2)　不適切。国民年金の加入を義務づけられているのは、原則として日本国内に住所を有する20歳以上60歳未満の者であり、65歳未満の者ではない。

3)　不適切。公的介護保険の被保険者のうち、第1号被保険者は、市町村の区域内に住所を有する65歳以上の者であり、第2号被保険者は、市町村の区域内に住所を有する40歳以上65歳未満の医療保険（全国健康保険協会管掌健康保険、国民健康保険等）加入者である。

第1号被保険者のうち、老齢年金等の公的年金を受給していない者や、その年額が18万円未満の者の場合は、納入通知書を送付して個別に納めてもらう普通徴収の方法によるが、通常の場合は、特別徴収（公的年金からの天引き）の方法による。

4)　不適切。Aさんが今後100カ月にわたって国民年金の保険料に加え月額400円の付加保険料を納付した場合は、受給できる付加年金の額は2万円（＝200円×100カ月）となる。

正解　1

《問4》

68 歳時に準備しておきたい生活資金の額の計算には、一定期間、一定金額を受け取るために必要な年金原資を算出する年金現価係数を用いる。

（年金現価係数）
200 万円 × 13.8651 ＝ 2,773 万 200 円

10 年間で準備すべき額：2,773 万 200 円 － 2,000 万円 ＝ 773 万 200 円

正解 773 万 200 円

📖 まとめ

〈6 つの係数〉

ＦＰとして有用な各係数は、次のようなケースで活用できる。

a．終価係数

投資元本を一定期間複利運用した場合の元利合計を算出。

「100 万円を利率5％で運用すると、10 年後の元利合計はいくらになるか」

b．現価係数

一定期間複利運用して、目標額を達成するために必要な元本を算出。

「利率5％で運用して 10 年後に 100 万円にするためには、元本はいくら必要か」

c．年金終価係数

毎年の積立額（一定額）から、将来の積立合計額を算出。

「利率3％で毎年 100 万円を 10 年間積み立てるといくらになるか」

d．減債基金係数

一定期間で目標額を達成するために必要な毎年の積立額を算出。

「利率3％で運用して 10 年間で 1,000 万円貯蓄するためには、毎年いくら積み立てればよいか」

e．年金現価係数

一定期間、一定金額を受け取るために必要な年金原資を算出。また、元利均等返済のローン返済額に対する借入金額（借入可能額）の算出にも利用できる。

「毎年 120 万円を 10 年間受け取りたい。利率5％として、年金原資はいくら必要か」

f. 資本回収係数

　手持資金（年金原資）を一定期間で取り崩す場合の毎年の取崩し金額（年金額）を算出。また、借入金額に対する元利均等返済のローン返済額の算出にも利用できる。

　「1,000万円を利率3％で運用して、10年間で取り崩す場合、毎年いくら取り崩すことができるか」

第 **2** 章

C

金融資産運用

債券の利回り

　Aさんは、昨今の低金利が続くなか、少しでも有利な資金運用を図りたいと考えており、2020年中に債券投資を始めることを検討している。

　債券投資の経験がないAさんは、ファイナンシャル・プランナーのMさんに相談することにした。Aさんが購入を検討している債券は、以下のとおりである。

〈Aさんが購入を検討している債券〉

・X普通社債

　発行価格　　　：98.00円（額面100円につき）

　クーポンレート：2.20%（年）

　償還期間　　　：8年

・Y国債

　発行価格　　　：99.00円（額面100円につき）

　クーポンレート：1.20%（年）

　償還期間　　　：10年

※上記以外の条件は考慮せず、各問に従うこと。

《問1》　MさんがAさんに対して行った債券投資に関するアドバイスとして、次のうち最も適切なものはどれか。

1）「一般に、格付の高い債券ほど、利回りが高くなります」

2）「一般に、債券の利回りが上昇すると、債券価格も上昇します」

3）「一般に、残存期間が同じならば、クーポンの低い銘柄ほど市中金利の変動に伴う債券価格の変動が大きくなります」

4）「外貨建て債券では、取得時よりも円高になると、為替差益が得られやすくなります」

《問2》　Mさんは、Aさんから「購入予定のX普通社債とY国債について、応募者利回り（税引前）を求めてほしい」と依頼された。次の文章の空欄①〜④に入る最も適切な語句または数値を、下記の〈語句群〉のなかから選びなさい。

　応募者利回りとは、（　①　）を購入し、満期日まで保有したときの利回りのことである。応募者利回りは、当該債券を満期日まで保有する場合は一定であり、X普通社債の応募者利回りは（　②　）％となり、Y国債の応募者利回りは（　③　）％となる。ただし、小数点以下第3位を四捨五入している。

　なお、満期日までの間に市中金利が（　④　）すれば、当該債券を売却することによりキャピタルゲイン（売買益）を得られる可能性がある。

┌〈語句群〉────────────────────────────
│　新発債　　既発債　　上昇　　低下
│　1.11　　1.31　　1.95　　2.45　　2.50
└────────────────────────────────

《問3》　次の文章の空欄①～③に入る最も適切な数値を求めなさい。なお、計算にあたっては、経過利子、手数料および消費税等の諸費用は考慮しないものとする。

　AさんがX普通社債を額面金額で200万円分購入する場合に必要となる金額は、（　①　）円となる。

　AさんがY国債を額面金額で200万円分購入し、それを保有し続ける場合の1年間に受け取る利子の金額は、税引後（税率は所得税（復興特別所得税を含む）を15.315％、住民税を5％とする）で（　②　）円となり、さらに償還日まで保有した場合の償還差益は（　③　）円となる。

🖋 解答と解説　· ·

《問1》

1）　不適切。クーポンや償還期間が同じ債券であれば、格付の高い（信用リスクの小さい）債券ほど安全性が高いため、その分単価も高くなり、利回りは低下する。

2）　不適切。債券の利回りが上昇すれば、債券価格は下落する。したがって、途中売却によって損失が生じやすくなる。

3）　適切。残存期間が同じならば、クーポンの低い債券のほうが、デュレーショ

ン（債券の投資元本の回収までに要する平均残存期間）は長くなり、市中金
利の変動に伴う債券価格の変動が大きくなる。

4）　不適切。償還日に円高になっていれば、外貨建て債券の元本は円ベースで
減少する。

正解　3

《問2》

　新規に発行された債券（新発債）を購入して、満期日あるいは償還期限まで
保有した場合の利回りのことを「応募者利回り」という。

　なお、すでに市場で流通している債券（既発債）を購入して満期日あるいは
償還期限まで保有した場合の利回りのことを「最終利回り」といい、満期日ある
いは償還期限まで保有せずに途中売却した場合の利回りのことを「所有期間利
回り」という。

　X普通社債およびY国債の応募者利回りは、次のとおりである。

・X普通社債の応募者利回り：

$$\frac{2.20\,円 + \dfrac{100.00\,円 - 98.00\,円}{8\,年}}{98.00\,円} \times 100 = 2.50\,(\%)$$

・Y国債の応募者利回り：

$$\frac{1.20\,円 + \dfrac{100.00\,円 - 99.00\,円}{10\,年}}{99.00\,円} \times 100 = 1.313\cdots \to 1.31\,(\%)$$

　債券投資において、応募者利回りは一定であるが、市中金利の変動によって
所有期間利回りも変動し、市中金利が低下すれば、債券価格は上昇し、キャピ
タルゲイン（売却益）が得られるため、所有期間利回りは高くなる。逆に市中金
利が上昇すれば、債券価格は下落し、キャピタルロス（売却損）となるため、所
有期間利回りは低くなる。

正解　①新発債　②2.50　③1.31　④低下

《問3》

①　X普通社債の購入金額：$\dfrac{98.00\,円}{100.00\,円} \times 200\,万円 = 1,960,000\,円$

② ・Y国債の受取利子（税引前）：$\dfrac{1.20 \text{円}}{100.00 \text{円}} \times 200$ 万円 ＝ 2万 4,000 円

・所得税（復興特別所得税を含む）：

2万 4,000 円 × 15.315% ＝ 3,675 円（円未満切捨て）

・住民税：2万 4,000 円 × 5 % ＝ 1,200 円

・Y国債の受取利子（税引後）：

2万 4,000 円 −（3,675 円 +1,200 円）＝ 19,125 円

③　Y国債の償還差益：$\dfrac{100.00 \text{円} - 99.00 \text{円}}{100.00 \text{円}} \times 200$ 万円 ＝ 20,000 円

正解　① 1,960,000（円）　② 19,125（円）　③ 20,000（円）

📖 まとめ ．．

〈利付債券の利回り計算〉

利付債券の利回り（単利）の計算方法には、次のような種類がある。

$$応募者利回り（\%）= \dfrac{クーポン + \dfrac{額面 - 発行価格}{償還期間}}{発行価格} \times 100$$

$$最終利回り（\%）= \dfrac{クーポン + \dfrac{額面 - 買付価格}{残存期間}}{買付価格} \times 100$$

$$所有期間利回り（\%）= \dfrac{クーポン + \dfrac{売付価格 - 買付価格}{所有期間}}{買付価格} \times 100$$

$$直接利回り（\%）= \dfrac{クーポン}{買付価格} \times 100$$

希望する利回りから利付債券の単価（買付価格）を求める場合は、次のように計算する。

$$買付価格 = \frac{額面 + クーポン \times 残存期間}{1 + \left(\dfrac{利回り}{100} \times 残存期間 \right)}$$

〈割引債の利回り計算〉

償還期限が1年超の割引債の利回りは複利が一般的で、次のように計算する。

$$割引債の複利利回り（\%） = \left(\sqrt[残存年数]{\frac{額面（100円）}{買付価格}} - 1 \right) \times 100$$

1年以内に償還される割引債の利回りは単利方式で、次のように計算する。

$$割引債の単利利回り（\%） = \frac{額面 - 買付価格}{買付価格} \times \frac{365}{残存日数} \times 100$$

〈電卓の操作方法〉

残存年数が2年なら $\sqrt{}$ キーを1回押す。残存年数が4年なら $\sqrt{}$ キーを2回、8年なら $\sqrt{}$ キーを3回押す（機種により異なる場合がある）。

投資信託への投資 （1）

第**2**章 C 金融資産運用

　Aさんの勤務先の甲社は、業績が好調なため特別ボーナスを支給した。Aさんは、ボーナスの運用先として、購入経験のある投資信託を検討している。そこで、定期預金の満期金と合わせて200万円程度の資金の運用について、ファイナンシャル・プランナーのMさんに相談することにした。

《問1》 投資信託の仕組みについてMさんが説明した次の記述①～③について、適切なものには○印で、不適切なものには×印で答えなさい。

① 「特定口座の源泉徴収選択口座で管理されている株式投資信託を解約した場合、源泉徴収および特別徴収により課税関係を終了させることができるため、確定申告を不要とすることができます」

② 「信託財産留保額は、投資信託を換金等した受益者と引き続き保有する受益者との公平性を確保するためのものであり、すべての投資信託に信託財産留保額が設定されています」

③ 「単位型投資信託は、解約が多く発生した場合等に繰上償還されますが、追加型投資信託の場合は追加設定できるため、繰上償還されることはありません」

《問2》 投資信託のコストに関して、Mさんが説明した次の記述①～③について、適切なものには○印で、不適切なものには×印で答えなさい。

① 「運用管理費用（信託報酬）は、投資信託の運用・管理サービスに対して、委託会社（運用会社）や販売会社、受託会社（信託会社）が受け取るものです」

② 「購入時手数料がかからない投資信託は、一般に、『ノーロードファンド』と呼ばれています」

③ 「運用管理費用（信託報酬）のうち、委託会社が事務代行業務の報酬として販売会社に支払う手数料は、受託者報酬として目論見書に記載されます」

《問3》 Aさんは、投資信託に組み入れられている銘柄のなかで、X社に興味

を持った。X社の財務データを調べたところ、下記のとおりであった。X社の
PBR（株価純資産倍率）が1.5倍の場合、①X社のPER（株価収益率）と、
②ROE（自己資本利益率）をそれぞれ求めなさい。なお、純資産と自己資本
は同額であるものとする。

〈X社の2020年3月期の財務データ〉

- 売上高　　　：　　550億円
- 総資産　　　：　　400億円
- 純資産　　　：　　120億円
- 発行済株式数：2,000万株
- 当期純利益：　　　6億円

《問4》 Aさんは、個別元本が1口1万1,000円の追加型株式投資信託を保
有していたが、直近の決算日（2020年5月）における基準価額が1万3,000円
となり、1口当たり3,000円（税引前）の収益分配金を得た。分配落ち後の
基準価額は1万円となった。この場合における次の文章の空欄①〜③に入る
適切な数値を求めなさい。なお、計算にあたっては、源泉徴収される税率は
所得税（復興特別所得税含む）15.315%、住民税5％とし、購入時の手数料
は考慮しないものとする。

　収益分配金3,000円のうち、普通分配金が（　①　）円、元本払戻金（特
別分配金）が（　②　）円となるため、収益分配金の税引後の1口当たり
手取金額は、（　③　）円となる。

● 解答と解説 ....

《問1》

① 適切。

② 不適切。信託財産留保額が設定されていない投資信託や、一定以上の期
間保有していれば信託財産留保額が不要になる投資信託もある。たとえばM
RFは信託財産留保額が設定されていない。

③ 不適切。追加型投資信託であっても、解約が多く発生して純資産額が少な
くなったなどの場合は、繰上償還されることがある。

正解　①○　②×　③×

《問2》

① 適切。

② 適切。

③ 不適切。本肢は、受託者報酬ではなく、委託者報酬のうち「代行手数料」に関する説明である。

正解 ①○ ②○ ③×

《問3》

① X社の1株当たりの純資産（BPS）$= \dfrac{120\,億円}{2{,}000\,万株} = 600\,円$

$PBR = \dfrac{株価}{1株当たり純資産} = 1.5\,倍$ であるため、

X社の株価は、600円×1.5倍 = 900円となる。

また、X社の1株当たり当期純利益（EPS）$= \dfrac{6\,億円}{2{,}000\,万株} = 30\,円$である。

したがって、$PER = \dfrac{株価}{1株当たり当期純利益} = \dfrac{900\,円}{30\,円} = 30\,倍$となる。

② $ROE = \dfrac{当期純利益}{自己資本} \times 100 = \dfrac{6\,億円}{120\,億円} \times 100 = 5.0\%$

または、$ROE = PBR \times \dfrac{1}{PER} = 1.5\,倍 \times \dfrac{1}{30\,倍} = 0.05 \rightarrow 5.0\%$

正解 ① 30倍 ② 5.0%

《問4》

分配落ち後の基準価額である1万円より個別元本1万1,000円のほうが高い。したがって、収益分配金3,000円のうち、普通分配金が2,000円、元本払戻金（特別分配金）が1,000円となる。

・普通分配金に係る所得税（復興特別所得税含む）

2,000円×15.315% = 306円（円未満切捨て）

・普通分配金に係る住民税

2,000円×5% = 100円

・収益分配金の税引後の1口当たり手取額

2,000円 −（306円 + 100円）+ 1,000円 = 2,594円

正解 ① 2,000（円） ② 1,000（円） ③ 2,594（円）

・ROE（自己資本利益率：Return On Equity）は、自己資本に対する利益の
割合をみる指標で、高いほどその企業の収益性や成長性は高いと考えられる。

$$ROE（\%）= \frac{当期純利益}{自己資本} \times 100$$

・PER（株価収益率：Price Earnings Ratio）は、株価が1株当たり当期純利
益（EPS）の何倍であるかを示す指標である。

$$PER（倍）= \frac{株価}{1株当たり当期純利益^※} \qquad ※ \quad 1株当たり当期純利益 = \frac{当期純利益}{発行済株式数}$$

または、

$$PER（倍）= \frac{1}{株式益回り^※} \qquad ※ \quad 株式益回り = \frac{1株当たり当期純利益}{株価}$$

・PBR（株価純資産倍率：Price Book value Ratio）は、株価が1株当たり純
資産の何倍まで買われているかを示す指標である。

$$PBR（倍）= \frac{株価}{1株当たり純資産}$$

PERとPBRはいずれも一般的に倍率が高いほど株価は割高であるといえる。
なお、純資産と自己資本が同額である場合、ROEはPBRをPERで除した
ものと等しくなる。

・配当利回りは、株価に対する1株当たりの配当の割合を示す指標である。

$$配当利回り（\%）= \frac{1株当たりの配当}{株価} \times 100$$

・配当性向は、1株当たりの配当が1株当たり当期純利益に占める割合を示す指標である。

$$配当性向（\%）= \frac{1株当たりの配当}{1株当たり当期純利益} \times 100$$

日本では、安定配当を目指す企業が多く、利益と配当が連動していない場合が多いが、その事業年度の配当より当期純利益が少ない（過去の内部留保で配当）とき、配当性向は100%を超える。

投資信託への投資（2）

　Aさんは、5年前に預け入れた定期預金がまもなく満期を迎えるため、運用方法を検討している。当時は、元本が確保される安全な金融商品として定期預金に預け入れたが、今後の金利情勢等を考え、定期預金を継続するつもりはない。Aさんは、運用商品の候補として考えている投資信託について、ファイナンシャル・プランナーのMさんに相談することにした。

《問1》 Mさんは、Aさんの投資対象として以下の2つの投資信託を提案した。X投資信託およびY投資信託の分類と、パフォーマンス評価に関する一般的な次の文章の空欄①～③に入る最も適切な語句または数値を、下記の〈語句群〉のなかから選びなさい。

	X投資信託	Y投資信託
種　類	国内公募株式投資信託（追加型）	国内公募株式投資信託（追加型）
過去3年間の収益率の平均値（リターン）	10.0%	13.0%
過去3年間の収益率の標準偏差（リスク）	3.0%	6.0%

　X投資信託およびY投資信託ともに、市場インデックスを上回る運用成果を目指すファンドである場合、このような投資信託は、一般に、（　①　）型投資信託に分類される。

　X投資信託およびY投資信託において、「無リスク資産利子率＝1.0%」と仮定した場合、設例の条件を基にしたX投資信託のシャープ・レシオ（シャープの測度）は（　②　）となり、同様に算出したY投資信託のシャープ・レシオと比べて（　③　）。この値は、パフォーマンス評価を行うために一般的に用いられており、通常は高い値のほうが優位性があると考えられている。

┌〈語句群〉
　パッシブ　　　アクティブ　　　セレクト　　　2.0　　　3.0　　　3.6
　高い　　　　低い

《問2》　国内公募株式投資信託（追加型）に係る費用に関する次の一般的な記述①～③について、適切なものには○印で、不適切なものには×印で答えなさい。

①　購入時手数料とは、証券会社や銀行等の販売会社が、投資信託を投資家に販売した際に、委託者である投資信託委託会社から受け取る手数料のことである。

②　運用管理費用（信託報酬）とは、投資家が、投資信託の運用・管理に係る費用として信託財産のなかから間接的に負担する費用のことであり、監査報酬等は含まれない。

③　投資信託を購入または換金する際に「信託財産留保額」を徴収する投資信託の場合、その内容は目論見書（投資信託説明書）に記載されており、徴収された信託財産留保額は、信託財産に組み入れられる。

《問3》　Aさんは、株式投資信託には毎月一定額を積み立てることができるものがあり、このような商品は「ドルコスト平均法」による効果が期待できることを知った。以下のような投資を行った場合、次の表中および記述の空欄①～④に入る最も適切な数値を求めなさい。

〈ドルコスト平均法の効果例〉

購入時期	価格 （1口当たり）	毎月1万円ずつ購入する場合 （ドルコスト平均法）	毎月15口ずつ購入する場合
1回目	400円	25口	15口
2回目	500円	（　①　）口	15口
3回目	1,000円	10口	15口
4回目	400円	25口	15口
投資金額	―	4万円	（　②　）円
買付口数	―	60口＋（①）口	60口

　上記のとおり、毎月1万円ずつ購入した場合、1口当たりの購入コストは（　③　）円となる。一方、毎月15口ずつ購入した場合、1口当たりの購入コストは（　④　）円となる。

　したがって、上記の場合ではドルコスト平均法を利用したほうが、1口当たりの平均購入コスト（単価）は低くなる。

解答と解説

《問1》

　シャープ・レシオ（シャープの測度）は、リターン（収益率）から無リスク資産利子率を差し引いたもの（超過収益率）をリスク（標準偏差）で除して求める。

・X投資信託のシャープ・レシオ：$\dfrac{10.0 - 1.0}{3.0} = 3.0$

・Y投資信託のシャープ・レシオ：$\dfrac{13.0 - 1.0}{6.0} = 2.0$

　　　　　　　　正解　①アクティブ　②3.0　③高い

《問2》

① 不適切。購入時手数料は、投資家が、投資信託を購入する際に、販売会社に対して購入代金とは別に、販売経費・事務コスト等の対価として支払う費用のことである。最近は、「ノーロードファンド」と呼ばれる手数料がない投資信託も多く見受けられる。

② 適切。投資家が信託財産のなかから間接的に負担する費用には、運用管理費用（信託報酬）のほかに監査報酬、売買委託手数料等がある。運用管理費用（信託報酬）の総額（信託財産に対する年間当たりの割合）や、委託会社、受託会社、販売会社への運用管理費用（信託報酬）の配分割合は、目論見書（投資信託説明書）に記載されているが、監査報酬や売買委託手数料等は、運用状況により変動するものであるので、その料率、上限等は目論見書（投資信託説明書）には記載されない。

③ 適切。なお、「信託財産留保額」は「信託財産留保金」ともいう。

　　　　　　　　正解　①×　②○　③○

《問3》

① 　1万円÷500円＝20口

② 　400円×15口＋500円×15口＋1,000円×15口＋400円×15口＝3万4,500円

③ 　4万円÷（60＋20）口＝500円

④ 　3万4,500円÷60口＝575円

　　　　　　　　正解　①20（口）　②3万4,500（円）　③500（円）　④575（円）

まとめ . . . .

〈投資信託の費用〉

投資家が投資信託を購入し保有する際に負担する費用としては、主に購入時にかかる購入時手数料と、運用時に負担する運用管理費用（信託報酬）がある。

a. 購入時手数料

販売会社が投資家から受け取る手数料。基準価額の一定割合。同じ投資信託を同じ口数購入しても販売会社によって異なることがある。

b. 運用管理費用（信託報酬）

投資信託の運用・管理サービスに対して委託者や販売会社、受託者が受け取る報酬。ファンド財産の一定割合。

委託者報酬（運用管理費用（信託報酬）のなかから委託者が受け取る手数料）、代行手数料（委託者が事務代行業務の報酬として販売会社に支払う手数料）、受託者報酬（資産を管理している受託者が受け取る手数料）がある。

c. 信託財産留保額

投資家の解約による組入証券などの売却費用について、解約代金から差し引く金額。信託財産に留保され、基準価額に反映される。購入時に信託財産留保額を徴収するものもある。

d. 監査報酬

投資信託は、監査法人などの第三者から監査を受けることが義務付けられており、その監査に要する監査報酬は、投資信託財産から間接的に支払われる。

外貨預金の利回り

　会社員のAさん（59歳）は、これまで国内の預貯金を中心に資産を運用してきたが、定年退職時に受け取る退職金の一部を活用して運用対象を広げてみたいと考えており、下記のX株式会社の社債（以下、「X社債」という）および米ドル建て定期預金を運用対象として検討している。そこで、Aさんは、債券投資および外貨預金での運用について、ファイナンシャル・プランナーのMさんに相談することにした。

　Aさんが運用対象として検討しているX社債および米ドル建て定期預金に関する資料は、以下のとおりである。

〈X社債に関する資料〉

・発行会社　　：国内の大手企業

・購入価格　　：101.00円（額面100円当たり）

・表面利率　　：0.6%

・利払日　　　：年2回（3月末日、9月末日）

・残存期間　　：4年

・格付　　　　：A

〈米ドル建て定期預金に関する資料〉

・預入金額　　：20,000米ドル

・預入期間　　：6カ月満期

・利率（年率）：0.5%（満期時一括支払）

・為替予約なし

・適用為替レート（円／米ドル）

	TTS	TTM	TTB
預入時	108.00	107.00	106.00
満期時	111.00	110.00	109.00

※上記以外の条件は考慮せず、各問に従うこと。

《問1》 Mさんは、Aさんに対して、AさんがX社債を購入する場合の留意点等について説明した。Mさんの説明に関する次の記述①〜③について、適切なものには〇印で、不適切なものには×印で答えなさい。

① 「A格相当の債券は、投資適格債券に該当しますので、確実に元利金が約定どおり支払われます」

② 「X社債の購入後に市場金利が上昇した場合、購入価格よりも高い価格で売却できる可能性があります」

③ 「仮に、X社債を購入して、2年後に額面100円当たり102.00円で売却した場合の所有期間利回り（年率・単利）は、約1.09%となります」

《問2》 Mさんは、Aさんに対して、日本国内に所在する金融機関で取り扱う外貨預金について説明した。Mさんの説明に関する次の記述①〜③について、適切なものには〇印で、不適切なものには×印で答えなさい。

① 「日本国内に本店を有する金融機関に預け入れた外貨預金は、預金保険制度の保護の対象となります」

② 「外国銀行の在日支店に預け入れた外貨預金は、預金保険制度の保護の対象となります」

③ 「日本国内に所在する金融機関に預け入れた外貨定期預金（為替予約なし）の満期による為替差益は、一時所得として総合課税の対象となります」

《問3》 Aさんが、〈資料〉の条件で円貨を米ドルに換えて米ドル建て定期預金に20,000米ドルを預け入れ、満期を迎えた場合の円ベースでの運用利回り（単利による年換算）を計算した次の〈計算の手順〉の空欄①〜④に入る最も適切な数値を求めなさい。なお、預入期間6カ月は0.5年として計算し、手数料や税金は考慮しないものとする。また、④は、%表示の小数点以下第3位を四捨五入し、小数点以下第2位までを解答すること。

〈計算の手順〉

・預入時に必要な円貨の額

（ ① ）円

・満期時における米ドルベースでの元利金の額

（　②　）米ドル
・満期時における円ベースでの元利金の額
　　（　③　）円
・円ベースでの運用利回り（単利による年換算）
　　（　④　）％

解答と解説

《問1》

① 不適切。格付けは信用リスクの大きさを示したものであり、Ａ格相当の投資適格債券に該当しても、信用リスクがゼロであるわけではなく、確実に元利金が約定どおり支払われるとは限らない。

② 不適切。市場金利が上昇した場合、一般的に債券価格は下落するので、購入価格よりも高い価格で売却できる可能性は少ない。

③ 適切。本問の場合の所有期間利回りは以下のとおり計算される。

$$\frac{0.6 + \dfrac{102.00 - 101.00}{2}}{101.00} \times 100 = 1.089\cdots \quad \rightarrow \quad 約1.09\%$$

正解　①×　②×　③〇

《問2》

① 不適切。外貨預金は（日本国内に本店を有する金融機関に預け入れたものであっても）、預金保険制度の保護の対象外である。

② 不適切。外国銀行の在日支店の預金は（外貨預金、円預金を問わず）預金保険機構の保護の対象外である。

③ 不適切。為替予約なしの外貨定期預金の為替差益は、雑所得として総合課税の対象となる。

正解　①×　②×　③×

《問3》

・預入時に必要な円貨の額
　20,000 米ドル×108.00 円／米ドル＝（① 2,160,000）円
・満期時における米ドルベースでの元利金の額

20,000 米ドル ×0.5% ×0.5 年 = 50 米ドル

20,000 米ドル + 50 米ドル = (② 20,050) 米ドル

・満期時における円ベースでの元利金の額

(② 20,050) 米ドル ×109.00 円 / 米ドル = (③ 2,185,450) 円

・円ベースでの運用利回り (単利による年換算)

$$\frac{(③\,2,185,450)\,円 - (①\,2,160,000)\,円}{(①\,2,160,000)\,円} \times \frac{1\,年}{0.5\,年} \times 100$$

= 2.356… → (④ 2.36) % (小数点以下第3位四捨五入)

正解 ① 2,160,000 (円) ② 20,050 (米ドル)
      ③ 2,185,450 (円) ④ 2.36 (%)

🔍 ポイント . . . .

円貨を外貨にする場合は、「TTS (対顧客電信売相場)」により、逆の場合は「TTB (対顧客電信買相場)」による。

これらの売買スプレッドは、たとえば米ドルの場合、期間の長短にかかわらず1ドルについて2円程度となる金融機関もあるため、運用期間が短いほど実質利回りは低下することになる。

外貨建て商品とNISA

　会社役員のAさん（52歳）は、これまで上場株式を中心に投資してきたが、通貨の分散を図る観点から、最近は外貨運用に興味を持っている。Aさんは、まずは豪ドル建てMMFおよび下記の米ドル建て定期預金にそれぞれ投資（預入）し、その後は外国為替相場の動向を注視しながら、投資（預入）額の増減を検討するつもりである。

　また、Aさんは、証券会社の営業担当者から「非課税口座内の少額上場株式等に係る配当所得および譲渡所得等の非課税措置（以下、当該非課税措置は「NISA」、当該非課税口座は「NISA口座」という）」を利用して、上場株式を追加購入することを勧められているが、その内容等について、改めて確認したいと考えている。なお、Aさんが現在保有している上場株式は、特定口座の源泉徴収選択口座内で保管されている。

　そこで、Aさんは、ファイナンシャル・プランナーのMさんに相談することにした。Aさんが検討している米ドル建て定期預金に関する資料は、以下のとおりである。

〈米ドル建て定期預金に関する資料〉

・預入金額　　　：10,000米ドル
・預入期間　　　：6カ月満期
・利率（年率）：1.00%（満期時一括支払）
・適用為替レート（円／米ドル）

	TTS	TTM	TTB
預入時	96.00	95.00	94.00
満期時	101.00	100.00	99.00

※上記以外の条件は考慮せず、各問に従うこと。

《問1》　外貨建てMMFに関する次の記述①～③について、適切なものには○印で、不適切なものには×印で答えなさい。

①　外貨建てMMFを購入する際には購入時手数料が不要であるが、外貨建てMMFを購入から30日未満で換金した場合には、換金代金から信

託財産留保額が徴収される。

② 外貨建てMMFは、その運用実績に応じて毎ファンド営業日に分配が行われ、月末最終営業日等にその月の分配金がまとめて元本に再投資される仕組みになっている。

③ 外貨建てMMFの分配金は、配当所得として所得税の課税対象となる。

《問2》 Aさんが、《設例》の条件で円貨を米ドルに換えて米ドル建て定期預金を行って満期を迎えた場合の円ベースでの運用利回り（単利による年換算）を、計算過程を示して求めなさい。預入期間6カ月は0.5年として計算すること。また、計算にあたっては、《設例》に記載されているもの以外の費用や税金等は考慮しないものとし、〈答〉は％表示の小数点以下第3位を四捨五入すること。

《問3》 NISAについてMさんが説明した次の記述①～③について、適切なものには○、不適切なものには×で答えなさい。なお、ジュニアNISA（未成年者少額投資非課税制度）、つみたてNISA（非課税累積投資契約に係る少額投資非課税制度）については考慮しないこと。

① 「NISA口座は、2020年中に銀行と証券会社でそれぞれ1人1口座ずつ開設することができます」

② 「Aさんは、年間120万円を上限に、特定口座内で保管されている上場株式をNISA口座に移管することができます」

③ 「NISA口座内で生じた上場株式に係る譲渡損失の金額は、特定口座内で生じた上場株式に係る譲渡所得の金額と損益通算することができません」

解答と解説 ....

《問1》

① 不適切。外貨建てMMFは、購入から30日未満の換金の場合も信託財産留保額が徴収されない。

② 適切。

③ 不適切。外貨建てMMFは、外貨建公社債投資信託の一種である。公社債投資信託の分配金は利子所得とされる（申告分離課税と申告不要の選択、源泉徴収税率20.315%）。

正解 ①× ②○ ③×

《問2》
・預入時に必要な円貨の額
　預入時に、顧客は円貨を売って外貨を買う（金融機関は外貨を売る）ので、TTSが適用される。
　96.00円×10,000米ドル＝960,000円
・満期時における米ドルベースでの元利金の額
　10,000米ドル×（1＋1%×0.5年）＝10,050米ドル
・満期時における円ベースでの元利金の額
　満期時に、顧客は外貨を売って円貨を買う（金融機関は外貨を買う）ので、TTBが適用される。
　10,050米ドル×99.00円＝994,950円
・円ベースでの運用利回り（単利による年換算）
　円ベースでの利益（994,950円－960,000円）を投資元本（960,000円）で割り、年換算の利回りを算出するために0.5年で割る（2倍する）。

$$\frac{994{,}950\,円 - 960{,}000\,円}{960{,}000\,円} \div 0.5\,年 \times 100 = 7.28125\% \rightarrow 7.28\%$$

正解 7.28%

《問3》
① 不適切。銀行や証券会社を含めすべての金融機関等のうちの1つに、1人1口座に限り開設することができる。
② 不適切。特定口座内で保管されている上場株式をNISA口座に移管することはできない。新たに投資した上場株式等に限り非課税の取扱いを受けられる。
③ 適切。NISA口座では、譲渡益が非課税になる一方、譲渡損失はないものとみなされるため、損益通算できない。

正解 ①× ②× ③○

💡 プラスα

〈外貨建ての生命保険〉

　終身保険、個人年金保険、養老保険等の一部には、外貨建ての生命保険商品がある。この商品は、米ドル・豪ドル・ユーロなどの外貨で保険料を払い込み、保険金・年金・解約返戻金等を外貨で受け取る。保険金等は、「円換算支払特約」によって円に換えて受け取ることもできるが、そのときの為替相場の動向によっては、円で換算した支払保険料総額よりも少なくなるリスクがある（為替リスクを回避できない）。

📝 まとめ

〈NISA制度〉

a．NISA（少額投資非課税制度）

　NISA（一般NISA）の概要は以下のとおりである。

　なお、2020 年度税制改正により、2024 年以降は制度が大きく改変されることとなっている（**d.** 参照）。

非課税対象	上場株式・公募株式投資信託等の配当、収益分配金、譲渡益
非課税投資額	毎年、①新規投資額および②継続適用する上場株式等の時価の合計額で 120 万円を上限（未使用枠の翌年以降の繰越不可）とする
非課税投資総額	最大 600 万円（120 万円×5 年間）
非課税期間	5 年間（非課税期間終了後は、①翌年の非課税投資枠へ移管、②課税口座へ移管、③売却のいずれかから選択することができる）
途中売却	自由（ただし、売却部分の枠は再利用不可）
口座開設可能期間	2014 年 1 月 1 日～ 2023 年 12 月 31 日（2024 年以降、制度改変）
口座開設数	1 人 1 口座のみ
開設資格者	口座を開設する年の 1 月 1 日時点で 20 歳以上（2023 年 1 月 1 日以後は 18 歳以上）の居住者等
他の口座との損益通算	不可

b．ジュニアNISA（未成年者少額投資非課税制度）

　ジュニアNISAは、2016 年から 2023 年までの各年において、その年の1月1日現在 20 歳未満（2023 年1月1日以後は 18 歳未満）の者またはその年に出生した者について、年間 80 万円の非課税枠が設けられ、通常のNISAと同様に売却益や配当が非課税となる制度である。

非課税期間は5年間であるため、非課税枠は最大400万円となる。投資金額については、その年の3月31日において18歳である年の前年12月31日までの間、原則として払い出すことができない。

なお、2020年度税制改正により、ジュニアNISAの口座開設期間は、延長することなく、2023年12月31日をもって終了することとなった。終了に伴い、2024年1月1日以後は、上記の払い出しに係る制限が解除される。

c. つみたてNISA（非課税累積投資契約に係る少額投資非課税制度）

つみたてNISAは、毎年40万円までの投資から得られる売却益などを20年間非課税にできる制度である。

口座開設可能期間は、2020年度税制改正により5年延長され、2042年12月31日までとされている。

現行のNISAとの併用は認められず、利用者はどちらか選択する。投資対象は信託期間が20年以上のものや毎月分配型でないものなど、長期の分散投資に適した公募投資信託に限られる。

d. 2024年以降のNISA

2024年以降、NISAは投資対象に応じて1階・2階の区分が設けられる。

非課税対象	1階：つみたてNISAと同じ 2階：現行のNISAの対象から高レバレッジ投資信託等を除く
非課税投資額	1階　20万円（未使用枠の翌年以降繰越不可） 2階　102万円（未使用枠の翌年以降繰越不可）
非課税投資総額	最大610万円（122万円×5年間）
非課税期間	5年間（1階はつみたてNISAへの移行が可能、2階はロールオーバー可能）
途中売却	自由（ただし、売却部分の枠は再利用不可）
口座開設可能期間	2024年1月1日～2028年12月31日
口座開設数	1人1口座のみ
開設資格者	口座を開設する年の1月1日時点で18歳以上の居住者等
他の口座との損益通算	不可

●各NISA制度の比較

	ＮＩＳＡ	つみたてＮＩＳＡ	ジュニアＮＩＳＡ
対象者	口座開設の年の1月1日において20歳以上※1の居住者等	口座開設の年の1月1日において20歳以上※1の居住者等	口座開設の年の1月1日において20歳未満※2またはその年に出生した居住者等
非課税対象	上場株式等（ＥＴＦ、ＲＥＩＴ含む）、公募株式投資信託の配当、分配金、譲渡益	積立・分散投資に適した一定の公募株式投資信託の分配金、譲渡益	上場株式等（ＥＴＦ、ＲＥＩＴ含む）、公募株式投資信託の配当、分配金、譲渡益
年間非課税投資枠	120万円（2014～2015年は100万円、未使用枠の翌年以降繰越不可）	40万円（未使用枠の翌年以降繰越不可）	80万円（未使用枠の翌年以降繰越不可）
非課税期間	5年間（ロールオーバー可能）	20年間	5年間（ロールオーバー可能）
非課税投資総額	120万円×5年＝600万円	40万円×20年＝800万円	80万円×5年＝400万円
口座開設可能期間	2014年1月1日～2023年12月31日（2024年以降制度変更予定）	2018年1月1日～2042年12月31日	2016年1月1日～2023年12月31日(2024年以降も口座開設者が20歳に達するまで※3は非課税保有を継続可能)
投資方法	制限なし	定期かつ継続的な方法で投資	制限なし
途中売却	自由（売却部分の枠の再利用不可）	自由（売却部分の枠の再利用不可）	18歳である年の12月31日までは原則として不可
口座開設数	1人1口座、つみたてＮＩＳＡとの選択制で併用不可、毎年の金融機関の変更可能	1人1口座、ＮＩＳＡとの選択制で併用不可	1人1口座、金融機関の変更不可

※1　2023年1月1日以後は18歳以上となる。
※2　2023年1月1日以後は18歳未満となる。
※3　2023年1月1日以後は18歳に達するまでとなる。

ポートフォリオ運用（1）

　会社員のAさん（42歳）は、現在、2年前に購入したX投資信託を保有している。最近、新たにY投資信託の購入を検討しており、ファイナンシャル・プランナーのMさんに相談することにした。それぞれの投資信託に関する資料等は、以下のとおりである。

〈X投資信託に関する資料〉

・公募株式投資信託

・分類　　　　　：追加型／国内／株式

・主な投資対象：東京証券取引所市場第一部に上場する企業の株式

・決算日　　　　：毎年12月20日

〈X投資信託のAさん購入後2年間の決算実績（1万口当たり）〉

	購入時	1回目の決算 （2018年12月20日）	2回目の決算 （2019年12月20日）
基準価額	10,100円	10,400円（分配後）	10,000円（分配後）
Aさんの個別元本の額	10,100円	10,100円（分配後）	10,000円（分配後）
分配金の額	―	300円	300円

〈Y投資信託に関する資料〉

・公募株式投資信託

・分類　　　　　　：追加型／海外／債券　為替ヘッジあり

・主な投資対象　：米国の企業が発行する米ドル建ての債券

・決算日　　　　　：毎月25日

・購入時手数料　：購入価額の1.65%（税込）

・信託財産留保額：換金時の基準価額に対して0.3%

〈X投資信託・Y投資信託のシナリオ別予想収益率〉

	生起確率	X投資信託の予想収益率	Y投資信託の予想収益率
シナリオ1	30%	3.0%	−6.0%
シナリオ2	50%	10.0%	5.0%
シナリオ3	20%	−10.0%	7.0%

※上記以外の条件は考慮せず、各問に従うこと。

《問1》 X投資信託の分配金について、MさんがAさんに対して説明した以下の文章の空欄①〜③に入る最も適切な語句を、下記の〈語句群〉のなかから選びなさい。

「X投資信託の1回目の決算における分配金は、全額が普通分配金に該当します。また、2回目の決算における普通分配金の額は（　①　）です。

X投資信託の普通分配金による所得は（　②　）とされ、分配時には源泉徴収が行われます。2019年の決算において普通分配金が分配された場合、その分配金に対する源泉徴収税率は、所得税、復興特別所得税および住民税の合計で（　③　）となります」

〈語句群〉

100円　　200円　　300円　　配当所得　　利子所得　　雑所得
10.147%　　20.315%　　20.42%

《問2》 Y投資信託について、MさんがAさんに対して説明した次の記述①〜③について、適切なものには○印で、不適切なものには×印で答えなさい。

① 「Y投資信託は米国の債券を主な投資対象としていますので、一般に、米国の金利が上昇した場合、当該債券価格の下落を通じてY投資信託の基準価額のマイナス要因となります」

② 「Y投資信託は為替ヘッジを行うことにより、為替変動によるリスクの低減を図っています。為替ヘッジを行った場合、為替ヘッジを行わない場合と比較して、円高による為替差損を抑えることができます」

③ 「Y投資信託が償還された場合、償還金から信託財産留保額が控除されます」

《問3》《設例》の〈X投資信託・Y投資信託のシナリオ別予想収益率〉に基づき、X投資信託とY投資信託をそれぞれ6：4の割合で保有した場合のポートフォリオの期待収益率を、X投資信託の期待収益率、Y投資信託の期待収益率、ポートフォリオの期待収益率の順で、計算過程を示して求めなさい。なお、〈答〉は%表示の小数点以下第2位まで表示すること。

解答と解説 ·

《問1》

① 10,100円 − 10,000円 = 100円（元本払戻金）

300円 − 100円 = 200円

③ 所得税15％、住民税5％、復興特別所得税0.315％の合計で20.315％となる。

[正解] ① 200円　② 配当所得　③ 20.315％

《問2》

① 適切。金利が上昇すれば、債券価格は低下する。

② 適切。

③ 不適切。信託財産留保額は信託期間の途中で換金するときに差し引かれるものであり（購入時に徴収される場合もある）、償還の場合は差し引かれない。

[正解] ① ○　② ○　③ ×

《問3》

・X投資信託の期待収益率：

3.0％ × 0.3 + 10.0％ × 0.5 +（− 10.0％）× 0.2 = 3.9％

・Y投資信託の期待収益率：

（− 6.0％）× 0.3 + 5.0％ × 0.5 + 7.0％ × 0.2 = 2.1％

・ポートフォリオの期待収益率：3.9％ × 0.6 + 2.1％ × 0.4 = 3.18％

〈別解〉

・シナリオ1の期待収益率：0.3 ×｛3.0％ × 0.6 +（− 6.0％）× 0.4｝= − 0.18％

・シナリオ2の期待収益率：0.5 ×（10.0％ × 0.6 + 5.0％ × 0.4）= 4.0％

・シナリオ3の期待収益率：0.2 ×｛（− 10.0％）× 0.6 + 7.0％ × 0.4｝= − 0.64％

・ポートフォリオの期待収益率：− 0.18％ + 4.0％ − 0.64％ = 3.18％

[正解] 3.18％

ポートフォリオ運用（2）

　会社員のAさん（45歳）は、2016年4月に特定口座の源泉徴収選択口座を利用して一括で購入した毎月分配型のX投資信託を200万口保有しており、毎月その収益分配金を受け取っている。Aさんは、新たにY投資信託を購入することを検討しており、X投資信託のこれまでの運用成績の確認も含めて、X投資信託およびY投資信託について、ファイナンシャル・プランナーのMさんに相談することにした。

　X投資信託およびY投資信託に関する資料は、以下のとおりである。

〈X投資信託およびY投資信託に関する資料〉

	X投資信託	Y投資信託
商品分類	追加型／国内／株式	追加型／海外／株式
信託期間	無期限	2024年6月15日まで
基準価額	10,500円（1万口当たり）	11,200円（1万口当たり）
決算日	毎月15日	毎年6月15日および12月15日
購入時手数料	なし	購入価額の2.2%（税込）
運用管理費用（信託報酬）	年率1.1%（税込）	年率1.65%（税込）
信託財産留保額	なし	解約時の基準価額に対して0.3%

〈X投資信託の基準価額等（金額はすべて1万口当たり）〉

Aさんが購入した時の基準価額	10,000円
現時点で換金した場合の基準価額	10,500円
Aさんがこれまでに受け取った収益分配金の合計額	1,300円
普通分配金	1,100円
元本払戻金（特別分配金）	200円

〈シナリオとX投資信託・Y投資信託の予想収益率〉

	生起確率	X投資信託の予想収益率	Y投資信託の予想収益率
シナリオ1	40%	− 5.0%	16.0%
シナリオ2	50%	10.0%	12.0%
シナリオ3	10%	15.0%	− 8.0%

※上記以外の条件は考慮せず、各問に従うこと。

《問1》 Mさんは、Aさんに対して、X投資信託の分配金等について説明した。Mさんが説明した以下の文章の空欄①～③に入る最も適切な語句を、下記の〈語句群〉のなかから選びなさい。

「Aさんは、これまでにX投資信託から普通分配金と元本払戻金（特別分配金）を受け取っています。このうち、普通分配金による所得は（　①　）とされ、分配時に所得税および復興特別所得税と住民税の合計で（　②　）の税率による源泉徴収がされています。一方、元本払戻金（特別分配金）は非課税とされています。

仮に、Aさんが、X投資信託を、現時点の基準価額である1万口当たり10,500円で200万口すべて解約した場合、譲渡所得の金額は（　③　）となり、これに対して（②）の税率で、所得税および復興特別所得税と住民税が解約時に源泉徴収されることとなります」

┌─〈語句群〉───────────────────────────┐
│ 利子所得　　配当所得　　雑所得　　10.147%　　20.315% │
│ 20.42%　　100,000円　　140,000円　　360,000円 │
└─────────────────────────────────────┘

《問2》 Mさんは、Aさんに対して、投資信託について説明した。Mさんが説明した次の記述①～③について、適切なものには○印で、不適切なものには×印で答えなさい。なお、ジュニアNISA（未成年者少額投資非課税制度）、つみたてNISA（非課税累積投資契約に係る少額投資非課税制度）については考慮しないこと。

① 「2020年中にNISA口座で株式投資信託を購入する場合、購入時手数料を含めて120万円を限度に、その投資信託をNISA口座に受け入れることができます」

② 「Aさんは投資信託を保有している期間中、運用管理費用（信託報酬）を負担する必要があります。この運用管理費用（信託報酬）は決算日に前決算日以降の期間分がまとめて控除されるため、決算日の基準価額はその分下がります」

③ 「Y投資信託を解約した場合、信託財産留保額が徴収されますが、Y

投資信託が償還された場合には、信託財産留保額は徴収されません」

《問3》 《設例》の〈シナリオとX投資信託・Y投資信託の予想収益率〉に基づいて、X投資信託とY投資信託をそれぞれ6：4の割合で保有した場合のポートフォリオの期待収益率に関する次の①～③をそれぞれ求めなさい（計算過程の記載は不要）。なお、〈答〉は％表示の小数点以下第2位まで表示すること。
① X投資信託の期待収益率
② Y投資信託の期待収益率
③ ポートフォリオの期待収益率

解答と解説

《問1》
③ 元本払戻金（特別分配金）が200円支払われているので、売却時の個別元本は購入時の基準価額10,000円から200円を差し引いた9,800円である。
　したがって、譲渡所得は、以下のとおり計算される。
10,500円×200万口÷1万口 − 9,800円×200万口÷1万口 = 140,000円

正解 ①配当所得　② 20.315%　③ 140,000円

《問2》
① 不適切。上限の120万円は、購入時手数料を含まない金額（すなわち約定代金）の上限である。
② 不適切。運用管理費用（信託報酬）は、信託財産から日々控除されている。決算日にまとめて控除されるわけではない。
③ 適切。

正解 ①×　②×　③○

《問3》
① （− 5.0%）× 0.4 + 10.0% × 0.5 + 15.0% × 0.1 = 4.50%
② 16.0% × 0.4 + 12.0% × 0.5 + （− 8.0%）× 0.1 = 11.60%
③ 4.50% × 0.6 + 11.60% × 0.4 = 7.34%

正解 ① 4.50%　② 11.60%　③ 7.34%

株式指標と上場株式等に係る税金

Aさんは、2014年に購入したX社株式を保有している。また、定期預金の満期日が到来したため、その資金の一部で別の銘柄の株式を購入したいと考えている。そこで、いくつかの銘柄を検討した結果、下記のY社株式に興味を持ち始めた。しかし、Aさんは、株式投資についてそれほど詳しくないため、ファイナンシャル・プランナーのMさんに相談することにした。

なお、Y社の株価は、問題の性質上、「□□□」で示してある。

	X社（上場）	Y社（上場）
自己資本	20億円	50億円
発行済株式総数	400万株	500万株
当期純利益	1億2,000万円	2億円
株価	600円	□□□円
Aさんの保有株数	2,000株	（未定）

※上記以外の条件は考慮せず、各問に従うこと。

《問1》 株式指標に関して、Mさんが説明した次の記述①〜③について、適切なものには○印で、不適切なものには×印で答えなさい。

① 「日経平均株価は、株式分割などの権利落ち等の影響を修正した株価指標です」

② 「東証株価指数（TOPIX）は、1968年1月4日の東京証券取引所上場株式全銘柄の平均株価を100として算出されています」

③ 「売買単価は、『売買代金÷出来高（売買高）』により算出されます」

《問2》 株式の投資指標に関する次の文章の空欄①〜③に入る最も適切な語句または数値を、下記の〈語句群〉のなかから選びなさい。なお、便宜上、「自己資本＝純資産」とし、X社とY社は、売上、利益、成長性がほぼ同じ水準で、業種が類似する企業であるものとする。

X社のROE（自己資本利益率）は、（ ① ）％であり、Y社のROEよりも高い。

一方、Y社のPBR（株価純資産倍率）を1.5倍とすると、Y社のPER（株

価収益率）は（　②　）倍となり、Ｘ社のＰＥＲと比較すると（　③　）となる。

┌─〈語句群〉─────────────────────────────────────┐
│ 4.0　　5.0　　6.0　　10.0　　37.5　　50.0　　割高　　割安　　同等 │
└──┘

《問3》　居住者である個人の株主（一定の大口株主等を除く）が、国内上場株式を保有する場合に課される税金に関する次の①～③の記述について、適切なものには○印で、不適切なものには×印で答えなさい。

① 　2020年中に受け取る配当に係る配当所得に対しては、10.147％（所得税および復興特別所得税7.147％、住民税3％）の税率により源泉徴収（特別徴収）が行われる。

② 　2020年中に受け取る配当に係る配当所得について、申告分離課税を選択した場合、確定申告をすることにより、当該配当所得の金額とその年分の上場株式等の譲渡損失との損益通算ができる。

③ 　2020年中に受け取る配当に係る配当所得について、申告分離課税を選択した場合、所得税の税額控除として配当控除の適用を受けることができる。

《問4》　Ａさんが現在保有しているＸ社株式を、以下の〈条件〉で2020年中に譲渡することにした場合、Ａさんが受け取ることのできる手取金額（所得税および復興特別所得税・住民税控除後の金額）を、計算過程を示して求めなさい。なお、2020年においてＸ社株式以外に他の株式等の譲渡はなく、売却時の手数料についても考慮しないものとし、〈答〉は円単位とすること。

〈条件〉

・保有株数　　　　　：2,000株

・購入時の取得価額　：400円

・売却時の譲渡価額　：600円

※　特定口座（源泉徴収選択口座）を利用するものとする。

🖐 **解答と解説** ‥‥‥‥‥‥‥‥‥‥‥‥‥‥‥‥‥

《問1》

① 適切。

② 不適切。東証株価指数（ＴＯＰＩＸ）は、東京証券取引所上場株式の全銘柄ではなく、第一部上場の全銘柄の 1968 年1月4日の平均株価を 100 として算出されている。

③ 適切。

> **正解** ①○ ②× ③○

《問2》

Ｘ社のＲＯＥ（自己資本利益率）：$\dfrac{1\text{億}2{,}000\text{万円}}{20\text{億円}} \times 100 = 6.0\%$

一方、Ｙ社のＲＯＥ $= \dfrac{2\text{億円}}{50\text{億円}} \times 100 = 4.0\%$ となり、Ｘ社のＲＯＥのほうがＹ社のＲＯＥより高い。

また、Ｙ社の1株当たり純資産：$\dfrac{50\text{億円}}{500\text{万株}} = 1{,}000\text{円}$ であり、

Ｙ社のＰＢＲが 1.5 倍なので、Ｙ社の株価は 1,500 円となる。

Ｙ社の1株当たり当期純利益は、40 円 $\left(= \dfrac{2\text{億円}}{500\text{万株}}\right)$ であるため、

Ｙ社のＰＥＲは、$\dfrac{1{,}500\text{円}}{40\text{円}} = 37.5\text{倍}$ となる。

一方、Ｘ社の1株当たり当期純利益は、30 円 $\left(= \dfrac{1\text{億}2{,}000\text{万円}}{400\text{万株}}\right)$ であるため、

Ｘ社のＰＥＲは、$\dfrac{600\text{円}}{30\text{円}} = 20\text{倍}$ となる。

よって、Ｙ社のＰＥＲのほうが割高といえる。

> **正解** ① 6.0(%) ② 37.5(倍) ③割高

《問3》

① 不適切。上場株式等に係る配当所得の 10.147％軽減税率は 2013 年末で廃止され、2014 年からは本則である 20.315％（所得税および復興特別所得税 15.315％、住民税5％）が適用されている。

② 適切。

③　不適切。配当控除の適用を受けることができるのは、国内上場株式等の配当金等について総合課税を選択した場合である。

正解 　①×　②○　③×

《問4》

　株式譲渡収入：600 円×2,000 株＝120 万円

　所得税および復興特別所得税：

　　　　　　（600 円－400 円）×2,000 株×15.315%＝6 万 1,260 円

　住民税：（600 円－400 円）×2,000 株×5%＝2 万円

　手取金額：120 万円－（6 万 1,260 円＋2 万円）＝111 万 8,740 円

正解 　111 万 8,740 円

まとめ

　上場株式等の譲渡益は、原則として、20.315%（所得税および復興特別所得税 15.315%、住民税 5%）の申告分離課税で、確定申告が必要である。

　2016 年分から、上場株式等の範囲に一定の公社債や公社債投資信託などが含まれることになったため、上場株式等に係る損益通算の特例の対象に、特定公社債※、公募公社債投資信託など（以下、「特定公社債等」という）に係る利子所得、配当所得および譲渡所得等が追加され、これらの所得間や上場株式等に係る配当所得および譲渡所得等との損益通算が可能とされる一方で、上場株式等と非上場株式等との間で譲渡損益の通算はできなくなっている。

　なお、上場株式等の取引については、次ページのような特例がある。

※　特定公社債とは、国債、地方債、外国国債、公募公社債、上場公社債、2015 年 12 月 31 日以前に発行された公社債（同族会社が発行した社債を除く）などの一定の公社債をいう。

〈金融・証券税制の主な特例〉

a．上場株式等の配当所得に対する課税

（発行済株式総数等の3％以上保有の大口株主等を除く）

名称	内容
①上場株式等の配当等の源泉（特別）徴収税率の特例	源泉（特別）徴収税率は20.315％（所得税および復興特別所得税15.315％、住民税5％）
②上場株式等の配当所得の申告分離課税	上場株式等の配当所得について、総合課税と申告分離課税のいずれかの選択適用が可能 申告分離課税を選択した場合は、配当控除の適用はない
③上場株式等の配当所得の申告分離課税の税率の特例	申告分離課税を選択した場合の源泉（特別）徴収税率は20.315％（所得税および復興特別所得税15.315％、住民税5％）
④特定口座における源泉徴収口座への上場株式等の配当等の受入れ	上場株式等の配当所得の申告分離課税を選択した場合は、特定口座の源泉徴収口座内で上場株式等の譲渡損失と上場株式等の配当所得等の通算ができる

b．上場株式等の譲渡損失と上場株式等の配当所得等との損益通算の特例

期間	2009年1月1日以降（2009年分以降の所得税および2010年度分以降の住民税に適用）。ただし、源泉徴収口座内での損益通算は2010年1月1日以降（a．④を参照）
内容	上場株式等の譲渡損失の金額（最大3年分までの繰越損失分を含む）と申告分離課税を選択した上場株式等の配当所得等との損益通算が可能

投資指標と上場株式等に係る税金

　Aさんは、これまで投資信託（特定口座の源泉徴収選択口座内にて取引）により資産を運用してきたが、上場株式による資産運用にも興味を持ち、同業種で同規模のX社またはY社の株式（以下、それぞれ「X社株式」「Y社株式」という）のいずれかの購入を検討している。

　そこで、Aさんは、株式投資について、ファイナンシャル・プランナーのMさんに相談することにした。

	X社	Y社
株価	1,400 円	600 円
当期純利益	80 億円	150 億円
純資産（＝自己資本）	2,000 億円	3,600 億円
総資産	4,500 億円	6,000 億円
発行済株式総数	2 億株	5 億株
1株当たり配当金額（年額）	10 円	15 円

※上記以外の条件は考慮せず、各問に従うこと。

《問1》　Mさんは、Aさんに対して、株式取引の仕組み等について説明した。Mさんの説明に関する次の記述①～③について、適切なものには○印で、不適切なものには×印で答えなさい。

① 「代表的な株価指標のうち、日経平均株価は、東京証券取引所市場第一部と市場第二部に上場している銘柄のうち代表的な225銘柄を対象とした修正平均型の株価指標です」

② 「上場株式の注文方法のうち、指値注文では、高い値段の買い注文が低い値段の買い注文に優先し、原則として、同じ値段の注文については、先に出された注文が後に出された注文に優先して売買が成立します」

③ 「上場株式を証券取引所の普通取引で売買したときの受渡しは、原則として、約定日（売買成立日）から起算して3営業日目に行われます」

《問2》　Mさんは、Aさんに対して、X社株式およびY社株式の投資指標のデータについて説明した。《設例》に基づき、Mさんが説明した以下の文章の空欄

①～④に入る最も適切な語句または数値を下記の〈語句群〉のなかから選びなさい。

「株式の代表的な投資指標として、ＰＥＲとＰＢＲがあります。Ｘ社株式の場合、ＰＥＲは（　①　）倍、ＰＢＲは（　②　）倍と算出されます。この2つの指標からＸ社とＹ社の株価を比較すると、（　③　）のほうが割安であるといえます。

また、配当金額から株主への利益還元度合いを測る指標として、配当性向があります。Ｙ社株式の配当性向を算出すると、（　④　）％となります」

┌─〈語句群〉─────────────────────────────
│ 0.5　　0.6　　1.1　　1.4　　15　　25　　35
│ 40　　50　　60　　Ｘ社　　Ｙ社
└──────────────────────────────────────

《問3》 Ａさんが、下記の〈条件〉により、2020年中に特定口座の源泉徴収選択口座においてＹ社株式を購入して同年中にすべて売却した場合、Ａさんが受け取ることができる手取金額（所得税および復興特別所得税と住民税の源泉徴収後の金額）を求める次の〈計算の手順〉の空欄①～③に入る最も適切な数値を求めなさい。〈答〉は円単位とすること。なお、Ａさんは、2020年中にＹ社株式以外の取引はなく、売買委託手数料等については考慮しないものとする。

〈条件〉
・購入株数（売却株数）：2,000株
・購入時の株価　　　　：600円
・売却時の株価　　　　：700円

〈計算の手順〉
1. 譲渡所得の金額
　　（　①　）円
2. 所得税および復興特別所得税と住民税の源泉徴収税額の合計額
　　（　②　）円
3. 手取金額
　　（　③　）円

解答と解説・・・

《問1》

①　不適切。日経平均株価は、東京証券取引所市場第一部に上場している銘柄のうち代表的な 225 銘柄を対象とした修正平均型の株価指標である。第二部上場銘柄は含まれない。

②　適切。本問の記述は、「価格優先の原則」および「時間優先の原則」に関する説明である。

③　適切。上場株式を証券取引所の普通取引で売買したときの受渡しは、原則として、約定日（売買成立日）から起算して3営業日目に行われる。なお、3営業日目となったのは 2019 年7月 16 日約定分からであり、それ以前の約定分は約定日（売買成立日）から起算して4営業日目とされていた。

> **正解** ① × ② ○ ③ ○

《問2》

①　$PER（倍）= \dfrac{株価}{1株当たり純利益}$　X社の PER $= \dfrac{1,400 円}{80 億円 ÷ 2 億株} = 35 倍$

②　$PBR（倍）= \dfrac{株価}{1株当たり純資産}$　X社の PBR $= \dfrac{1,400 円}{2,000 億円 ÷ 2 億株} = 1.4 倍$

③　Y社の PER $= \dfrac{600 円}{150 億円 ÷ 5 億株} = 20 倍$

　　Y社の PBR $= \dfrac{600 円}{3,600 億円 ÷ 5 億株} ≒ 0.83 倍$

　　PER および PBR は、いずれも数値が低いほうが株価は割安といえる。したがって、Y社のほうが割安といえる。

④　$配当性向（\%）= \dfrac{年間配当金}{当期純利益} × 100$

　　Y社の配当性向 $= \dfrac{15 円 × 5 億株}{150 億円} × 100 = 50\%$

> **正解** ① 35　② 1.4　③ Y社　④ 50

《問3》

1. 譲渡所得の金額

   譲渡価額−取得価額

   =（700円×2,000株）−（600円×2,000株）=（① 200,000）円

2. 所得税および復興特別所得税と住民税の源泉徴収税額の合計額

   200,000円×20.315%※=（② 40,630）円

   ※　特定口座の源泉徴収選択口座における源泉徴収税率は、20.315%（所得税および復興特別所得税15.315%、住民税5%）である。

3. 手取金額

   （700円×2,000株）− 40,630円=（③ 1,359,370）円

   | 正解 | ① 200,000（円）　② 40,630（円）　③ 1,359,370（円）

C-10

投資信託に係る税金

Aさんが昨年死亡した父親から相続した相続財産には、次のような投資信託（公募・契約型）が含まれていた。Aさんは、ファイナンシャル・プランナーのMさんに、投資信託の仕組みや課税方法などについて相談することにした。

	期中分配前の個別元本（1口当たり）	口数	期中収益分配金（1口当たり、税引前）
X株式投資信託	9,500円	200口	500円（普通分配金） 200円（元本払戻金（特別分配金））
Y公社債投資信託	1万円	400口	300円

※上記以外の条件は考慮せず、各問に従うこと。

《問1》 投資信託に関する次の文章の空欄①～⑥に入る最も適切な語句を、下記の〈語句群〉のなかから選びなさい。

株式市場等の指数に連動するように設計された投資信託を、一般に（　①　）ファンドという。また、デリバティブを活用した投資信託として、ブル型ファンド・ベア型ファンドと呼ばれるものがある。このファンド名のうち、ベアとは、（　②　）の見通しを意味する。

投資信託に組み入れる個別銘柄を選択する基準によって投資信託を分類する手法としては、現在の株価がその企業の利益水準や資産価値に比して割安な銘柄を組み入れる（　③　）運用という手法があり、また企業の成長性に着目する（　④　）運用という手法がある。

公社債投資信託の一種であるMRF（マネー・リザーブ・ファンド）について、追加設定の有無により分類した場合、（　⑤　）型となり、分配方式により分類した場合、（　⑥　）型となる。

〈語句群〉

インデックス　　セレクト　　毎月分配型　　グローバル株式

強気　　弱気　　中立　　グロース　　バリュー　　単位（ユニット）

追加（オープン）　　予想分配　　実績分配　　確定分配

《問2》 Mさんは、Aさんに対して、投資信託の収益分配金の課税について説明した。Mさんが説明した次の記述の空欄①～④に入る最も適切な語句または数値を、下記の〈語句群〉のなかから選びなさい。

「公募株式投資信託の収益分配金のうち、普通分配金については、（　①　）％の税率で源泉徴収（特別徴収）され、上場株式等の配当と同様、配当所得として総合課税または申告分離課税の対象となりますが、『申告不要』を選択することも可能です。

また、元本払戻金（特別分配金）については、元本を取り崩して分配されたという性格から、（　②　）として取り扱われます。

したがって、《設例》においてAさんがX株式投資信託から受け取る収益分配金の税引後の金額は、申告不要を選択した場合、（　③　）円となります。一方、Y公社債投資信託から受け取る収益分配金の税引後の金額は、（　④　）円となります」

〈語句群〉

10.147	20.315	30.42	非課税	総合課税
源泉分離課税	申告分離課税	9万5,622	10万7,824	
10万9,580	11万9,685	12万9,853		

《問3》 2020年分の所得税に適用される少額投資非課税制度（NISA）に関する次の記述①～③について、適切なものには○印で、不適切なものには×印で答えなさい。なお、ジュニアNISA（未成年者少額投資非課税制度）、つみたてNISA（非課税累積投資契約に係る少額投資非課税制度）については考慮しないこと。また、本問においては、NISAにより投資収益が非課税となる口座をNISA口座という。

① NISA口座に受け入れた上場株式や公募株式投資信託等の配当金等や譲渡益については、最長3年間、非課税とされる。

② NISA口座は、銀行と証券会社それぞれに、1人当たり年1口座ずつ開設することができる。

③ NISA口座で保有する上場株式や公募株式投資信託等の譲渡損失については、他の上場株式等の配当金等や譲渡益と通算することができない。

解答と解説

《問1》

正解 ①インデックス　②弱気　③バリュー　④グロース
　　　⑤追加（オープン）　⑥実績分配

《問2》

① 　株式投資信託の収益分配金において申告不要制度を選択した場合、普通分配金は20.315%の源泉徴収（特別徴収）で課税関係は終了する。なお、公社債投資信託の収益分配金においては20.315%の源泉分離課税で課税関係は終了する。

② 　元本払戻金（特別分配金）は、非課税となる。

③・X株式投資信託の収益分配金（税引前）：
　　（500円＋200円）×200口＝14万円
　・所得税および復興特別所得税：500円×200口×15.315%＝1万5,315円
　・住民税：500円×200口×5%＝5,000円
　・X株式投資信託の収益分配金（税引後）：
　　14万円－（1万5,315円＋5,000円）＝11万9,685円

④・Y公社債投資信託の収益分配金（税引前）：300円×400口＝12万円
　・所得税および復興特別所得税：12万円×15.315%＝1万8,378円
　・住民税：12万円×5%＝6,000円
　・Y公社債投資信託の収益分配金（税引後）：
　　12万円－（1万8,378円＋6,000円）＝9万5,622円

正解 ①20.315　②非課税　③11万9,685　④9万5,622

《問3》

① 　不適切。非課税とされる期間は最長5年間である。

② 　不適切。銀行や証券会社等すべての金融機関のうちの1つに、1人1口座しか開設することができない。なお、NISA口座を開設する金融機関の変更は、1年単位で認められる。

③ 　適切。

正解 ①×　②×　③○

投資信託を投資対象別に分類すると、運用対象に株式の組入れが可能か否かにより、公社債投資信託と株式投資信託に分かれる。

投資信託から生じる収益は、税務上、①収益分配金と②償還差益、解約差益、売却益（買取請求）の2つに分類され、課税方法は以下のとおりである。

		①収益分配金	②償還差益、解約差益、売却益
国内公募投資信託	公社債投信	利子所得 （申告分離課税または申告不要の選択） 源泉徴収税率 20.315％	上場株式等の譲渡所得等 （申告分離課税、税率 20.315％（所得税および復興特別所得税 15.315％、住民税 5％）） （外貨建ての為替差損益を含む）
	株式投信	配当所得 （総合課税または申告分離課税または申告不要の選択） 源泉徴収税率 20.315％	

株式投資信託の収益分配金は配当所得となり、20.315％（所得税および復興特別所得税 15.315％、住民税 5％）の源泉徴収（特別徴収）が行われ、総合課税（配当控除の適用可）、申告不要または申告分離課税を選択することができる。

株式投資信託の償還差益、解約差益および売却益は、すべて上場株式等に係る譲渡所得等として申告分離課税の対象となり、他の上場株式等に係る譲渡損失と通算できる。また、償還差損、解約差損または売却損については、他の上場株式等に係る譲渡所得等と通算することができ、通算しきれない損失金額については、確定申告により翌年以降最長3年間にわたり繰越控除することができる。

なお、投資信託のなかで、主として不動産に投資するものを上場不動産投資信託（J－REIT）という。上場不動産投資信託（J－REIT）からの収益分配金は、上場株式等と同様の取扱いとなるが、総合課税を選択した場合でも、配当控除の適用はないことに注意する必要がある。

また、公募公社債投資信託において、2015年12月31日までの収益分配金および償還差益に対しては利子所得として 20.315％の源泉分離課税が適用され、売却益は非課税であったが、2016年1月以後は収益分配金は利子所得として 20.315％の申告分離課税（申告不要選択可）、償還差益・解約差益・売却益は株式投資信託と同様の扱いとなっている。

D

タックスプランニング

所得税の計算

会社員のAさん（50歳）の2020年中における収入等は次のとおりである。

① 給与収入：840万円（源泉所得税等差引前の金額）

② 不動産賃貸収入：600万円

必要経費は200万円、白色申告をしている。

③ 一時払養老保険の満期保険金：500万円

保険期間は10年であり、Aさんが払込保険料460万円の全額を負担した。

④ ゴルフ会員権（預託金方式）の譲渡代金：200万円

・取得費は120万円、譲渡費用は6万円であった。

・取得時期は2008年2月1日、譲渡時期は2020年6月1日であった。

※上記以外の条件は考慮せず、各問に従うこと。

《問1》 所得税の譲渡所得に関する次の記述①～③について、適切なものには○印で、不適切なものには×印で答えなさい。

① ゴルフ会員権（預託金方式）の譲渡所得は、所得税の申告分離課税の対象となる。

② 総合課税の譲渡所得の場合、長期譲渡所得か短期譲渡所得かの区分は、原則として、取得時から譲渡時までの所有期間が5年を超えるか否かで判定する。

③ 家具等の生活に必要な動産（1個の価額が30万円を超える貴金属等を除く）の譲渡による損失については、損益通算の対象となる。

《問2》 所得税、復興特別所得税および住民税に関する次の文章の①～④に入る最も適切な語句または数値を、下記の〈語句群〉のなかから選びなさい。なお、同じものを複数回選んでもよい。

ⅰ）一時払養老保険の満期保険金のうち、保険期間5年以下のものについては、金融類似商品として、保険差益の金額に対して所得税および復興所得税（ ① ）％と住民税（ ② ）％の税率による源泉分離課税とされている。

ⅱ）一時所得の金額は、総収入金額からその収入を得るために支出した費用を差し引き、さらに最高（　③　）円の特別控除額を差し引いて計算する。

ⅲ）2020年中において、上場株式等の配当金（一定の大口株主が支払いを受けるものを除く）は、原則として、申告不要制度により所得税および復興所得税（①）％と住民税（②）％の税率による源泉徴収および特別徴収のみで課税関係を完結させることができるが、確定申告をして（　④　）の適用を受けることもできる。

―〈語句群〉――――――――――――――――――――――――――――――――
3　　4　　5　　6　　7.147　　10.21　　15.315　　20.42

50万　　　100万　　　550万　　　3,000万

配当控除　　　給与所得控除　　　受取配当金益金不算入
―――――――――――――――――――――――――――――――――――――

《問3》　Aさんの2020年分の所得税に係る①～④を求めなさい（ⅺページの「税額計算の速算表等」を参照すること）。

① 　不動産所得の金額

② 　給与所得の金額

③ 　一時所得の金額（総所得金額算入前の金額）

④ 　譲渡所得の金額（2分の1を乗じる前の金額）

✎ 解答と解説 ‥‥‥‥‥‥‥‥‥‥‥‥‥‥‥‥‥‥‥‥‥‥‥‥‥‥‥‥

《問1》

① 　不適切。申告分離課税ではなく、総合課税の対象となる。

② 　適切。

③ 　不適切。生活用動産の譲渡による損失はなかったものとされ、損益通算の対象とはならない。

［正解］ ①× 　②○ 　③×

《問2》

①②　一時所得は、原則として他の所得と合計して総合課税の対象となるが、保険期間が5年以下の一時払養老保険の満期保険金（5年以内の解約返戻金を含む）等については、金融類似商品とみなされ、その支払の際、受取保険金等から保険料の支払額を控除した残額について、預貯金と同様に20.315%（所得税および復興特別所得税15.315%、住民税5%）の源泉分離課税が行われ、確定申告の必要はない。

　　上場株式等における配当等の税率は、20.315%（所得税および復興特別所得税15.315%、住民税5%）である。上場株式等の配当所得については、総合課税のほか、申告分離課税を選択でき、所得税および復興特別所得税15.315%、住民税5%の税率が適用されている。申告分離課税を選択した場合は、配当控除の適用はない。また、申告不要を選択することもできる。

③　一時所得の計算式は、以下のとおりである。

> 一時所得の金額＝総収入金額−その収入を得るために支出した金額
> 　　　　　　　　−特別控除額（50万円）

　　なお、特別控除額は50万円であるが、収入金額から収入を得るために支出した金額を控除した残額が50万円に満たない場合は、その残額を控除する。また、上記の2分の1の金額が他の所得と合計して総合課税の対象となる。

④　内国法人から受ける配当のうち総合課税扱いとする（確定申告する）ものについては、所得税額からその配当所得金額の10%（課税所得金額1,000万円超の部分に含まれる配当所得金額については5%）に相当する金額を、住民税額からその配当所得金額の2.8%（課税所得金額1,000万円超の部分に含まれる配当所得金額については1.4%）に相当する金額を控除することができる。これを配当控除という。

> 正解　① 15.315　② 5　③ 50万　④配当控除

《問3》

①　不動産所得の金額：600万円−200万円＝400万円
②　給与所得の金額：840万円−（840万円×10%＋110万円）＝646万円
③　一時所得の金額：500万円−460万円−50万円＜0円　∴0円
④　譲渡所得の金額：200万円−120万円−6万円−50万円＝24万円

> 正解　① 400万円　② 646万円　③ 0円　④ 24万円

個人事業主と税務（1）

　Aさんは、25年間勤務していたX社を2021年3月末に早期退職し、同年4月から個人で飲食業を開業する予定である。Aさんは、開業後直ちに、青色申告承認申請書と青色事業専従者給与に関する届出書を開業届出書とともに所轄税務署長に対して提出したいと思っている。

　Aさんの家族構成および2020年分の収入等に関する資料等は、以下のとおりである。

〈Aさんの家族構成〉
・Aさん　　　（54歳）：会社員
・妻Bさん　　（50歳）：専業主婦。2020年中の収入はない。
・長女Cさん（20歳）：大学2年生。2020年中にアルバイトで給与収入80万円を得ている。
・母Dさん　　（82歳）：2020年中に公的年金等の収入110万円を得ている。

〈Aさんの2020年分の収入等に関する資料〉
・X社からの給与収入の金額　　　　：800万円
・上場株式の譲渡損失の金額　　　　：20万円
　※上場株式の譲渡は、証券会社を通じて行ったものである。
・生命保険の解約返戻金額　　　　　：1,100万円

〈Aさんが2020年中に解約した生命保険の契約内容〉
・保険の種類　　　　　　　　　　　：一時払変額個人年金保険
　　　　　　　　　　　　　　　　　（確定年金）
・契約年月　　　　　　　　　　　　：2010年5月
・契約者（＝保険料負担者）・被保険者：Aさん
・死亡給付金受取人　　　　　　　　：妻Bさん
・解約返戻金額　　　　　　　　　　：1,100万円
・一時払保険料　　　　　　　　　　：1,000万円

※妻Bさん、長女Cさんおよび母Dさんは、Aさんと同居し、生計を一にしている。

第3章
D
タックスプランニング

※家族は、いずれも障害者または特別障害者には該当しない。

※家族の年齢は、いずれも 2020 年 12 月 31 日現在のものである。

※上記以外の条件は考慮せず、各問に従うこと。

《問1》 所得税における青色申告制度に関する以下の文章の空欄①～③に入る最も適切な語句を、下記の〈語句群〉のなかから選びなさい。なお、問題の性質上、明らかにできない部分は「□□□」で示してある。

ⅰ）その年の1月16日以後、新たに業務を開始した者が、その年分から所得税の青色申告の適用を受けようとするためには、その業務を開始した日から（　①　）以内に、所定の事項を記載した青色申告承認申請書を納税地の所轄税務署長に提出して承認を受けなければならない。

ⅱ）青色申告者が受けられる税務上の特典としては、青色申告特別控除や青色事業専従者給与の必要経費算入、最長で（　②　）間にわたる純損失の繰越控除などがある。このうち、青色申告特別控除については、事業所得に係る取引を正規の簿記の原則により記帳し、それに基づいて作成した貸借対照表等を添付した確定申告書を法定申告期限内に提出した場合、最高で（　③　）（電子帳簿保存等を行う場合は、10万円加算され□□□万円）を所得金額から控除することができる。

〈語句群〉

2カ月	3カ月	4カ月	3年	5年	7年	9年
10万円	48万円	55万円	103万円			

《問2》 Aさんの 2020 年分の所得税額の計算等に関する次の記述①～③について、適切なものには○印を、不適切なものには×印を解答用紙に記入しなさい。

①　母Dさんの合計所得金額は48万円以下であるため、Aさんは、母Dさんを控除対象扶養親族とする58万円の扶養控除の適用を受けることができる。

②　長女Cさんの合計所得金額は48万円以下であるため、Aさんは、長女

Cさんを控除対象扶養親族とする38万円の扶養控除の適用を受けることができる。

③　Aさんは、2021年2月16日（火）から3月31日（水）までの間に、納税地の所轄税務署長に対して確定申告書を提出しなければならない。

《問3》　Aさんの2020年分の各種所得の金額および総所得金額を計算した下記の表および文章の空欄①～③に入る最も適切な数値を求めなさい（xiページの「税額計算の速算表等」を参照すること）。

Aさんの2020年分の各種所得の金額は、以下の表のとおりである。

各種所得	各種所得の金額
給与所得の金額	（　①　）万円
譲渡所得の金額（上場株式の譲渡）	▲20万円（▲は、マイナスを表す）
総所得金額に算入される一時所得の金額	（　②　）万円

以上から、Aさんの2020年分の総所得金額は、（　③　）万円となる。

解答と解説

《問1》

正解　①2カ月　②3年　③55万円

《問2》

①　適切。公的年金等控除（65歳以上で、所得が公的年金等のみである場合は最低110万円）により、母Dさんの合計所得金額は0円となる。また、母Dさんは同居老親等（＝本人または配偶者の70歳以上の直系尊属で同居している扶養親族）に該当するので、控除額は58万円である。

②　不適切。長女Cさんは20歳であるので特定扶養親族に該当し、控除額は63万円である。

③　不適切。Aさんは、総所得金額に算入すべき一時所得の金額（生命保険の解約返戻金に係るもの）が20万円を超えるので、確定申告書を提出する必要があるが、申告書の提出期間は、原則として翌年2月16日から3月15日までの間とされている。

正解　①○　②×　③×

《問3》

① 給与所得の金額：

給与所得控除額は、800 万円 ×10% + 110 万円 = 190 万円

800 万円 − 190 万円 =（① 610）万円

② 総所得金額に算入される一時所得の金額：

一時所得の金額は、1,100 万円 − 1,000 万円 − 特別控除額 50 万円 = 50 万円

一時所得は、総所得金額に算入する際に $\frac{1}{2}$ を乗じるため、50 万円 × $\frac{1}{2}$ =

（② 25）万円

③ 総所得金額：

株式の譲渡に係る譲渡所得の金額の赤字（▲ 20 万円）は、損益通算の対象とならない（上場株式等の譲渡損失と上場株式等の配当所得の組合せを除く）ため、以下のとおりとなる。

（① 610）万円 +（② 25）万円 =（③ 635）万円

　正解　 ① 610（万円）　② 25（万円）　③ 635（万円）

まとめ ・・

〈青色申告特別控除〉

2020 年分の所得税から、取引を正規の簿記の原則に従い記録している者に係る青色申告特別控除の控除額は、55 万円とされている。ただし、取引を正規の簿記の原則に従い記録している者で、次の要件のいずれかを満たす場合には、控除額は 65 万円となる。

　イ　その年分の事業の仕訳帳および総勘定元帳について、電子計算機を使用して作成する国税関係帳簿書類の保存方法等の特例に関する法律に定めるところにより電磁的記録の備付けおよび保存を行っていること。

　ロ　その年分の所得税の確定申告書、貸借対照表および損益計算書等の提出を、その提出期限までに電子情報処理組織（e-Tax）を使用して行うこと。

〈配偶者控除・配偶者特別控除〉

　配偶者控除および配偶者特別控除の控除額は、納税者本人の合計所得金額に応じて以下のとおりとなっており、1,000万円以上を超える場合、控除を受けることはできない。配偶者特別控除は、配偶者自身の合計所得金額によっても控除額が異なる。

　なお、2020年分の所得税から、控除の対象となる配偶者の所得要件が10万円引き上げられている。配偶者控除は合計所得金額48万円以下、配偶者特別控除は合計所得金額48万円超133万円以下でなければ、控除を受けることはできない。

●配偶者控除

納税者本人の合計所得金額	控除対象配偶者	老人控除対象配偶者
900万円以下	38万円	48万円
900万円超950万円以下	26万円	32万円
950万円超1,000万円以下	13万円	16万円

●配偶者特別控除

		控除を受ける納税者本人の合計所得金額		
		900万円以下	900万円超950万円以下	950万円超1,000万円以下
配偶者の合計所得金額	48万円超　95万円以下	38万円	26万円	13万円
	95万円超　100万円以下	36万円	24万円	12万円
	100万円超　105万円以下	31万円	21万円	11万円
	105万円超　110万円以下	26万円	18万円	9万円
	110万円超　115万円以下	21万円	14万円	7万円
	115万円超　120万円以下	16万円	11万円	6万円
	120万円超　125万円以下	11万円	8万円	4万円
	125万円超　130万円以下	6万円	4万円	2万円
	130万円超　133万円以下	3万円	2万円	1万円

個人事業主と税務（2）

　飲食業を営む個人事業主のAさん（65歳）は、妻Bさん（60歳）、長男Cさん（40歳）、長男Cさんの妻Dさん（33歳）およびAさんの母Eさん（86歳）との5人暮らしである。Aさんは最近体力が衰えてきたこともあり、事業を2020年10月に長男Cさんに引き継ぐ予定である。

　Aさんの家族構成および2020年分の収入等に関する資料は、以下のとおりである。

〈Aさんの家族構成〉
・Aさん　　　　　　　：個人事業主（青色申告者）
・妻Bさん　　　　　　：Aさんの青色事業専従者
・長男Cさん　　　　　：Aさんの青色事業専従者
・長男Cさんの妻Dさん：会社員。2020年中に給与収入400万円を得ている。
・母Eさん　　　　　　：2020年中に公的年金70万円を得ている。

〈Aさんの2020年分の収入等に関する資料〉
・事業所得の金額：800万円（青色申告特別控除後の金額）
・居住用賃貸アパートの不動産所得に係る損失の金額：70万円
　上記の損失の金額のうち、当該不動産所得を生ずべき土地の取得に要した負債の利子20万円を必要経費に算入している。
※妻Bさん、長男Cさん、長男Cさんの妻Dさんおよび母Eさんは、Aさんと同居し、生計を一にしている。
※家族は、障害者および特別障害者には該当しない。
※家族の年齢は、2020年12月31日現在のものである。
※上記以外の条件は考慮せず、各問に従うこと。

《問1》　所得税の青色申告に関する以下の文章の空欄①～③に入る最も適切な語句を、下記の〈語句群〉のなかから選びなさい。
ⅰ）長男Cさんが2020年10月にAさんの事業を引き継ぎ、その年分以後の所得税について青色申告書により確定申告書を提出するためには、その

業務を開始した日から（　①　）以内に、所定の事項を記載した青色申告承認申請書を納税地の所轄税務署長に提出して承認を受けなければならない。

ⅱ）青色申告の承認を受けることによる税務上の特典としては、青色申告特別控除や青色事業専従者給与の必要経費算入、最長で（　②　）にわたる純損失の繰越控除などがある。このうち、青色申告特別控除については、長男Cさんが引き継いだ事業に係る取引の内容を正規の簿記の原則により記帳し、それに基づいて作成した貸借対照表等を添付した確定申告書を法定申告期限内に、電子情報処理組織（e-Tax）を使用して提出した場合、最高で（　③　）を所得金額から控除することができる。

┌─〈語句群〉─────────────────────────────
│ 2カ月　　　3カ月　　　4カ月　　　3年間　　　7年間　　　9年間
│ 10万円　　65万円　　　103万円
└──────────────────────────────────

《問2》 Aさんの 2020 年分の所得税に関する次の記述①～③について、適切なものには○印で、不適切なものには×印で答えなさい。

① 長男Cさんに事業を引き継いだ日から 2020 年 12 月 31 日までのAさんの収入金額が 48 万円以下である場合、Aさんは、事業を引き継いだ日の前日までの収入の多寡にかかわらず、長男Cさんの控除対象扶養親族となることができる。

② Aさんが事業の引継ぎに際して、「個人事業の開業・廃業等届出書」を納税地の所轄税務署長に提出した場合、その提出をもって青色申告を取りやめたこととなるため、Aさんが不動産所得について青色申告を行うためには、改めて青色申告の承認を得る必要がある。

③ 長男Cさんが、事業を引き継いで青色申告の承認を得た場合、Aさんの青色事業専従者であったBさんをこれまでと同様に青色事業専従者とするためには、長男CさんはBさんに係る「青色事業専従者給与に関する届出書」を納税地の所轄税務署長に提出しなければならない。

《問3》 Aさんの 2020 年分の所得税の確定申告（青色申告）による所得税の算出税額を計算した下記の表の空欄①～④に入る最も適切な数値を求めなさい（xiページの「税額計算の速算表等」を参照すること）。なお、問題の性質上、明らかにできない部分は「□□□」で示してある。また、Aさんは母Eさんについて扶養控除の適用を受けるものとする。

(a)	総所得金額	（　①　）円
	社会保険料控除	□□□円
	生命保険料控除	□□□円
	扶養控除	（　②　）円
	基礎控除	（　③　）円
(b)	所得控除の額の合計額	1,900,000 円
(c)	課税総所得金額	□□□円
(d)	算出税額（(c)に対する所得税額）	（　④　）円
(e)	復興特別所得税額（円未満切て）	□□□円
(f)	所得税および復興特別所得税の額	□□□円

解答と解説

《問1》

正解　①2カ月　②3年間　③65万円

《問2》

① 不適切。控除対象扶養親族に該当するのは、年間の合計所得金額が 48 万円以下の親族であり、本設例では、長男Cさんに事業を引き継ぐ前の期間の所得も含めて判断する。

　　Aさんの所得は明らかに 48 万円を超えているので控除対象扶養親族には該当しない。

② 不適切。「個人事業の開業・廃業等届出書」の提出をもって青色申告を取りやめたことにはならない。青色申告を取りやめるためには「所得税の青色申告の取りやめ届出書」を提出する必要があり、その提出がない限り不動産所得について引き続き青色申告を行うことができる。

③ 適切。

正解　①×　②×　③○

《問3》

① 不動産所得に係る損失の金額70万円のうち、土地の取得に要した負債の利子20万円は損益通算の対象とならず、差し引き50万円を事業所得の金額から差し引く。

    8,000,000円 − 500,000円 = 7,500,000円

② 長男Cさんは青色事業専従者であるので控除対象扶養親族に該当しない。母Eさんは控除対象扶養親族の所得要件を満たしており（公的年金等控除額を差し引くと所得はゼロになる）、その年齢（86歳）およびAさんと同居していることから「同居老親等」に該当し、控除額は58万円である。

③ Aさんの合計所得金額は2,400万円以下であるため、基礎控除額は48万円である。

④ 7,500,000円 − 1,900,000円 = 5,600,000円（課税総所得金額）

    5,600,000円 × 20% − 427,500円 = 692,500円

〈参考〉

(e) 復興特別所得税：692,500円 × 2.1% = 14,542円（円未満切捨て）

(f) 所得税および復興特別所得税の額：

    692,500円 + 14,542円 = 707,000円（百円未満切捨て）

正解	① 7,500,000（円）	② 580,000（円）
	③ 480,000（円）	④ 692,500（円）

まとめ

〈基礎控除の見直し〉

2020年分の所得税から、基礎控除に所得要件が設けられた。合計所得金額が2,400万円を超える個人の場合、その合計所得金額に応じて控除額が逓減し、2,500万円を超える個人の場合、基礎控除は適用されない。

●基礎控除額

合計所得金額		控除額
	2,400万円以下	48万円
2,400万円超	2,450万円以下	32万円
2,450万円超	2,500万円以下	16万円

第3章

D

タックスプランニング

医療費控除

　会社員のAさんは、妻Bさん、長男Cさんおよび二男Dさんとの4人家族である。Aさんは、2020年中に長男Cさんの入院・手術費用として医療費20万円（保険金などで補填される金額はない）を支払ったため、医療費控除の適用を受けようと思っている。

　Aさんとその家族に関する資料および2020年分の収入等に関する資料は、以下のとおりである。なお、金額の前の「▲」は赤字であることを表している。

〈Aさんとその家族に関する資料〉
Aさん　　（57歳）：会社員
妻Bさん　（53歳）：専業主婦。2020年中に、パートタイマーとして給与収入80万円を得ている。
長男Cさん（20歳）：大学生。2020年中の収入はない。
二男Dさん（14歳）：中学生。2020年中の収入はない。

〈Aさんの2020年分の収入等に関する資料〉
⑴　給与収入の金額　　：1,000万円
⑵　不動産所得の金額：▲150万円
　　　　　　　　　　（土地等の取得に係る負債の利子20万円を含む）
⑶　一時払終身保険の解約返戻金
　　契約年月　　　　　　　　　　　：2017年4月
　　契約者（＝保険料負担者）・被保険者：Aさん
　　死亡保険金受取人　　　　　　　：妻Bさん
　　解約返戻金額　　　　　　　　　：980万円
　　一時払保険料　　　　　　　　　：1,000万円
※妻Bさん、長男Cさんおよび二男Dさんは、Aさんと同居し、生計を一にしている。
※Aさんとその家族は、いずれも障害者および特別障害者には該当しない。
※Aさんとその家族の年齢は、いずれも2020年12月31日現在のものである。

※上記以外の条件は考慮せず、各問に従うこと。

《問1》 所得税における所得控除に関する以下の文章の空欄①〜③に入る最も適切な数値を、下記の〈数値群〉のなかから選びなさい。

Ⅰ 「配偶者控除は、居住者の合計所得金額が（　①　）万円を超えると、控除額が段階的に縮小され、合計所得金額が 1,000 万円を超えると、適用を受けることはできません。Aさんの 2020 年分の合計所得金額は（　①　）万円以下であるため、38 万円の配偶者控除の適用があります」

Ⅱ 「従来の医療費控除は、その年分の総所得金額等の合計額が 200 万円以上である居住者の場合、その年中に支払った医療費の総額から保険金などで補填される金額を控除した金額が（　②　）万円を超えるときは、その超える部分の金額（最高 200 万円）をその居住者のその年分の総所得金額等から控除します。また、従来の医療費控除との選択適用となるセルフメディケーション税制（医療費控除の特例）では、特定一般用医薬品等購入費の支払額（保険金などで補填される金額を除く）が（　③　）円を超えるときに、その超える部分の金額（最高 88,000 円）をその居住者のその年分の総所得金額等から控除することができます」

〈従来の医療費控除額の算式〉

$$\left\{ \begin{array}{c} \text{その年中に支払った医療費の総額} \end{array} - \begin{array}{c} \text{保険金などで補填される金額} \end{array} \right\} - (\quad②\quad)\text{万円} = \begin{array}{c} \text{医療費控除額}\\(\text{最高 200 万円}) \end{array}$$

〈セルフメディケーション税制に係る医療費控除額の算式〉

$$\left\{ \begin{array}{c} \text{その年中に支払った特定一般用医薬品等購入費の総額} \end{array} - \begin{array}{c} \text{保険金などで補填される金額} \end{array} \right\} - (\quad③\quad)\text{円} = \begin{array}{c} \text{セルフメディケーション税制に係る医療費控除額}\\(\text{最高 88,000 円}) \end{array}$$

〈数値群〉

| 5 | 10 | 20 | 800 | 850 | 900 | 12,000 | 40,000 | 68,000 |

《問2》 Aさんの2020年分の所得税の課税に関する次の記述①～③について、適切なものには○印で、不適切なものには×印で答えなさい。

① 「不動産所得の金額の計算上生じた損失の金額のうち、土地等の取得に係る負債の利子20万円に相当する部分の金額は、Aさんの給与所得の金額と損益通算することはできません」

② 「一時払終身保険の解約返戻金は、契約から5年以内の解約ですが、一時所得の収入金額として総合課税の対象となります。ただし、その赤字の金額は、Aさんの給与所得の金額と損益通算することはできません」

③ 「セルフメディケーション税制の適用を受けるためには、適用を受けようとする年分において、Aさんだけではなく、生計を一にする妻Bさん、長男Cさんおよび二男Dさんについても定期健康診断や予防接種などの一定の取組みを行っている必要があります」

《問3》 Aさんの2020年分の所得税の算出税額を計算した下記の表の空欄①～③に入る最も適切な数値を求めなさい（xiページの「税額計算の速算表等」を参照すること）。なお、問題の性質上、明らかにできない部分は「□□□」で示してある。

(a)	総所得金額	（ ① ）円
	医療費控除	□□□円
	社会保険料控除	□□□円
	生命保険料控除	100,000円
	地震保険料控除	25,000円
	配偶者控除	380,000円
	扶養控除	（ ② ）円
	基礎控除	480,000円
(b)	所得控除の額の合計額	3,100,000円
(c)	課税総所得金額（(a)−(b)）	□□□円
(d)	算出税額（(c)に対する所得税額）	（ ③ ）円

《問1》

① 居住者の合計所得金額が 900 万円を超えると配偶者控除の額が段階的に縮小され、合計所得金額が 1,000 万円を超えると配偶者控除の適用を受けることができない。

② 従来の医療費控除は、総所得金額等の合計額が 200 万円以上である居住者の場合、支払った医療費の総額から保険金などで補填される金額を控除した金額が 10 万円を超えるときは、超える部分の金額（最高 200 万円）を総所得金額等から控除する。

③ セルフメディケーション税制では、特定一般用医薬品等購入費の支払額（保険金などで補填される金額を除く）が 12,000 円を超えるときに、超える部分の金額（最高 88,000 円）を総所得金額等から控除する。

正解 ① 900 ② 10 ③ 12,000

《問2》

① 適切。不動産所得の損失は損益通算の対象となるが、その損失のうち土地等の取得に係る負債の利子に相当する部分の金額は、損益通算することはできない。

② 適切。一時払終身保険の解約返戻金は、一時払養老保険と異なり、いつ解約しても一時所得として総合課税の対象となる。損益通算することができる損失は、「不動産所得、事業所得、山林所得、譲渡所得」の損失に限られているため、一時所得の損失は損益通算の対象とならない。

③ 不適切。Aさんがセルフメディケーション税制の適用を受けるためには、Aさん自身が定期健康診断や予防接種などの一定の取組みを行っている必要がある。生計を一にする配偶者や親族は、当該取組みを行っている必要はない。

正解 ①〇 ②〇 ③×

《問3》

① ・給与所得の金額

給与収入が 850 万円超であるため、給与所得控除額は 195 万円である。さらに、Aさんは 23 歳未満の扶養親族を有するため、所得金額調整控除として、以下の金額が控除額に加算される。

(10,000,000 円 − 8,500,000 円)×10% = 150,000 円

給与所得の金額は、以下のとおりとなる。

10,000,000 円 -（1,950,000 円 + 150,000 円）= 7,900,000 円

・不動産所得の損失のうち損益通算の対象となる金額

= 150 万円 - 20 万円 = 130 万円

・一時所得の金額 = 総収入金額 - 支出金額 - 特別控除額（最高 50 万円）

= 980 万円 - 1,000 万円 = ▲ 20 万円

このうち、一時所得の損失▲ 20 万円は、損益通算の対象とならない。

よって、総所得金額は、

790 万円（給与所得）- 130 万円（不動産所得の損失）= 6,600,000 円

② 長男Cさん（20 歳）は、19 歳以上 23 歳未満で特定扶養親族に該当し、A さんは 630,000 円の扶養控除の適用を受けることができる。二男Dさん（14 歳）は 16 歳未満であるため控除対象扶養親族に該当せず、A さんは扶養控除の適用を受けることができない。

③ 課税総所得金額 = 総所得金額 - 所得控除の額の合計額

= 6,600,000 円 - 3,100,000 円 = 3,500,000 円

算出税額 = 3,500,000 円 ×20% - 427,500 円 = 272,500 円

〔正解〕 ① 6,600,000（円） ② 630,000（円） ③ 272,500（円）

📝 **まとめ**

　所得控除には雑損控除、医療費控除、社会保険料控除、小規模企業共済等掛金控除、生命保険料控除、地震保険料控除、寄附金控除、障害者控除、寡婦控除、ひとり親控除、勤労学生控除、配偶者控除、配偶者特別控除、扶養控除、基礎控除の15種類がある。このうち、雑損控除、医療費控除、寄附金控除については確定申告が適用要件となっている。

〈医療費控除の特例（セルフメディケーション税制）〉

　セルフメディケーション税制は、2017年1月1日から2021年12月31日までの間に、年間1万2,000円を超える特定一般用医薬品等購入費を支払った場合に、その購入費（年間10万円を限度）のうち1万2,000円を超える額を所得控除できる特例である。なお、この特例は、従来の医療費控除との選択適用となる。

① 対象となる個人

　健康の維持増進および疾病の予防のために、次の取組みを行っている個人
・健康診査
・予防接種
・勤務先で実施する定期健康診断
・特定健康診査（いわゆるメタボ検診）
・がん検診

② 特定一般用医薬品等購入費

　要指導医薬品および一般用医薬品のうち医療用から転用された医薬品（類似の医療用医薬品が医療保険給付の対象外のものを除く）の購入費をいう。また、特例の適用を受けるには、医療費または医薬品購入費の明細書（「セルフメディケーション税制の明細書」）の添付が必要となる。

　なお、従来の医療費控除の適用を受けるには、原則として「医療費控除の明細書」を添付する必要がある。

住宅借入金等特別控除

　会社員のAさん（30歳）は、妻Bさん（29歳）および長女Cさん（3歳）との3人家族である。Aさんは、2020年6月に住宅ローンを利用して新築の戸建住宅を取得し、同月中に居住の用に供した。また、Aさんは、勤務先における年末調整の結果、2020年分の給与所得の源泉徴収票を受け取った。Aさんの給与所得の源泉徴収票と、Aさんが取得した住宅に関する資料は、以下のとおりである。なお、給与所得の源泉徴収票において、問題の性質上、明らかにできない部分は「□□□」で示してある。

令和2年分　　給与所得の源泉徴収票

支払を受ける者	住所又は居所	東京都葛飾区×××							
						（受給者番号）			
						（役職名）			
						氏名	（フリガナ）		
							A		

種別	支払金額	給与所得控除後の金額	所得控除の額の合計額	源泉徴収税額
給料・賞与	7 200 000 内	内 □□□	内 □□□	内 □□□

（源泉）控除対象配偶者の有無等		配偶者（特別）控除の額	控除対象扶養親族の数（配偶者を除く。）				16歳未満扶養親族の数	障害者の数（本人を除く。）		非居住者である親族の数
有 従有	老人		特定	従人	老人 内 従人	その他		特別 内	その他	
○		380 000 千					1			

社会保険料等の金額	生命保険料の控除額	地震保険料の控除額	住宅借入金等特別控除の額
内 1,005 000	100 000		

（摘要）

生命保険料の金額の内訳	新生命保険料の金額	旧生命保険料の金額 120,000	介護医療保険料の金額	新個人年金保険料の金額	旧個人年金保険料の金額 120,000
住宅借入金等特別控除の額の内訳	住宅借入金等特別控除適用数	居住開始年月日（1回目） 年 月 日	住宅借入金等特別控除区分（1回目）	住宅借入金等年末残高（1回目）	
	住宅借入金等特別控除可能額	居住開始年月日（2回目） 年 月 日	住宅借入金等特別控除区分（2回目）	住宅借入金等年末残高（2回目）	

（源泉・特別）控除対象配偶者	（フリガナ） 氏名	B	区分		配偶者の合計所得	国民年金保険料等の金額	長期損害保険料の金額

控除対象扶養親族	1	（フリガナ） 氏名	区分		16歳未満の扶養親族	1	（フリガナ） 氏名	C	区分
	2	（フリガナ） 氏名	区分			2	（フリガナ） 氏名		区分
	3	（フリガナ） 氏名	区分			3	（フリガナ） 氏名		区分
	4	（フリガナ） 氏名	区分			4	（フリガナ） 氏名		区分

未成年者	外国人	死亡退職	災害者	乙欄	本人が障害者		寡婦		寡夫	勤労学生	中途就・退職				受給者生年月日			
					特別	その他	一般	特別			就職 退職 年 月 日			明 大 昭 平	年 月 日			
													○	2 1 17			

（受給者受付印）	支払者	住所（居所）又は所在地	東京都千代田区×××	
		氏名又は名称	株式会社　X社	（電話）××-××××-××××

112

〈Aさんが取得した住宅に関する資料〉

　住宅の建物および敷地を2020年6月に一括で取得し、同月中に入居し、その全部を住宅としている。

・住宅（建物）の取得価額　　　：2,160万円
・土地（住宅の敷地）の取得価額：1,500万円
・資金調達：自己資金　　　　　：1,660万円
・銀行借入金　　　　　　　　　：2,000万円（20年の割賦償還、2020年
　　　　　　　　　　　　　　　　　　　　　の年末残高は1,932万円）

※上記以外の条件は考慮せず、各問に従うこと。

《問1》 所得税における住宅借入金等特別控除に関する以下の文章の空欄①〜③に入る最も適切な語句を、下記の〈語句群〉のなかから選びなさい。

　住宅借入金等特別控除は、住宅ローン等を利用して居住用住宅を取得等し、自己の居住の用に供した場合で所定の要件を満たすとき、借入金等の年末残高を基として計算した金額をその年分以後の各年分の所得税額から控除することができるものである。

　住宅借入金等特別控除の主な適用要件は、以下のとおりである。

・住宅の取得等の日から（　①　）以内に居住の用に供し、原則として適用を受ける各年の12月31日まで引き続き居住の用に供していること
・適用を受ける年分の合計所得金額が（　②　）以下であること
・取得等をした住宅の床面積が50㎡以上であり、その2分の1以上がもっぱら自己の居住の用に供するものであること
・借入金等は、住宅の取得等のための一定の借入金等で、（　③　）以上にわたり分割して返済する方法になっているものであること

┌〈語句群〉────────────────────────
│
│ 3カ月　　6カ月　　1年　　5年　　10年　　15年
│
│ 1,000万円　　2,000万円　　3,000万円
│
└────────────────────────────────

《問2》 Aさんの 2020 年分の所得税の確定申告に関する次の記述①〜③について、適切なものには○印で、不適切なものには×印で答えなさい。

① Aさんが 2020 年分の所得税の確定申告により住宅借入金等特別控除の適用を受けた場合、翌年以降の各年分については年末調整により同控除の適用を受けることができる。

② Aさんの 2020 年分の所得税の確定申告書の提出先は、X社の納税地を所轄する税務署長である。

③ Aさんが税理士資格を有していない場合、Aさんが自身の所得税の確定申告を自ら行うことは、税理士法に抵触する。

《問3》 Aさんが 2020 年分の所得税において、住宅借入金等特別控除の適用を受けた場合の所得税および復興特別所得税の申告納税額または還付税額を計算した下記の表の空欄①〜④に入る最も適切な数値を求めなさい（xiページの「税額計算の速算表等」を参照すること）。なお、問題の性質上、明らかにできない部分は「□□□」で示してある。

(a)	総所得金額			（ ① ） 円
		社会保険料控除	□□□円	
		生命保険料控除	□□□円	
		配偶者控除	□□□円	
		基礎控除 　（ ② ） 円		
(b)	所得控除の額の合計額			□□□円
(c)	課税総所得金額			□□□円
(d)	算出税額（(c)に対する所得税額）			（ ③ ） 円
(e)	税額控除（住宅借入金等特別控除）			（ ④ ） 円
(f)	差引所得税額（基準所得税額）（(d)−(e)）			□□□円
(g)	復興特別所得税額（円未満切捨て）			□□□円
(h)	所得税および復興特別所得税の額			□□□円

解答と解説

《問1》

> 正解 ①6カ月 ②3,000万円 ③10年

《問2》

① 適切。

② 不適切。提出先は、Aさんの納税地（原則として住所地）を所轄する税務署長である。

③ 不適切。自身の確定申告を行うことは税理士法に抵触しない。抵触するのは、税理士資格を有していない者が業として確定申告を行うことである。

> 正解 ①〇 ②× ③×

《問3》

(a) 総所得金額（本問では給与所得の金額）：

　　7,200,000円×10%+1,100,000円=1,820,000円（給与所得控除額）

　　7,200,000円−1,820,000円=（① 5,380,000）円

(b) 所得控除の額の合計額：

　　Aさんの合計所得金額は2,400万円以下となるため、基礎控除額は48万円である。その他の所得控除の金額は、源泉徴収票を参照する。

　　1,005,000円+100,000円+380,000円+（② 480,000）円=1,965,000円

(c) 課税総所得金額：5,380,000円−1,965,000円=3,415,000円

(d) 算出税額：3,415,000円×20%−427,500円=（③ 255,500）円

(e) 税額控除（住宅借入金等特別控除）：19,320,000円×1%=（④ 193,200）円

〈参考〉

(f) 差引所得税額：255,500円−193,200円=62,300円

(g) 復興特別所得税額：62,300円×2.1%=1,308円（円未満切捨て）

(h) 所得税および復興特別所得税の額：

　　62,300円+1,308円=63,600円（百円未満切捨て）

> 正解 ① 5,380,000（円） ② 480,000（円）
> ③ 255,500（円） ④ 193,200（円）

第**3**章 D

タックスプランニング

まとめ ....

〈住宅借入金等特別控除の仕組み〉

　　住宅借入金等特別控除とは、納税者が一定の住宅を取得等し、取得等の日から6カ月以内に居住の用に供し、金融機関等から住宅取得等のための一定の借入金等がある場合に、一定額を所得税額から控除することができる税額控除である。

a．対象となる家屋

① 　店舗併用住宅等は床面積の 50%以上 がその者の居住用であること

② 　床面積が 50㎡以上 であること

③ 　中古住宅については、次のいずれかであること

　・その取得の日以前 20 年（耐火建築物は 25 年）以内に新築されたものであること

　・一定の耐震基準を備えているものであること

　・既存住宅売買瑕疵保険に加入している一定の中古住宅であること

④ 　増改築については、その費用の額が 100 万円を超えることなど、一定要件を満たすものであること

b．その他適用要件

① 　その年分の合計所得金額が 3,000 万円 以下であること

② 　原則としてその年の 12 月 31 日まで引き続いて自己の居住の用に供していること

③ 　居住の用に供した年、またはその年以前 2 年間および以後 3 年間に居住用の 3,000 万円特別控除、居住用財産の買換え特例、居住用財産の長期譲渡所得の課税の特例（軽減税率）の適用を受けていないこと

c．控除額

　　住宅借入金等特別控除の対象となる住宅借入金等の年末残高の上限額と控除額は、以下のとおりである。

●一般住宅の場合

居住年	控除期間	住宅借入金等の 年末残高の限度額	適用年・控除額
2014 年 4 月～ 2021 年12月	10 年間	4,000 万円※	1 年から 10 年目まで 借入金等年末残高 ×1.0%

※　消費税等の税率が 8 ％または 10％である場合の金額であり、それ以外の場合は 2,000 万円となる。

●認定住宅（認定長期優良住宅・認定低炭素住宅）の場合

居住年	控除期間	住宅借入金等の 年末残高の限度額	適用年・控除額
2014 年 4 月〜 2021 年12月	10 年間	5,000 万円※	1 年から 10 年目まで 借入金等年末残高 ×1.0%

※ 消費税等の税率が 8 ％または 10 ％である場合の金額であり、それ以外の場合は 3,000 万円となる。

d. 2019 年度税制改正における特例の創設

2019 年度税制改正において、2019 年 10 月〜 2020 年 12 月までの間に居住した場合の住宅借入金等特別控除の特例が創設されている。この特例は、住宅の取得の対価の額または費用の額の消費税等の税率が 10％である場合に適用できる。控除額は以下のとおりである。

●一般住宅の場合（特例）

居住年	控除期間	住宅借入金等の年末残高・住宅取得等の対価または費用額（税抜）の限度額	適用年・控除額
2019 年 10 月〜 2020 年 12 月	13 年間	4,000 万円	・1 年から 10 年目まで 　借入金等年末残高 ×1.0% ・11 年目から 13 年目まで 　　次に掲げる金額のいずれか少ない金額 　イ　借入金等年末残高 ×1.0% 　ロ　住宅取得等の対価または費用額（税抜）×2 ％÷3

●認定住宅（認定長期優良住宅・認定低炭素住宅）の場合（特例）

居住年	控除期間	住宅借入金等の年末残高・住宅取得等の対価または費用額（税抜）の限度額	適用年・控除額
2019 年 10 月〜 2020 年 12 月	13 年間	5,000 万円	・1 年から 10 年目まで 　借入金等年末残高 ×1.0% ・11 年目から 13 年目まで 　　次に掲げる金額のいずれか少ない金額 　イ　借入金等年末残高 ×1.0% 　ロ　住宅取得等の対価または費用額（税抜）×2 ％÷3

年金・保険金の税務

Aさん（71歳）は、自分の収入に対する所得税がどのように算出されるのかよくわからないので、ファイナンシャル・プランナーのMさんに聞いてみることにした。Aさんの2020年分の収入は、下記のとおりである。なお、Aさんは、2020年度の税制に基づき、2021年3月に確定申告するものとする。

〈Aさんの2020年分の収入〉

・生命保険契約に基づく年金収入：年間300万円

　この生命保険契約の払込保険料総額は1,440万円であり、年金の支給総額の見込額は2,400万円である。

・公的年金の収入　　　　　　　：年間360万円

・生命保険の満期保険金　　　　：600万円

　保険料はすべてAさんが負担し、払込期間10年、払込保険料総額は350万円である。

　なお、Aさんの2020年分の所得税における所得控除の合計額は、200万円である。

※上記以外の条件は考慮せず、各問に従うこと。

《問1》　年金および保険金の税務に関する次の文章の空欄①〜④に入る最も適切な語句を、下記の〈語句群〉のなかから選びなさい。

ⅰ）生命保険契約に基づく年金収入は、（　①　）として所得税の課税対象となる。その所得金額は、その年の年金収入の金額から、必要経費として次の算式で求める金額を控除して計算する。

$$その年の支給される年金額 \times \frac{（　②　）}{年金の支給総額の見込額}$$

ⅱ）公的年金の収入については、雑所得として所得税の課税対象となる。その所得金額は、その年の年金収入の金額から（　③　）を差し引いて計算する。

ⅲ）生命保険の満期保険金を受け取った場合、保険料をすべて受取人が負担していれば、その収入を得るために支出した金額を控除し、その残額

から特別控除額を控除した金額が（　④　）の金額となる。

〈語句群〉
一時所得　　譲渡所得　　雑所得　　給与所得　　払込保険料総額
払込保険料総額の2分の1　　給与所得控除額
公的年金等控除額　　特別控除額

《問2》　Aさんに係る次の①～③をそれぞれ求めなさい（xiページの「税額計算の速算表等」を参照すること）。
①　2020年分の一時所得の金額
②　2020年分の雑所得の金額
③　2020年分の総所得金額

《問3》　仮にAさんの2020年分の総所得金額を500万円とした場合、所得税額（復興特別所得税額を含む）を求めなさい（xiページの「税額計算の速算表等」を参照すること。なお、《問2》で求めた総所得金額は考慮しないこととする）。

解答と解説

《問1》

正解　①雑所得　②払込保険料総額
　　　③公的年金等控除額　④一時所得

《問2》
①　一時所得の金額：600万円 − 350万円 − 50万円 = 200万円
②　雑所得の金額
　生命保険契約に基づく年金収入：年間300万円

　必要経費：$300万円 \times \dfrac{1,440万円}{2,400万円} = 180万円$

　生命保険契約に基づく雑所得の金額：300万円 − 180万円 = 120万円

　公的年金の収入：年間360万円

　公的年金等控除額：360万円 × 25% + 27万5,000円 = 117万5,000円

公的年金等に係る雑所得の金額：

$$360\,万円-117\,万\,5{,}000\,円=242\,万\,5{,}000\,円$$

雑所得の金額：120 万円＋242 万 5,000 円＝362 万 5,000 円

③　総所得金額：$362\,万\,5{,}000\,円+200\,万円\times\dfrac{1}{2}=462\,万\,5{,}000\,円$

　　正解　① 200 万円　② 362 万 5,000 円　③ 462 万 5,000 円

《問3》

（総所得金額）（所得控除の合計額）

・課税総所得金額：500 万円 － 200 万円 ＝ 300 万円

・所得税額：300 万円 × 10％ － 9 万 7,500 円 ＝ 20 万 2,500 円

　20 万 2,500 円＋20 万 2,500 円 × 2.1％ ≒ 20 万 6,700 円（百円未満切捨て）

　　正解　20 万 6,700 円

まとめ

〈一時所得〉

> ・一時所得の金額＝総収入金額－その収入を得るために支出した金額
> 　　　　　　　　　　　－特別控除額（最高 50 万円）
> ・総所得金額に算入される金額＝一時所得の金額 × $\dfrac{1}{2}$

〈雑所得〉

> ・雑所得の金額＝（公的年金等の総収入金額－公的年金等控除額）
> 　　　　　　　　　＋（公的年金等以外の総収入金額－必要経費）

・生命保険契約等の年金（公的年金等以外）

> A．総収入金額…その年の支給される年金額
> B．必要経費
> 　$A\times\dfrac{払込保険料総額}{年金の支給総額の見込額}$　※　小数点以下第3位を切り上げる。
> C．生命保険契約等に基づく雑所得の金額＝A－B

退職後の所得と税金

会社員のAさん（60歳）は、妻Bさん（56歳）、長男Cさん（29歳）および母Dさん（83歳）との4人暮らしである。Aさんは、2020年3月末に、それまで37年6カ月勤務していたX社を定年退職し、その後、再就職はしておらず、今後も再就職をする予定はない。

Aさんおよびその家族に関する資料は、以下のとおりである。

〈Aさんの家族構成〉
・Aさん　　　：37年6カ月勤務していたX社を2020年3月末に定年退職した。
・妻Bさん　　：専業主婦。2020年中に収入はない。
・長男Cさん：会社員。2020年中に給与収入420万円を得ている。
・母Dさん　　：2020年中に公的年金等の収入110万円を得ている。

〈Aさんの2020年分の収入等に関する資料〉
・X社からの給与収入の金額（1～3月分）：220万円

（給与所得の金額146万円）

・X社から支給を受けた退職金の額　　　：3,200万円
　※Aさんは、退職金の支給を受ける際に、X社に対して「退職所得の受給に関する申告書」を提出している。

・賃貸アパートの不動産所得に係る損失の金額：70万円
　※上記の損失の金額には、不動産所得を生ずべき土地等を取得するために要した負債の利子の額に相当する部分の金額は含まれていない。

・所得税における所得控除の合計額は、210万円である。

※Aさんは、青色申告の承認を受けていないものとする。
※妻Bさん、長男Cさんおよび母Dさんは、Aさんと同居し、生計を一にしている。
※家族は、いずれも障害者および特別障害者には該当しない。
※家族の年齢は、いずれも2020年12月31日現在のものである。
※上記以外の条件は考慮せず、各問に従うこと。

《問1》 Aさんの退職金に係る所得税の課税関係および所得控除等に関する以下の文章の空欄①〜④に入る最も適切な語句または数値を、下記の〈語句群〉のなかから選びなさい。

ⅰ) AさんがX社から支給を受けた退職金は、退職所得として（　①　）課税の対象となる。Aさんは退職金の支給を受ける際に「退職所得の受給に関する申告書」を提出しており、この申告書に基づいた正規の所得税（復興特別所得税を含む）および住民税が（　②　）されるため、原則として、その退職所得について確定申告をする必要はない。

ⅱ) Aさんが、2020年分の所得税の確定申告をした場合、損益通算後の総所得金額は、（　③　）万円となるため、所得控除額の全額を控除しきれない。この控除しきれない（　④　）万円は、退職所得の金額から控除することが可能であり、納め過ぎとなった税額の還付が受けられる。

〈語句群〉

| 分離 | 総合 | 普通徴収 | 源泉徴収 | 64 | 76 | 84 | 126 |
| 134 | 146 | | | | | | |

《問2》 AさんがX社から受け取った退職金に係る退職所得の金額を計算した次の〈計算式〉の空欄①〜③に入る最も適切な数値を求めなさい。なお、問題の性質上、明らかにできない部分は「□□□」で示してある。

〈計算式〉

1. 退職所得控除額

　　□□□万円＋（　①　）万円×{（　②　）年−20年}＝□□□万円

2. 退職所得の金額

　　（3,200万円−□□□万円）×□□□＝（　③　）万円

《問3》 Aさんおよびその家族の2020年分の所得税に関する次の記述①〜③について、適切なものには○印で、不適切なものには×印で答えなさい。

① 妻Bさんは控除対象配偶者に該当するため、Aさんは、妻Bさんについて配偶者控除の適用を受けることができる。妻Bさんに係る配偶者控除

の控除額は、38万円である。

② 母Dさんの合計所得金額は48万円以下となるため、Aさんは、母Dさんについて扶養控除の適用を受けることができる。母Dさんに係る扶養控除の控除額は、48万円である。

③ 妻Bさんが負担すべき国民年金の保険料を長男Cさんが支払った場合、その保険料は長男Cさんに係る所得税において、社会保険料控除の対象とすることができる。

解答と解説

《問1》

③ 総所得金額：146万円 − 70万円 = 76万円

（退職所得は分離課税であるので総所得金額には含めない）

④ 210万円 − 76万円 = 134万円

> 正解 ①分離 ②源泉徴収 ③76 ④134

《問2》

1. 退職所得控除額

800万円 + （① 70）万円 × {（② 38年） − 20年} = 2,060万円

（勤続年数37年6カ月は1年未満の端数を切り上げ、38年として計算する）

2. 退職所得の金額

$(3,200万円 − 2,060万円) \times \dfrac{1}{2} = （③ 570）万円$

> 正解 ①70（万円） ②38（年） ③570（万円）

《問3》

① 適切。Aさんの合計所得金額は900万円以下となるため、控除額は38万円となる。

② 不適切。母Dさんは同居老親等に該当するので、控除額は58万円である。なお、公的年金等控除（65歳以上で、所得が公的年金等のみである場合は最低110万円）により、母Dさんの合計所得金額は0円となる。

③ 適切。

> 正解 ①〇 ②× ③〇

まとめ ・・・・・・・・・・・・・・・・・・・・・・・・・・・・・・・・・・・・・

〈退職金の所得税の算出方法〉

退職金はその受取方法により、課せられる所得税の算出方法が異なる。

a．一時金の場合

退職金を一時金で取得する場合、その金額は退職所得とされる。退職所得の金額は、原則として退職所得の収入金額から勤続年数に応じた退職所得控除額を控除した残額の2分の1に相当する金額である。

退職所得は他の所得と総合されず、分離して課税される。ただし、税額は退職時に源泉徴収されるため、原則として確定申告は不要である。

また、退職所得について、損益通算、所得控除、税額控除を受けるためには確定申告が必要となる。

$$退職所得の金額＝（退職一時金等の収入金額－退職所得控除額）\times \frac{1}{2}$$

退職所得控除額は、勤続年数によって以下のように算出される。

勤続年数 20 年以下	40 万円×勤続年数（最低 80 万円）
勤続年数 20 年超	800 万円＋ 70 万円×（勤続年数－ 20 年）

なお、その退職が障害者になったことに直接起因する場合には、上記の退職所得控除額に 100 万円が加算される。

また、退職所得については、2013 年 1 月 1 日以降に支払われる退職手当等から以下のとおりとなっている。

① 勤続年数が 5 年以下の特定の役員等は、退職所得の計算において、 2分の1を乗じない。

なお、ここでの「役員等」とは、次の者をいう。

・法人税法上の役員（みなし役員を含む）

取締役、執行役、会計参与、監査役、理事、監事、清算人のほか、法人の使用人以外の者でその法人の経営に従事している者等も含む

・国会議員および地方議会議員

・国家公務員および地方公務員

② 住民税の計算において、所得割額の税率により計算された税額から 10％相当額を控除することができない。

b．年金の場合

　特定退職金共済制度に基づく退職年金や確定拠出年金制度に基づく年金払いの老齢給付などを受け取った場合、その金額は老齢基礎年金などの公的年金と同様に、雑所得とされる。雑所得の金額は、その年中に受け取った年金額（退職年金および公的年金等）から公的年金等控除額を控除した金額である。

　なお、公的年金等に係る雑所得の金額は、公的年金等に係る雑所得以外の雑所得の金額と合算され、その合計金額が他の所得と総合して課税される。

公的年金等に係る雑所得の金額＝公的年金等の収入金額−公的年金等控除額

タックスプランニング

不動産所得

　Aさんは、3年前に自己資金3,000万円と借入金2億7,000万円で賃貸用マンション一棟（20世帯）を購入し、個人で不動産貸付業を営んでいる。この賃貸マンションは一の契約により同一の業者から土地と建物とを一括して取得したもので、この購入金額の内訳は、土地部分が2億1,000万円、建物部分が9,000万円である。自己資金3,000万円は、すべて土地の購入に充てているが、借入金を土地と建物の別に区分することはできない。

　また、Aさんは青色申告の承認を受けており、Aさんの妻についても、青色事業専従者としての届出書を提出してある。Aさんの2020年中における収入および支出に関する事項は以下のとおりである。

・給与収入　　：700万円
・不動産の賃貸収入および支出等
　〈収入〉
　　家賃収入　　：2,000万円
　〈支出〉
　　・管理費等　　：681万8,000円（全額が必要経費として認められるもの）
　　・固定資産税：260万円（賃貸用マンション分）
　　・事業税　　：30万円
　　・青色事業専従者給与：200万円（届出の範囲内の金額で適正とされるもの）
　　・借入金利子：750万円
　　・借入金元本年間返済額：1,000万円
　〈金銭支出を伴わない経費〉
　　減価償却費：178万2,000円
※上記以外の条件は考慮せず、各問に従うこと。

《問1》 不動産の貸付に係る所得税法上の扱いに関する次の文章の空欄①～④に入る最も適切な語句を、下記の〈語句群〉のなかから選びなさい。

ⅰ）不動産の貸付から得られる所得は（　①　）となり、その貸付が事業的規模で行われている場合において、青色申告の承認を受けた納税者は、

所定の届出書を提出することにより、青色事業専従者に対して支払う（　②　）の必要経費への算入が認められる。

ⅱ）不動産所得の金額の計算上生じた損失がある場合、その損失は不動産所得以外の所得（株式の譲渡に係るものなど一定のものを除く）との損益通算が認められる。ただし、不動産所得の必要経費のなかに（　③　）借入金の利子が含まれているときは、その損失の金額のうち、（③）借入金の利子に相当する金額は（　④　）、損益通算することができない。

〈語句群〉

事業所得　　不動産所得　　雑所得　　事業専従者控除額
青色事業専従者給与　　支払地代のための　　土地取得のための
建物取得のための　　生じなかったものとみなされ
3年間据え置きされ　　取得費とされ

《問2》《設例》に基づいて、Aさんに係る次の①～③を求めなさい。

① 2020年分の給与所得の金額

② 2020年分の不動産所得の必要経費の金額（青色申告特別控除額の控除前の金額）

③ 2020年分の不動産所得の金額の計算上生ずる損失の金額（不動産所得に係る損益通算前の金額）

《問3》《設例》に基づいて、Aさんに係る次の①、②を求めなさい。

① 2020年分の不動産所得の金額の計算上、必要経費に算入された借入金の利子のうち、土地取得のための借入金の利子に相当する金額（なお、借入金はまず建物取得に充当して、残額を土地取得に充当したものとする）

② 2020年分の給与所得の金額から損益通算できる不動産所得の損失の金額（損益通算できる不動産所得の損失の金額がない場合は、0円と記入すること）

《問1》

生計を一にする配偶者やその他の親族がアパート管理などの職務に専従している場合は、その建物の貸付が事業的規模で行われている場合に限り、青色申告者の場合は青色事業専従者給与、白色申告者の場合は事業専従者控除額が必要経費として不動産所得から控除することができる。

不動産所得の損失の金額のうち、土地等を取得するために要した負債の利子の額に相当する金額については損益通算の対象とならない。不動産所得の赤字の金額よりも土地等を取得するために要した負債の利子の額のほうが大きい場合は、損益通算の対象となる不動産所得の金額はゼロということになる。

$$\boxed{\text{正解}} \quad ①不動産所得 \quad ②青色事業専従者給与$$
$$③土地取得のための \quad ④生じなかったものとみなされ$$

《問2》

① 2020年分の給与所得の金額：
$$\underset{\text{(収入金額)}}{700万円} - (\underset{\text{(給与所得控除額)}}{700万円 \times 10\% + 110万円}) = 520万円$$

② 2020年分の不動産所得の必要経費の金額：
$$\underset{\text{(管理費等)}}{681万8,000円} + \underset{\text{(固定資産税)}}{260万円} + \underset{\text{(事業税)}}{30万円} + \underset{\substack{\text{青色事業}\\\text{専従者給与}}}{200万円} + \underset{\text{(借入金利子)}}{750万円} + \underset{\text{(減価償却費)}}{178万2,000円}$$
$$= 2,100万円$$

なお、青色申告特別控除は、利益が生じた場合に控除できるものであり、必要経費ではない。

③ 2020年分の不動産所得の金額の計算上生ずる損失の金額：
$$\underset{\text{(収入金額)}}{2,000万円} - \underset{\text{(必要経費)}}{2,100万円} = ▲100万円$$

$$\boxed{\text{正解}} \quad ①520万円 \quad ②2,100万円 \quad ③▲100万円$$

《問3》

① 土地取得のための借入金：$\underset{\text{(借入金)}}{2億7,000万円} - \underset{\text{(建物部分の金額)}}{9,000万円} = 1億8,000万円$

土地取得のための借入金の利子：$\underset{\text{(借入金利子)}}{750万円} \times \dfrac{1億8,000万円}{2億7,000万円} = 500万円$

② $\underset{\substack{\text{不動産所得の}\\\text{損失金額}}}{100万円} < \underset{\substack{\text{土地取得のための}\\\text{借入金の利子}}}{500万円}$

したがって、不動産所得の損失の金額100万円は生じなかったものとみなされ、損益通算できない。

正解 ①500万円　②0円

ポイント ・・・

　不動産所得の金額は、その年中の総収入金額から必要経費を控除して計算する。

> 不動産所得の金額＝総収入金額−必要経費

　不動産所得の必要経費には、貸付不動産等の修繕費、固定資産税、減価償却費、損害保険料、管理費、借入金の利子等がある。

　上記のうち、減価償却費の計算方法には定率法や定額法があり、減価償却資産の区分に応じて償却方法が定められている。このうち、2つ以上の償却方法が定められている減価償却資産については、使用する償却方法を定めて所轄税務署長に届け出ることになっているが、この届出をしない場合は、法定償却方法によることになり、1998年（平成10年）4月1日以後に取得した建物、2016年（平成28年）4月1日以後に取得した建物附属設備および構築物の償却方法は、定額法のみである。

　なお、2007年（平成19年）4月1日以降に取得した減価償却資産については、帳簿価額が1円（備忘価額）になるまで減価償却費の計算をすることに注意を要する。

　また、不動産所得の損失のうち土地等を取得するために要した負債の利子の額に相当する部分については、損益通算の対象とならない。

　したがって、次の金額が損益通算の対象とならない。

①　土地等の取得に係る負債の利子の額＞不動産所得の損失の金額
　　→その損失の金額

②　土地等の取得に係る負債の利子の額≦不動産所得の損失の金額
　　→土地等の取得に係る負債の利子の額

　土地等とその上に建築された建物を一括して、1つの契約により、同一の者から取得した場合で、負債の額を土地等および建物に区分することが困難なときは、負債の額はまず建物の取得の対価に充てられたものとして、土地等を取得するために要した負債の利子の金額を計算することができる。

E

不動産

不動産取得における留意点 （1）

　Aさんは現在の自宅を売却し、友人のBさんから2020年7月に甲土地を購入のうえ、翌年入居予定で建物の新築を考えている。購入予定の甲土地には、取得後直ちに家屋を建築する予定である。甲土地に関する資料は、以下のとおりである。

〈甲土地に関する資料〉

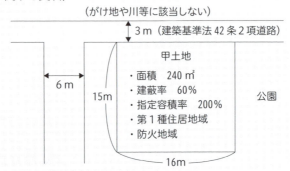

（がけ地や川等に該当しない）

3 m（建築基準法42条2項道路）

甲土地
・面積　240 ㎡
・建蔽率　60%
・指定容積率　200%
・第1種住居地域
・防火地域

6 m

15m

16m

公園

※上記以外の条件は考慮せず、各問に従うこと。

《問1》 土地の価格に関する次の記述①～③について、適切なものには○印で、不適切なものには×印で答えなさい。

① 　公示価格は、毎年1月1日を基準日とし、7月上旬に国土交通省の土地鑑定委員会が公表しているもので、一般の土地の取引価格に対して指標を与えるものとされている。

② 　固定資産税評価額は、市町村が毎年1月1日を基準日とし、前年の公示価格の70%の水準を保つように評価するもので、固定資産税、都市計画税、不動産取得税などの基準となる評価額とされている。

③ 　相続税路線価は、宅地の面する路線（街路）ごとに付された標準的な価格（1 ㎡当たりの価格、千円単位）で、各国税局が毎年1月1日を基準日として7月上旬に公表する価格である。

《問2》 Aさんは、現在の自宅を売却するにあたり、宅地建物取引業者と媒介契約を結ぶ予定である。不動産の媒介契約に関する次の文章の空欄①～③に入る最も適切な語句を、下記の〈語句群〉のなかから選びなさい。

　不動産の売買は、通常、不動産の仲介を業としている宅地建物取引業者に仲介を依頼することが多い。宅地建物取引業者と結ぶ媒介契約は、一般に依頼者が他の業者に重ねて依頼ができる一般媒介契約と、依頼者が他の業者に重ねて依頼することができない専任媒介契約および専属専任媒介契約の3種類に区分けすることができ、宅地建物取引業者は、契約の種類によってさまざまな規制を受けている。

　まず、契約の有効期間については、一般媒介契約では法律上の定めがないのに対し、専任媒介契約、専属専任媒介契約では（　①　）となっている。

　また、専任媒介契約および専属専任媒介契約には、国土交通大臣が指定する（　②　）への物件等の登録義務があり、専任媒介契約では媒介契約日から7日以内、専属専任媒介契約では媒介契約日から5日以内に登録しなければならない。依頼者への報告義務についても、一般媒介契約では法律上の定めがないのに対し、専任媒介契約では（　③　）に1回以上、専属専任媒介契約では1週間に1回以上の報告が義務づけられている。

┌─〈語句群〉────────────────────────
│　2週間　　　3週間　　　2カ月　　　3カ月　　　6カ月　　　1年
│　指定流通機構　　　不動産仲介機構
└────────────────────────────

《問3》 土地を購入するときの留意点に関する次の記述のうち、最も適切なものはどれか。

1）　建築物の敷地は、建築基準法に規定する道路に原則として2m以上接面しなければならない。道路は幅員4m以上であることを要するが、特定行政庁が指定したときは、当該幅員が4m未満でもいわゆる2項道路として同法上の道路と認められる場合がある。

2）　いわゆる2項道路の場合、建蔽率により建築面積を計算するときの敷地面積は影響を受けないが、容積率による延べ面積を計算するときは影

第4章 E 不動産

133

響を受ける。

3) 親からの資金贈与および自己資金で土地を購入し、翌年2月に自宅を銀行借入金で新築・入居する場合、それぞれの適用要件を満たしたとしても、住宅借入金等特別控除および住宅取得等資金贈与に係る相続時精算課税制度の特例の両方を適用することはできず、どちらかを選択適用する。

《問4》 《設例》に基づき、セットバックした後の敷地面積による①建築可能面積ならびに②最大延べ面積を求めなさい。なお、現況の道路中心線から2m後退した線が道路境界線とみなされるものとする。また、建築する建物は耐火建築物とする。

解答と解説

《問1》

① 不適切。公示価格は、毎年1月1日を基準に3月下旬に公表され、鑑定評価や収用等の補償金算定および一般の土地の取引価格に対して指標を与えるものとされる。なお、基準地価格は、公示価格を補完するものであり、7月1日を基準に9月下旬に都道府県から公表される。

② 不適切。固定資産税評価額は、3年に1度(基準年度)評価替えが行われ、その前年の1月1日を基準日とし、公示価格の70%の水準を保つように評価される。

③ 適切。

正解 ①× ②× ③○

《問2》

正解 ①3カ月 ②指定流通機構 ③2週間

《問3》

1) 適切。

2) 不適切。いわゆる2項道路に面している敷地は、原則として、現況道路の中心線から2mの線まで道路境界線を後退(セットバック)させる。このセットバック部分は、建蔽率や容積率を計算する際に、敷地面積から除かれる。

3) 不適切。「住宅借入金等特別控除」と、「住宅取得等資金贈与に係る相続時精算課税制度の特例」や「直系尊属から住宅取得等資金の贈与を受けた場合の贈与税の非課税制度」は、それぞれの要件を満たせば同時に適用することが可能である。 正解 1

《問4》

甲土地の前面道路は、中心線から2m後退しなければならないので、0.5mセットバックする必要がある。

（4m − 3m）÷ 2 = 0.5m

セットバック後の敷地面積：16m×（15m − 0.5m）= 232㎡

防火地域内に耐火建築物を建築するため、建蔽率は10%緩和される。

① 建築可能面積：232㎡ × $\overset{\text{(建蔽率)}}{70\%}$ = 162.4㎡

② 最大延べ面積：$\overset{\text{(道路幅員)}}{4\text{m}}$※ × $\frac{4}{10}$ = 160%　160% < $\overset{\text{(指定容積率)}}{200\%}$

∴容積率：160%

※ 前面道路幅員による容積率の制限における幅員は、セットバック後の幅員4m（0.5mずつセットバックすることで、中心線から2m×2）となる。

$\overset{\text{(敷地面積)}}{232㎡}$ × $\overset{\text{(容積率)}}{160\%}$ = 371.2㎡

正解 ① 162.4㎡　② 371.2㎡

第 4 章

E

不動産

〈セットバック〉

原則として、建築物の敷地は幅員4m以上の道路に2m以上接していなければならない。ただし、前面道路が幅員4m未満等の一定の道でも、特定行政庁が指定するもの（建築基準法42条2項道路）は、原則として、現況道路の中心線から2mの線まで道路境界線を後退（セットバック）させることで建築が認められる。

〈建蔽率の緩和〉

建蔽率は、原則として用途地域ごとに定められているが、次の①〜③のいずれかに該当すれば、10%が加算（①と②、または①と③双方に該当すれば20%加算）される。

① 特定行政庁が指定する「角地等」に該当する場合
② 指定建蔽率80%以外の地域かつ防火地域内に、耐火建築物等[1]を建築する場合
③ 準防火地域内に、耐火建築物等または準耐火建築物等[2]を建築する場合

なお、指定建蔽率80%の地域かつ防火地域内に、耐火建築物等を建築する場合、建蔽率は制限がなくなり、100%建築が可能になる。

※1 「耐火建築物等」とは、「耐火建築物」または「耐火建築物と同等以上の延焼防止性能を有する建築物」を指す。
※2 「準耐火建築物等」とは、「準耐火建築物」または「準耐火建築物と同等以上の延焼防止性能を有する建築物」を指す。

〈容積率の制限〉

前面道路の幅員が12m未満の敷地については、原則として指定容積率と次の数値を比べて低いほうがその土地の容積率になる。

①住居系の用途地域の場合：前面道路幅員 (m) × $\dfrac{4}{10}$

②その他の用途地域の場合：前面道路幅員 (m) × $\dfrac{6}{10}$

※ 特定行政庁が都道府県都市計画審議会の議を経て定める地域を除く。

不動産取得における留意点（2）

　Aさん（50歳）は、現在、都心近郊の分譲マンションに妻と子の3人で暮らしている。2020年2月にAさんの母親が死亡し、Aさんは母親の自宅およびその敷地（甲土地）を相続により取得した。Aさんは、甲土地の隣地である乙土地に賃貸アパートを所有しているが、建物が老朽化しているため、2年以内に現在の賃貸アパートと母親の自宅を取り壊して、甲土地と乙土地との一体利用により、賃貸アパートを建て替えたいと考えている。

　甲土地および乙土地に関する資料は、以下のとおりである。

〈甲土地および乙土地に関する資料〉

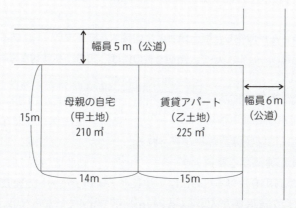

○甲土地
・用途地域　：第一種住居地域
・指定建蔽率：60%
・指定容積率：200%
・前面道路幅員による容積率の制限
　　　　　：前面道路幅員×$\frac{4}{10}$
・防火規制　：準防火地域

○乙土地
・用途地域　：近隣商業地域
・指定建蔽率：80%
・指定容積率：300%
・前面道路幅員による容積率の制限
　　　　　：前面道路幅員×$\frac{6}{10}$
・防火規制　：防火地域

※乙土地、および甲土地と乙土地の一体地は、ともに建蔽率の緩和について特定行政庁が指定する角地である。

※上記以外の条件は考慮せず、各問に従うこと。

《問1》 Aさんが取壊しを検討している賃貸アパートの賃貸借契約に関する次の記述①〜③について、適切なものには〇印で、不適切なものには×印で答えなさい。

① 賃貸人からの普通借家契約の更新拒絶は、正当の事由がある場合でなければすることができない。

② 普通借家契約において2年未満の賃貸借期間を定めた場合、期間の定めがない建物の賃貸借として取り扱われる。

③ 定期建物賃貸借契約（定期借家契約）を締結するためには、賃貸人は、あらかじめ、賃借人に対して、契約の更新がなく期間満了により賃貸借が終了する旨を記載した書面を交付して説明する必要がある。

《問2》 Aさんが取得した甲土地および建築する賃貸アパートに係る税金に関する次の記述①〜③について、適切なものには〇印で、不適切なものには×印で答えなさい。

① 相続による甲土地の取得に対しては、不動産取得税が課される。

② Aさんが建築する賃貸アパートについて所有権の保存登記を受ける場合、Aさんには登録免許税が課される。

③ Aさんが建築する賃貸アパートについて「不動産取得税の課税標準の特例」の適用を受けるためには、建築する賃貸アパートの独立的に区画された1戸の床面積が40㎡以上240㎡以下でなくてはならない。

《問3》 Aさんが、甲土地および乙土地を一体利用して耐火建築物を建築する場合の最大建築面積と最大延べ面積を求める次の〈計算の手順〉の空欄①〜④に入る最も適切な数値を求めなさい。なお、問題の性質上、明らかにできない部分は「□□□」で示してある。

〈計算の手順〉

1. 最大建築面積

　・甲土地：15 m × 14 m × （　①　）％ = □□□㎡

　・乙土地：15 m × 15 m × □□□％ = （　②　）㎡

　　∴ □□□㎡ + □□□㎡ = □□□㎡

2．最大延べ面積

  a．容積率の判定

    ・甲土地

     指定容積率：200%　前面道路幅員による容積率の制限：（　③　）%

     ∴□□□%

    ・乙土地

     指定容積率：300%　前面道路幅員による容積率の制限：□□□%

     ∴□□□%

  b．最大延べ面積

    ・甲土地：15 m × 14 m × □□□% ＝□□□㎡

    ・乙土地：15 m × 15 m × □□□% ＝□□□㎡

    ∴□□□㎡＋□□□㎡＝（　④　）㎡

解答と解説

《問1》

① 適切。

② 不適切。普通借家契約においては賃貸借期間を1年以上で定めることができる。1年未満の期間を定めた場合は、期間の定めがないものとして取り扱われる。

③ 適切。なお、書面は必ずしも公正証書による必要はない。

正解　①○　②×　③○

《問2》

① 不適切。相続により取得した場合は不動産取得税は課されない。

② 適切。

③ 適切。なお、「不動産取得税の課税標準の特例」は、課税標準である固定資産税評価額から1戸につき1,200万円（認定長期優良住宅は1,300万円）を控除できるものである。

正解　①×　②○　③○

《問3》

1. 最大建築面積

甲土地と乙土地の一体地は特定行政庁の指定する角地であるので、甲土地の建蔽率は10%緩和される。また、甲土地は準防火地域内にあり、耐火建築物を建築するので、建蔽率はさらに10%加算される※。したがって、甲土地の建蔽率は80%（＝60%＋10%＋10%）になる。

※ 甲土地は、乙土地との一体利用により防火地域とみなされ、かつ耐火建築物を建築するので、10%加算されるという考え方もできる。

乙土地は指定建蔽率が80%であり、防火地域内にあり、耐火建築物を建築するので、建蔽率は20%加算され100%になる。

- 甲土地：15 m × 14 m × (① 80) % = 168㎡
- 乙土地：15 m × 15 m × 100% = (② 225) ㎡

168㎡ + 225㎡ = 393㎡

2. 最大延べ面積

複数の道路（12 m未満）に面している場合は、最も幅員の広い道路により、前面道路幅員による容積率の制限の数値を求める。甲土地は、乙土地と一体利用することにより、広いほうの幅員6 mの道路に面していることになる。

a. 容積率の判定

- 甲土地

指定容積率：200%

前面道路幅員による容積率の制限：$6\,m \times \dfrac{4}{10} =$ (③ 240) %

∴ 200%

- 乙土地

指定容積率：300%

前面道路幅員による容積率の制限：$6\,m \times \dfrac{6}{10} = 360\%$

∴ 300%

b. 最大延べ面積

- 甲土地：15 m × 14 m × 200% = 420㎡
- 乙土地：15 m × 15 m × 300% = 675㎡

420㎡ + 675㎡ = (④ 1,095) ㎡

| 正解 | ① 80（%）　② 225（㎡）　③ 240（%）　④ 1,095（㎡） |

不動産取得における留意点（3）

　会社員のAさん（62歳）は、現在、都心近郊の分譲マンションに妻と2人で暮らしている。2020年2月にAさんの父親が死亡し、Aさんは父親の自宅およびその敷地（甲土地）と賃貸アパートおよびその敷地（乙土地）を相続により取得した。Aさんは、自宅および賃貸アパートが、ともに建物の老朽化が進んでいるため、すべてを取り壊して、甲土地と乙土地を一体とした土地上に、賃貸アパートの建替えを検討している。

　Aさんが相続した甲土地および乙土地に関する資料は、以下のとおりである。

〈甲土地および乙土地に関する資料〉

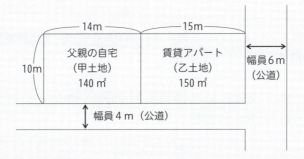

○甲土地
・用途地域　：第一種住居地域
・指定建蔽率：60%
・指定容積率：200%
・前面道路幅員による容積率の制限
　　　　　：前面道路幅員×$\frac{4}{10}$
・防火規制　：準防火地域

○乙土地
・用途地域　：近隣商業地域
・指定建蔽率：80%
・指定容積率：300%
・前面道路幅員による容積率の制限
　　　　　：前面道路幅員×$\frac{6}{10}$
・防火規制　：防火地域

※乙土地、および甲土地と乙土地の一体地は、ともに建蔽率の緩和について特定行政庁が指定する角地である。
※指定建蔽率および指定容積率は、それぞれ都市計画において定められた

数値である。

※当該区域は、特定行政庁が都道府県都市計画審議会の議を経て指定する区域には該当しない。

※上記以外の条件は考慮せず、各問に従うこと。

《問1》 甲土地と乙土地を一体とした土地上に賃貸アパートを建築する場合の建築基準法上の規制に関する以下の文章の空欄①～③に入る最も適切な語句または数値を、下記の〈語句群〉のなかから選びなさい。

ⅰ）甲土地と乙土地を一体とした土地上に建築物を建築する場合、建築物の用途制限については、甲土地と乙土地を一体とした土地の全部について、（　①　）地域の建築物の用途に関する規定が適用される。なお、防火規制については、建築物の全部について、（　②　）地域の規制が適用される。

ⅱ）建て替える賃貸アパートが耐火建築物である場合、当該建築物の最大建築面積は（　③　）㎡となる。

┌─〈語句群〉
│ 第一種住居　　近隣商業　　準住居　　防火　　準防火
│ 232　　233　　247　　248　　262
└─

《問2》 Aさんが、甲土地と乙土地を一体とした土地上に賃貸アパートを建築する場合の税金に関する次の記述①～③について、適切なものには○印で、不適切なものには×印で答えなさい。

①　Aさんが建築する賃貸アパートについて、「不動産取得税の課税標準の特例」の適用を受けるためには、建築する賃貸アパートの独立的に区画された1室ごとの床面積が50㎡以上240㎡以下でなければならない。

②　Aさんが相続により取得した甲土地および乙土地に対しては、その取得した敷地の価格の2分の1を課税標準額とし、これに3％を乗じた金額が不動産取得税として課税される。

③　Aさんが相続により取得した甲土地および乙土地の所有権移転登記や

新築した賃貸アパートの所有権保存登記を行う場合に課される登録免許税の税額を算出する際の税率は、いずれも固定資産税評価額の1,000分の4である。

《問3》 **Aさんが、甲土地と乙土地を一体とした土地上に耐火建築物を建築する場合、容積率の上限となる延べ面積を求める下記の〈計算の手順〉の空欄①～④に入る最も適切な数値を求めなさい。なお、問題の性質上、明らかにできない部分は「□□□」で示してある。**

〈計算の手順〉

1. 容積率の判定
   (1) 甲土地部分
      ・指定容積率：200％
      ・前面道路幅員による容積率の制限：□□□％
        したがって、甲土地部分において上限となる容積率は（　①　）％である。
   (2) 乙土地部分
      ・指定容積率：300％
      ・前面道路幅員による容積率の制限：□□□％
        したがって、乙土地部分において上限となる容積率は（　②　）％である。
2. 容積率の上限となる延べ面積
   (1) 甲土地部分
      ・140㎡ ×（①）％ ＝□□□㎡
   (2) 乙土地部分
      ・150㎡ ×（②）％ ＝（③）㎡
        したがって、□□□㎡ ＋（　③　）㎡ ＝（　④　）㎡である。

解答と解説 ----------------------------------

《問1》

① 一体とした土地全部について敷地面積の過半を占める乙土地の用途制限を受ける。

② 建築物が防火規制の異なる地域にまたがる場合、原則として、防火規制の厳しいほうの制限を受ける。

③ 甲土地の建蔽率は、乙土地との一体利用により特定行政庁が指定する角地となり（10％加算）、さらに準防火地域内に耐火建築物を建築するので（10％加算）※、20％加算される。乙土地の建蔽率は、指定建蔽率80％の地域かつ防火地域に耐火建築物を建築するので、制限がなくなり、100％となる。

※ 甲土地は、乙土地との一体利用により防火地域とみなされ、かつ耐火建築物を建築するので、10％加算されるという考え方もできる。

$$140㎡ × (60％ + 20％) + 150㎡ × 100％ = 262㎡$$

$\boxed{正解}$ ①近隣商業 ②防火 ③262

《問2》

① 不適切。賃貸アパートが「不動産取得税の課税標準の特例」の適用を受けるためには、1室ごとの床面積が「40㎡以上240㎡以下」でなければならない（戸建ては「50㎡以上240㎡以下」である）。

② 不適切。相続により取得した場合は、不動産取得税は課税されない。

③ 適切。

$\boxed{正解}$ ①× ②× ③○

《問3》

1．(1) 甲土地部分

・指定容積率：200％

・前面道路幅員による容積率の制限：$6m × \dfrac{4}{10} = \dfrac{24}{10} = 240％$

2つのうち低いほうが上限となるので、甲土地部分において上限となる容積率は（① 200）％である。

(2) 乙土地部分

・指定容積率：300％

・前面道路幅員による容積率の制限：$6m × \dfrac{6}{10} = \dfrac{36}{10} = 360％$

2つのうち低いほうが上限となるので、乙土地部分において上限となる

容積率は（② 300）％である。

2．(1)　甲土地部分

140㎡ ×（① 200）％ = 280㎡

(2)　乙土地部分

150㎡ ×（② 300）％ =（③ 450）㎡

したがって、280㎡ +（③ 450）㎡ =（④ 730）㎡

正解　① 200（%）　② 300（%）　③ 450（㎡）　④ 730（㎡）

第4章 E 不動産

🔍 ポイント

敷地が法令上の制限の異なる地域にわたる場合の制限は以下のとおりである。

a．建蔽率・容積率の異なる地域にわたる場合

加重平均方式によって建蔽率・容積率を算出する。

b．用途地域の異なる地域にわたる場合

敷地の過半の属する地域（面積が広いほう）の用途制限を適用する。

c．防火規制の異なる地域にまたがって建てる場合

厳しいほうの防火規制（防火地域、準防火地域、指定なしの順で厳しい）を適用する。

📝 まとめ

〈不動産取得税〉

不動産取得税とは、不動産を取得した者に対して、その不動産の所在する都道府県が取得時1回に限って課される税金である。ただし、相続による取得は非課税である。

税額＝固定資産税評価額 × 標準税率

標準税率は、土地および住宅は3％（いずれも 2021 年3月 31 日まで）、住宅以外の建物は4％

一定の要件を満たす住宅の取得については、課税標準である固定資産税評価額から一定の金額を控除する特例が設けられている。

宅地の課税標準の軽減	固定資産税評価額 $\times \dfrac{1}{2}$ （2021年3月31日まで）	
住宅の課税標準の軽減	新築（自己居住用、貸家ともに可）	1戸につき1,200万円
	中古（自己居住用のみ可、貸家は不可）	建築時期により異なる

　なお、2022年3月31日までに取得した新築の認定長期優良住宅については、当該建物に係る不動産取得税の課税標準から1,300万円が控除される。

〈登録免許税〉

　登録免許税は、土地・建物などを取得したときの所有権移転登記、建物を新築したときの所有権保存登記などの登記の際に国が課す税金である。

> 税額＝固定資産税評価額（抵当権設定登記の場合は、債権金額）× 税率

　一定の要件を満たす自己居住用建物を新築または購入した場合、所有権の保存登記・移転登記や抵当権設定登記に係る登録免許税率が軽減される（土地の売買による移転登記の特例は2021年3月31日まで。住宅用家屋の保存・移転・抵当権設定登記の特例は2022年3月31日まで）。

登記の種類	対象住宅	税率	
		本則	特例
住宅用家屋の所有権の保存登記の税率の軽減	個人の住宅の用に供される床面積50㎡以上の家屋	0.40%	0.15%[※1]
住宅用家屋の所有権の移転登記（売買・競落に限る）の税率の軽減	個人の住宅の用に供される床面積50㎡以上の家屋 中古住宅の場合は、築後20年以内（耐火住宅の場合は25年以内）のものまたは一定の耐震基準に適合するもの	2.00%	0.30%[※2]
住宅取得資金の貸付等に係る抵当権の設定登記の税率の軽減		0.40%	0.10%

※1　認定長期優良住宅や認定低炭素住宅の場合はさらに0.10%まで軽減（2022年3月31日まで）。

※2　認定長期優良住宅の場合はさらに0.10%（戸建て住宅の場合は0.20%）まで、認定低炭素住宅の場合はさらに0.10%まで軽減（2022年3月31日まで）。

〈固定資産税・都市計画税〉

　固定資産税は、土地・建物および事業用償却資産の所有者に取得した翌年度から市区町村が課す税金で、毎年1月1日現在において固定資産課税台帳に所有者として登録されている人が納税義務者となる（台帳課税主義）。

　都市計画税は、都市計画事業または土地区画整理事業に要する費用に充てるため、市町村が課す税金である。原則として、都市計画区域のうち市街化区域内の土地や建物の所有者に対して課され、税率は0.3％を限度として市町村の条例で定める。

固定資産税…税額＝固定資産税評価額×1.4％（標準税率）

都市計画税…税額＝固定資産税評価額×0.3％（制限税率）

　固定資産税と都市計画税のどちらも、住宅用地については課税標準を軽減する特例が設けられている。

・小規模住宅用地（1戸当たり200㎡以下の部分）

固定資産税：固定資産税評価額 $\times \dfrac{1}{6}$　都市計画税：固定資産税評価額 $\times \dfrac{1}{3}$

・一般住宅用地（1戸当たり200㎡超の部分。ただし、家屋の床面積の10倍までが軽減対象）

固定資産税：固定資産税評価額 $\times \dfrac{1}{3}$　都市計画税：固定資産税評価額 $\times \dfrac{2}{3}$

　なお、2022年3月31日までに新築し、居住用部分の床面積が全体の2分の1以上であり、居住用部分の床面積が50㎡以上（戸建て以外の貸家住宅は40㎡以上）280㎡以下の住宅については、新たに固定資産税が課されることとなった年度から3年度分（中高層耐火住宅は5年度分）、120㎡までの床面積に対する税額が2分の1減額される。また、2022年3月31日までに新築した認定長期優良住宅は、新築から5年度分（中高層耐火住宅は7年度分）減額される。

第 **4** 章

E

不動産

不動産の譲渡と税金

Aさん（55歳）は甲土地上に賃貸アパートを所有し経営している。Aさんの賃貸アパートは、木造で老朽化し建替え時期にきているため、この際、取り壊して更地にして売却するか、耐震構造のアパートに建て替えて収益性の向上を図り、管理は不動産管理会社に委託することを検討中である。

甲土地および賃貸アパートに関する資料は以下のとおりである。

〈現在の甲土地および賃貸アパートの概要〉

物件	面積	年間賃料	備　考
土地	400㎡	—	路線価　㎡当たり25万円
建物	480㎡	960万円	1977年にAさんの父が建築（旧耐震基準）し現在Aさんが保有している。2階建て8戸。
駐車場	160㎡	140万円	8台分

〈建替え工事見積書〉

工事等	費用概算	備　考
建築工事費	1億5,800万円	本体工事、付帯工事費合計
税金・諸費用	1,200万円	建物解体費用、登録免許税ほか
所要資金	1億7,000万円	所要資金のうち5,000万円を、銀行から固定金利2％・期間15年で借り入れる予定

〈建替え効果〉

建替えにより、賃料収入はかなり増加するが、借入金の返済負担と、管理を不動産管理会社に委託した場合に支払う報酬の負担が生じる。このほか、減価償却を経費処理することによる税額軽減メリットなども併せて考慮した場合、工事見積書の内容から判定すると、賃料収入（年間手取りベース）は現在と変わらない見込みである。

※上記以外の条件は考慮せず、各問に従うこと。

《問1》 宅地建物取引業者との関わりについての次の記述①〜③について、適切なものには○印で、不適切なものには×印で答えなさい。

① Aさんが自らアパートの賃借人を募集し、建物賃貸借契約を締結するこ

とは、宅地建物取引業に該当しないため、宅地建物取引業の免許を取得する必要はない。

② 　Aさんが宅地建物取引業者にアパートの賃貸の媒介を委託する場合、その媒介に係る報酬については売買の媒介とは異なり宅地建物取引業法等に報酬額の限度の規定がないため、事後に想定外に高額の請求を受けることがあることに注意しなければならない。

③ 　国土交通大臣および都道府県知事は、宅地建物取引業者名簿をその閲覧所に備え、請求があった時は、一般の閲覧に供しなければならないが、この名簿には、業務停止処分を受けたことがある業者については、処分の内容等も記載されている。

《問2》 賃貸アパートを建て替える場合、賃借人、請負人との間の留意点に関する次の記述①〜③について、適切なものには○印で、不適切なものには×印で答えなさい。なお、本問の普通借家契約とは、借地借家法における建物賃貸借契約のうち、定期借家契約以外の契約をいう。

① 　賃貸アパート（賃借人と普通借家契約を締結している）を建て替えるには、賃貸物件を明け渡してもらう必要があるが、賃借人から普通借家契約更新の依頼があった場合、家主が更新を拒絶するためには、借地借家法で定める正当事由が必要である。

② 　普通借家契約を締結している賃借人から賃貸物件を明け渡してもらうためには、借地借家法で定める正当事由を補強するために、家主は立退料を支払うなどの財産上の給付を申し出て交渉することが必要な場合がある。

③ 　新築住宅の工事請負業者は、住宅の品質確保の促進等に関する法律により、引渡した時から10年間、住宅の構造耐力上主要部分について瑕疵を担保する責任を負う義務がある。

《問3》 Aさんは、賃借人の明け渡し完了により、2020年中にアパートを取り壊し甲土地を更地にして売却することにした。この場合における所得税、復興特別所得税および住民税の合計額を、下記の〈甲土地を更地で売却する場合

の資料〉を基に、下記の1.～4.の順序で算出した①～④に入る数値を求めなさい。解答にあたっては、円単位で表示すること。

〈甲土地を更地で売却する場合の資料〉

・譲渡価額は、1億2,000万円である。

・賃貸アパートおよび敷地は10年前に父から相続したもので、土地の取得価額等は不明である。

・Aさんが支払った譲渡費用は次のとおりである。

　立退き料　500万円、建物の取壊し費用　600万円、土地の売買媒介（仲介）手数料　300万円

〈計算の順序〉

1．土地の概算取得費：（　①　）円

2．譲渡費用　　　　：（　②　）円

3．譲渡益　　　　　：（　③　）円

4．税額（所得税、復興特別所得税および住民税の合計額を算出すること）

　　　　　　　　　　：（　④　）円

解答と解説

《問1》

① 適切。宅地建物取引業の免許が必要となるのは、売買・交換を業として自ら行う場合、売買・交換および賃貸の代理・媒介を業として行う場合である。

② 不適切。賃貸の媒介についても報酬額の限度の規定がある。

③ 適切。

正解　①○　②×　③○

《問2》

① 適切。

② 適切。

③ 適切。

正解　①○　②○　③○

《問3》

1. 土地の概算取得費：1億2,000万円×5％=（① 6,000,000）円

2. 譲渡費用：500万円+600万円+300万円=（② 14,000,000）円

3. 譲渡益：1億2,000万円-（600万円+1,400万円)=（③ 100,000,000）円

4. 税額

   所得税：100,000,000円×15%=15,000,000円

   復興特別所得税：15,000,000円×2.1%=315,000円

   住民税：100,000,000円×5％=5,000,000円

   15,000,000円+315,000円+5,000,000円=（④ 20,315,000）円

   | 正解 | ① 6,000,000（円）　② 14,000,000（円）
   ③ 100,000,000（円）　④ 20,315,000（円）

🔍 ポイント ....

〈宅地建物取引業法〉

a. 宅地建物取引業

宅地建物取引業とは、宅地・建物の売買、交換やその代理、媒介あるいは貸借の代理、媒介を業として行うことをいい、免許が必要である。したがって、自ら所有する物件を自ら賃貸する場合は、宅地建物取引業の免許は不要である。

宅地建物に関する契約	自ら行う	代理	媒介
売　買	○	○	○
交　換	○	○	○
貸　借	×	○	○

○=宅地建物取引業（免許が必要）　×=宅地建物取引業ではない（免許が不要）

b. 報酬額の制限

宅地建物取引業者は、国土交通大臣の定める次の額を超えて報酬を受け取ってはならない。

売　買	売買価格が400万円超の場合、一方に請求できる限度額は、「（売買価格×3％+6万円）+消費税」
貸　借	貸主・借主双方から合わせて賃料の1カ月分（+消費税）が限度額

〈**長期譲渡所得と短期譲渡所得**〉

　不動産を譲渡した場合、原則として、他の所得と区分して分離課税される。税率は長期所有と短期所有で異なり、次のように計算する。長期・短期の区分は、譲渡した日の属する年の1月1日現在で判定し、5年以下が短期、5年超が長期となる。

譲渡所得金額＝総収入金額－（取得費＋譲渡費用）

・長期譲渡所得の税額＝課税長期譲渡所得金額×20.315％

　（所得税および復興特別所得税15.315％、住民税5％）

・短期譲渡所得の税額＝課税短期譲渡所得金額×39.63％

　（所得税および復興特別所得税30.63％、住民税9％）

居住用財産の譲渡の特例（1）

Aさん（66歳）は、首都圏近郊に所有する戸建住宅（4LDK）に妻Bさん（67歳）と2人で暮らしている。Aさん夫婦には3人の子がいるが、すでにそれぞれが独立して生計を立てている。現在の戸建住宅は夫婦2人で住むには部屋数も多く、Aさんは体力が衰えてきたこともあり、その管理等に煩わしさを感じるようになってきた。そこで、Aさんは、戸建住宅を賃貸または売却し、夫婦2人で住むための手ごろなマンションに住み替えることを検討している。なお、Aさんは、戸建住宅を売却する場合、更地にしてからその敷地を売却しようと考えている。

Aさんが現在居住している戸建住宅（建物およびその敷地）に関する資料は、以下のとおりである。

〈Aさんが現在居住している戸建住宅に関する資料〉
・取得日　　：1980年8月5日
・取得費　　：不明
・譲渡価額：4,000万円（更地にした場合の金額）
・譲渡費用：300万円（建物の取壊し費用を含めた金額）
※上記以外の条件は考慮せず、各問に従うこと。

《問1》　Aさんが、戸建住宅を第三者に賃貸した場合に関する次の記述①〜③について、適切なものには○印で、不適切なものには×印で答えなさい。

① 宅地建物取引業者を通さずに自ら戸建住宅を賃貸しようとする場合、Aさんは宅地建物取引業の免許を取得しなければならない。
② 戸建住宅を賃貸して受け取る家賃収入は不動産所得に区分されるが、その貸付が事業的規模ではないため、Aさんはこの所得について青色申告書を提出することはできない。
③ 戸建住宅を賃貸した場合であっても、Aさんは引き続き当該戸建住宅にかかる固定資産税の納税義務を負う。

第4章

E

不動産

《問2》 「居住用財産を譲渡した場合の3,000万円の特別控除の特例」および「居住用財産を譲渡した場合の長期譲渡所得の課税の特例（軽減税率の特例）」の適用要件に関する以下の文章の空欄①〜③に入る最も適切な語句を、下記の〈語句群〉のなかから選びなさい。

ⅰ）「居住用財産を譲渡した場合の3,000万円の特別控除の特例」は、居住用財産の所有期間の長短に関係なく、譲渡所得から最高3,000万円まで控除ができる特例である。この特例の適用を受けるためには、譲渡する居住用財産に居住しなくなった日から（　①　）を経過する日の属する年の12月31日までに、その居住用財産を譲渡する必要がある。なお、家屋を取り壊した場合は、敷地の譲渡契約を家屋を取り壊した日から1年以内に締結するとともに、それまでにその敷地を貸付その他の用に供していないことが必要となる。

ⅱ）「居住用財産を譲渡した場合の長期譲渡所得の課税の特例（軽減税率の特例）」は、一定の要件のもと、居住用財産を譲渡した場合の長期譲渡所得に対する所得税および住民税の税率を軽減するものである。この特例の適用を受けるためには、譲渡の年の（　②　）現在において、その居住用財産の所有期間が（　③　）を超えていることが必要となる。

┌─〈語句群〉─────────────────────────
│　1年　　2年　　3年　　5年　　10年　　15年
│　1月1日　　4月1日　　12月31日
└────────────────────────────────

《問3》　Aさんが戸建住宅を取り壊し、その敷地（更地）を第三者に売却した場合について、「居住用財産を譲渡した場合の3,000万円の特別控除の特例」および「居住用財産を譲渡した場合の長期譲渡所得の課税の特例（軽減税率の特例）」の適用を受けた場合における所得税（復興特別所得税を含む）および住民税の合計額を求めなさい。

解答と解説

《問1》

①　不適切。自身が所有する住宅を自ら賃貸する場合は、宅地建物取引業の免許は不要である。免許が必要なのは、宅地建物の①売買・交換を自ら行う場合、②売買・交換・貸借の代理を行う場合、③売買・交換・貸借の媒介を行う場合である。

②　不適切。不動産所得については、その貸付が事業的規模でなくても、青色申告書を提出することができる。

③　適切。固定資産税は建物の所有者に対して課される。

正解 ①×　②×　③○

《問2》

正解 ①3年　②1月1日　③10年

《問3》

・取得費：取得費が不明なので概算取得費（譲渡価額×5％）による。

4,000万円×5％＝200万円

・課税長期譲渡所得金額：

譲渡価額−（取得費+譲渡費用）− 3,000万円

＝4,000万円−（200万円+300万円）− 3,000万円

＝500万円

・所得税（復興特別所得税を含む）および住民税の額：

軽減税率の特例による税率は、課税長期譲渡所得金額が6,000万円以下の部分については14.21％（所得税および復興特別所得税10.21％、住民税4％）である。

500万円×14.21％＝71万500円

正解 71万500円

第4章 E 不動産

155

居住用財産の譲渡の特例（２）

　Aさんは、母と妻の３人で一戸建て住宅（土地・建物ともに母と共有）に当該住宅を取得して以来居住しているが、今般、母が介護付き老人ホームに入居することになり資金の手当てが必要となった。そこで、建物が古く建替えの時期でもあることから、この機会に売却することにより、母の持分相当額は老人ホーム資金に、自分の持分相当額は自宅近くのマンション購入資金に、それぞれ充当しようと考えている。

　自宅の譲渡については、税制上のメリットがあると聞いたことがあるが、詳しくはわからないため、ファイナンシャル・プランナーのMさんに相談することにした。

〈譲渡予定物件および購入予定マンションの概要〉

	譲渡予定物件	購入予定マンション
取得時期	1978 年 10 月	2020 年 9 月
購入価額	土地・建物とも不明	新築分譲 5,000 万円
譲渡価額	土地　9,000 万円	―
持分割合	取得時より　母　　：３分の１ 　　　　　　　Aさん：３分の２	Aさん単独名義
条 件 等	・建物は取り壊した（費用 90 万円）うえ更地として 2020 年 10 月に譲渡する ・仲介手数料などその他の譲渡費用は 270 万円とする	・専有面積：100㎡ ・敷地の持分相当の面積：50㎡

※上記以外の条件は考慮せず、各問に従うこと。

《問１》　Aさんが購入を予定しているマンション（以下、「物件X」という）の取得に関してMさんが説明した次の記述①〜③について、適切なものには○印で、不適切なものには×印で答えなさい。

①　「Aさんが物件Xにつき所有権の登記の申請をした場合に登記所から通知される登記識別情報は、Aさんがその情報を紛失した際においても再通知はされません」

②　「新築分譲マンションにおいて、そのマンションの販売時にパンフレッ

ト等で表示された専有面積と不動産登記簿上の専有面積とは、一般的には一致します」

③ 「Aさんが物件Xを取得し、物件Xの共用部分につき持分を有することになった場合、Aさんは、この持分については原則として専有部分と分離して処分することができます」

《問2》 「特定の居住用財産の買換えの場合の長期譲渡所得の課税の特例（以下、「本特例」という）」に関する次の文章の空欄①～③に入る最も適切な語句を、下記の〈語句群〉のなかから選びなさい。

本特例の適用を受けるためには、譲渡資産の所有期間が譲渡の年の1月1日現在で（　①　）超、居住期間は（①）以上、対価の額は（　②　）以下である必要がある。また、買換え資産は、個人が居住の用に供する部分の建物床面積が（　③　）以上、敷地の面積は500㎡以下である必要がある。

┌〈語句群〉────────────────────────
│ 3年　　　5年　　　10年　　　5,000万円　　　1億円　　　1億2,000万円
│ 1億5,000万円　　　40㎡　　　50㎡　　　60㎡
└───────────────────────────────

《問3》 Aさんが《設例》の条件等のとおり母との共有住宅を譲渡し、「特定の居住用財産の買換えの場合の長期譲渡所得の課税の特例」の適用を受けた場合の課税長期譲渡所得金額に係る所得税（復興特別所得税を含む）および住民税の合計額を計算した次の〈計算の手順〉の空欄①～④に入る最も適切な数値を求めなさい。なお、《設例》に記載されているもの以外の費用等はないものとする。また、問題の性質上、明らかにできない部分は「□□□」で示してある。

〈計算の手順〉

1. Aさんの持分に応じた金額明細
   a. 譲渡価額　　　　9,000万円×（　①　）＝□□□万円
   b. 概算取得費　　　□□□万円×（　②　）％＝□□□万円
   c. 譲渡費用　　　　（90万円＋270万円）×（①）＝□□□万円

2．特定の居住用財産の買換えの場合の長期譲渡所得の課税の特例
　　a．収入金額　6,000万円－買換え資産取得価額 5,000万円
　　　　　　　　＝1,000万円
　　b．取得費・譲渡費用
　　　　（□□□万円＋240万円）$\times \dfrac{1{,}000\text{万円}}{\text{□□□万円}}$＝（　③　）万円
　　c．譲渡益　1,000万円－（③）万円＝□□□万円
　　d．所得税および復興特別所得税・住民税（　④　）円（百円未満切捨て）

解答と解説

《問1》

①　適切。

②　不適切。パンフレット等に表示された専有面積は壁芯面積（壁の厚さの中心線で測った面積：やや大きい）によることが一般的であり、内法面積（壁の内側で測った面積：やや小さい）で表示される不動産登記簿上の専有面積とは通常、一致しない。

③　不適切。共有部分の持分は原則として専有部分と分離して処分することはできない。

正解　①○　②×　③×

《問2》

正解　①10年　②1億円　③50㎡

《問3》

　以下のとおり、Aさんの持分に応じた譲渡価額、概算取得費、譲渡費用を求め計算する。

1．Aさんの持分に応じた金額明細
　　a．譲渡価額　：9,000万円×（①$\frac{2}{3}$）＝6,000万円
　　b．概算取得費：6,000万円×（②5）％＝300万円
　　c．譲渡費用：（90万円＋270万円）×（①$\frac{2}{3}$）＝240万円

2．特定の居住用財産の買換えの場合の長期譲渡所得の課税の特例
　　a．収入金額：6,000万円－買換え資産取得価額 5,000万円＝1,000万円
　　b．取得費・譲渡費用：（300万円＋240万円）×$\dfrac{1{,}000\text{万円}}{6{,}000\text{万円}}$＝（③90）万円

c．譲渡益：1,000 万円 −（③ 90）万円 = 910 万円

d．所得税および復興特別所得税・住民税：

910 万円 × 20.315%

= 184 万 8,665 円 →（④ 184 万 8,600）円（百円未満切捨て）

正解 ① $\frac{2}{3}$ ② 5（%） ③ 90（万円） ④ 184 万 8,600（円）

📝 まとめ ……………………………………………………………………

〈居住用財産の譲渡の特例〉

　居住用財産の譲渡に関しては、次の①〜③を共通要件として、各種特例を適用することができ、まとめると以下の表のようになる。

① 譲渡先が、配偶者、直系血族、生計を一にする親族などの特別関係人以外であること。

② 譲渡する年、その前年、前々年に居住用財産の譲渡の各特例を適用していないこと（3 年に一度しか適用できない）。

③ 居住の用に供さなくなった日の 3 年後の 12 月 31 日までに譲渡すること。

	所有期間要件※	居住期間要件	併用
3,000 万円特別控除	なし	なし	3,000 万円特別控除と軽減税率は併用できる
軽減税率（低率分離課税）の特例	10 年超	なし	
特定居住用財産の買換え特例		10 年以上	他の譲渡の特例とは併用できない。ただし、認定住宅の新築等に係る所得税額控除とは併用できる
居住用財産の買換え等の場合の譲渡損失の損益通算および繰越控除	5 年超	なし	住宅借入金等特別控除や認定住宅の新築等に係る所得税額控除と併用できる
特定居住用財産の譲渡損失の損益通算および繰越控除			

※ 所有期間は譲渡した年の 1 月 1 日時点で判定。

第4章 E 不動産

159

居住用財産の譲渡の特例（3）

　マンション賃貸業を営むAさん（60歳）は、30年前に住宅ローンを組んで購入した自宅を、住宅ローンを完済したことや子どもが独立したことを機に、夫婦2人住まい用の一戸建て住宅に自己資金および住宅ローン（期間15年）で買い換えることを検討している。

　Aさんの買換え計画に関する資料は、次のとおりである。

〈Aさんの買換え計画に関する資料〉

	買換譲渡資産（土地および建物）	買換取得資産（土地および建物）
取得時期	1990年4月	2020年10月
譲渡価額	4,000万円	―
取得価額	1億2,000万円 減価償却費控除前	4,500万円
備考	①譲渡土地の面積は300㎡ ②譲渡建物の所定の減価償却 　費相当額は2,000万円	取得建物の床面積は100㎡

※Aさんの2020年分の不動産所得の金額は1,200万円であるとし、これ以外の所得はなく、2021年分以後3年間も同様とする。

※上記以外の条件は考慮せず、各問に従うこと。

《問1》　居住用財産の買換えに関する次の文章の空欄①～③に入る最も適切な語句等を、下記の〈語句群〉のなかから選びなさい。

　「居住用財産の買換え等の場合の譲渡損失の損益通算および繰越控除の特例」は、居住用財産の買換えに際し、譲渡資産に係る譲渡損失が生じた場合には、一定の要件のもとに給与所得や不動産所得などの他の所得との間で損益通算することができ、それでも控除しきれなかった損失は、譲渡した年の翌年以降最長（　①　）年間にわたり、繰越控除を認める制度である。

　この特例の適用要件には、譲渡した年の1月1日において所有期間が（　②　）年超の居住用財産を譲渡すること、買換取得資産については、建物の床面積が50㎡以上であること、および一定の条件を満たす住宅ローンの（　③　）があること、繰越控除を受ける年の合計所得金額が3,000万円以下であること等がある。

《問2》《設例》の場合に、「居住用財産の買換え等の場合の譲渡損失の損益通算および繰越控除の特例」の適用を受けるための要件を満たしているものとして、①譲渡損失の金額、② 2020年分の損益通算できる金額、③ 2021年分以降に繰り越して不動産所得から控除できる金額の合計額をそれぞれ求めなさい。なお、譲渡費用は考慮せず、Aさんの所得金額は今後とも一定であるものとする。

《問3》　Aさんが〈資料〉の表の条件ではなく、下記の〈条件〉で買換えを行うことができると仮定する。その場合に、「特定の居住用財産の買換えの特例」の適用を受けて、譲渡資産の譲渡益について課税の繰延べを受ける場合の、買換資産の取得時期と取得費に関する次の文章の空欄①〜③に入る適切な語句または数値を答えなさい。

〈条件〉
(1)　譲渡資産：譲渡価額　6,000万円、取得費　2,000万円
(2)　買換資産：取得価額　6,500万円
　　（特例の適用要件は満たしているものとし、譲渡費用は考慮しないものとする）
・取得時期は、譲渡資産の取得日を（　①　）ので、買換資産の取得の日となる。
・譲渡資産の譲渡価額より買換資産の取得価額のほうが多い場合の取得費の算式は、次のとおりである。
　買換資産の取得費
　＝（　②　）の取得費＋（買換資産の取得価額−譲渡資産の譲渡価額）
　＝（　③　）円

解答と解説

《問1》

① 他の所得との損益通算後、なお控除しきれなかった損失は譲渡した年の翌年以降最長3年間にわたり繰越控除が認められる。

② 譲渡した年の1月1日において所有期間が5年超の居住用財産を譲渡することが譲渡資産の要件の1つとされている。

③ 買換取得資産について一定の条件を満たす住宅ローンの年末残高があることが買換資産の要件の1つとされている。

正解 ①3 ②5 ③年末残高

《問2》

① 譲渡損失の金額：

4,000万円 −（1億2,000万円 − 2,000万円）=▲6,000万円

② 2020年分の損益通算できる金額：

（不動産所得の金額）
1,200万円（< 6,000万円）全額となる

③ 2021年以降の繰越控除額：

1,200万円 × 3年 = 3,600万円（< 6,000万円 − 1,200万円 = 4,800万円）

正解 ①▲6,000万円 ②1,200万円 ③3,600万円

《問3》

① 取得時期は、譲渡資産の取得日を引き継がないので、買換資産の取得の日となる（なお、固定資産の交換の特例では、取得時期を引き継ぐ）。

② 譲渡資産の譲渡価額より買換資産の取得価額のほうが多い場合の取得費の計算式は、以下のとおりである（本設例では譲渡費用は考慮しないものとする）。

買換資産の取得費 = 譲渡資産の取得費 +（買換資産の取得価額 − 譲渡資産の譲渡価額）

③ 2,000万円 +（6,500万円 − 6,000万円）= 2,500万円

なお、「特定の居住用財産の買換えの特例」では、譲渡資産は、譲渡資産の所有期間が、その取得日の翌日から譲渡日の属する年の1月1日までの期間で判定して10年を超える居住用財産であること、譲渡者のその居住用財産における居住期間が10年以上であること、譲渡資産の譲渡価額が1億円以下であること、買換資産は、建物（居住用部分）の床面積が50㎡以上であること、敷地の面積が500㎡以下であること等が要件とされている。

正解 ①引き継がない ②譲渡資産 ③2,500万（円）

💡 プラスα

〈固定資産の交換の特例〉

個人が資産を交換により取得した場合は、原則として、交換で取得した資産の価額を収入金額とし、交換で譲渡した資産の譲渡があったものとして、所得税・住民税が課される。しかし、その交換が一定の要件を満たすときには、その譲渡がなかったものとして課税を繰り延べることができる。

これにより、交換差金等がなければ、税務上、固定資産の交換による譲渡益はなかったものとされ、交換で取得した資産は、交換で譲渡した資産の取得の日と取得費をそのまま引き継ぐことになる。

固定資産の交換の特例の適用を受けるには、次の要件をすべて満たさなければならない。

・取得資産と譲渡資産が同じ種類の固定資産であり、取得資産を譲渡資産の譲渡直前の用途と同一の用途に供すること
・譲渡資産は1年以上所有していたものであること
・交換で取得した資産は、交換の相手方がその交換のために取得したものではなく、かつ、1年以上所有していたものであること
・交換時点の譲渡資産の価額と取得資産の価額の差額が、これら資産の価額のうちいずれか高いほうの価額の20%以内であること

固定資産の交換の特例を適用し、交換差金等を受け入れた場合の譲渡所得の計算式は、以下のとおりである。

① 収入金額＝交換差金等（交換譲渡資産の時価−交換取得資産の時価）
② 取得費＋譲渡費用＝$\left(\begin{array}{c}\text{交換譲渡資}\\\text{産の取得費}\end{array}+\begin{array}{c}\text{譲渡}\\\text{費用}\end{array}\right)\times\dfrac{\text{収入金額}}{\text{収入金額＋交換取得資産の時価}}$
③ 譲渡益＝①−②

〈特定事業用資産の買換えの特例〉

特定事業用資産の買換えの特例は、過密地域から過疎地域への買換え等をしたときに、譲渡資産の譲渡価額のうち買換資産の取得価額（譲渡資産の譲渡価額を上回るときは譲渡価額を限度とする）の原則80%相当分は譲渡がなかったものとされ、その超過分について譲渡があったものとして課税される特例である。譲渡資産と買換資産の組合せは、租税特別措置法37条に掲

げる同じ組合せの資産に該当することが要件の1つになっている。

　そのほか、以下のような適用要件がある。

・原則として譲渡の年の前年1月1日から譲渡の年の翌年 12 月 31 日までに買換資産を取得すること

・買換資産を取得した日から1年以内に事業の用に供すること

・買換資産が土地（土地の上に存する権利を含む）の場合、原則として、譲渡した土地の面積の5倍以内の部分について適用される

　特定事業用資産の買換えの特例を適用した場合の譲渡所得の計算式は、以下のとおりである。

収入金額＝譲渡資産の譲渡価額−買換資産の取得価額[※]×（原則）80％

※　買換資産の取得価額が譲渡資産の譲渡価額を超える場合は、譲渡資産の譲渡価額。

取得費等＝（譲渡資産の取得費＋譲渡費用）× $\dfrac{\text{収入金額}}{\text{譲渡資産の譲渡価額}}$

譲渡益＝収入金額−取得費等

　なお、所有期間 10 年超の土地等、建物または構築物から国内にある土地等、建物、構築物への買換えの場合、買換資産のうち土地等は、事務所等の敷地等で 300㎡以上のものに限られる。

不動産の有効活用（1）

Aさん（62歳）は、5年前に父親の相続により取得した甲土地を保有している。甲土地は、父親が存命中から青空駐車場として賃貸している。

最近になって、Aさんは、デベロッパーX社から「甲土地は、最寄駅から徒歩3分で、都心へのアクセスがよい。需要が見込めるので、賃貸マンションでの有効活用を考えてみませんか」と提案を受けた。

甲土地に関する資料は、以下のとおりである。

〈甲土地の概要〉

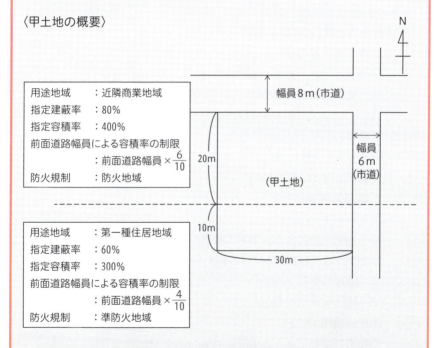

用途地域 ：近隣商業地域
指定建蔽率 ：80%
指定容積率 ：400%
前面道路幅員による容積率の制限
：前面道路幅員 × 6/10
防火規制 ：防火地域

用途地域 ：第一種住居地域
指定建蔽率 ：60%
指定容積率 ：300%
前面道路幅員による容積率の制限
：前面道路幅員 × 4/10
防火規制 ：準防火地域

幅員8m（市道）
20m
幅員6m（市道）
（甲土地）
10m
30m

・甲土地のうち、近隣商業地域に属する部分は600㎡、第一種住居地域に属する部分は300㎡である。

・甲土地は、建蔽率の緩和について特定行政庁が指定する角地である。

・指定建蔽率および指定容積率とは、それぞれ都市計画において定められた数値である。

・特定行政庁が都道府県都市計画審議会の議を経て指定する区域ではない。

※上記以外の条件は考慮せず、各問に従うこと。

《問1》 Aさんが、甲土地に耐火建築物を建築する場合、建蔽率の上限となる建築面積と容積率の上限となる延べ面積を求める次の〈計算の手順〉の空欄①～④に入る最も適切な数値を求めなさい。なお、問題の性質上、明らかにできない部分は「□□□」「ⓐ・ⓑ・ⓒ・ⓓ」で示してある。

〈計算の手順〉

1．建蔽率の上限となる建築面積

　(1)　近隣商業地域の部分

　　　 600㎡×（　①　）％＝（ⓐ）㎡

　(2)　第一種住居地域の部分

　　　 300㎡×（　②　）％＝（ⓑ）㎡

　(3)　建蔽率の上限となる建築面積

　　　 ⓐ＋ⓑ＝（　③　）㎡

2．容積率の上限となる延べ面積

　(1)　近隣商業地域の部分

　　　・指定容積率：400％

　　　・前面道路幅員による容積率の制限：□□□％

　　　　したがって、上限となる容積率は、□□□％である。

　　　　延べ面積の限度：600㎡×□□□％＝（ⓒ）㎡

　(2)　第一種住居地域の部分

　　　・指定容積率：300％

　　　・前面道路幅員による容積率の制限：□□□％

　　　　したがって、上限となる容積率は、□□□％である。

　　　　延べ面積の限度：300㎡×□□□％＝（ⓓ）㎡

　(3)　容積率の上限となる延べ面積

　　　 ⓒ＋ⓓ＝（　④　）㎡

《問2》　甲土地に適用される建築基準法の規定に関する次の記述①〜③について、適切なものには○印で、不適切なものには×印で答えなさい。

① 「甲土地に建築物を建築する場合、用途地域による建築物の制限については、その敷地の全部について、近隣商業地域の建築物の用途に関する規定が適用されます」

② 「甲土地に建築物を建築する場合、10 mまたは12 mの絶対高さ制限が適用されます」

③ 「甲土地に建築物を建築する場合、北側斜線制限および隣地斜線制限は適用されますが、道路斜線制限の適用はありません」

《問3》　甲土地の有効活用に関する以下の文章の空欄①〜③に入る最も適切な語句または数値を、下記の〈語句群〉のなかから選びなさい。

I 「Aさんが甲土地に賃貸マンションを建設した場合、相続税額の計算上、甲土地は貸家建付地として評価されます。仮に、甲土地の自用地価額を1億円、借地権割合60％、借家権割合30％、賃貸割合100％とした場合の相続税評価額は（　①　）万円となります。また、当該敷地が貸付事業用宅地等に該当すれば、貸家建付地としての評価額に対して、小規模宅地等についての相続税の課税価格の計算の特例の適用を受けることができます。貸付事業用宅地等は、（　②　）㎡までの部分について50％の減額が受けられます」

II 「賃貸マンションを建設する方法として（　③　）方式という手法があります。この方式は、Aさんが所有する甲土地の上に、事業者が建設資金を負担してマンション等を建設し、完成した区分所有建物とその敷地の共有持分をAさんと事業者がそれぞれの出資割合に応じて取得する手法です。Aさんとしては自己資金を使わず、収益物件を取得できるという点にメリットがあります」

〈語句群〉

200　　330　　400　　1,800　　4,000　　6,000　　8,200

建設協力金　　事業受託　　等価交換

《問1》

1．建蔽率の上限となる建築面積

(1) 近隣商業地域の部分

600㎡ ×（① 100※）% ＝ 600㎡

※ 指定建蔽率が80%の防火地域内に耐火建築物を建築する場合、建蔽率の制限は適用されない（建蔽率100%となる）。

(2) 第一種住居地域の部分

300㎡ ×（② 80※）% ＝ 240㎡

※ 準防火地域内に耐火建築物を建築するため、指定建蔽率に10%加算される。また、特定行政庁が指定する角地であるため、さらに10%加算される（60% ＋ 10% ＋ 10% ＝ 80%）。

(3) 建蔽率の上限となる建築面積

600㎡ ＋ 240㎡ ＝（③ 840）㎡

2．容積率の上限となる延べ面積

(1) 近隣商業地域の部分

・指定容積率：400%

・前面道路幅員による容積率の制限：$8\,\text{m}^※ \times \dfrac{6}{10} = 480\% \ >400\%$

※ 前面道路幅員は、幅の広いほうの道路である8mを用いる。

したがって、上限となる容積率は、400%（上記のうち低いほう）である。

延べ面積の限度：600㎡ ×400% ＝ 2,400㎡

(2) 第一種住居地域の部分

・指定容積率：300%

・前面道路幅員による容積率の制限：$8\,\text{m}^※ \times \dfrac{4}{10} = 320\% \ >300\%$

※ 前面道路幅員は、幅の広いほうの道路である8mを用いる。

したがって、上限となる容積率は、300%（上記のうち低いほう）である。

延べ面積の限度：300㎡ ×300% ＝ 900㎡

(3) 容積率の上限となる延べ面積

2,400㎡ ＋ 900㎡ ＝（④ 3,300）㎡

| 正解 | ① 100（%） ② 80（%） ③ 840（㎡） ④ 3,300（㎡）

《問2》
① 適切。用途地域による建築物の制限については、その敷地の全部について、敷地の過半の属する地域の建築物の用途に関する規定が適用されるため、甲土地の場合、近隣商業地域の建築物の用途に関する規定が適用される。
② 不適切。甲土地（近隣商業地域および第一種住居地域）には、絶対高さ制限は適用されない。絶対高さ制限が適用されるのは、第一種低層住居専用地域、第二種低層住居専用地域、田園住居地域だけである。
③ 不適切。甲土地（近隣商業地域および第一種住居地域）には、道路斜線制限と隣地斜線制限は適用されるが、北側斜線制限の適用はない。

正解 ①○　②×　③×

《問3》
① 貸家建付地の相続税評価額＝
自用地評価額×（1－借地権割合×借家権割合×賃貸割合）
＝1億円×（1－60%×30%×100%）＝8,200万円
② 貸付事業用宅地等として「小規模宅地等についての相続税の課税価格の計算の特例」の適用を受ける場合、200㎡までの部分について50%の減額が受けられる。
③ 土地所有者の土地上に、事業者（デベロッパー）が建設資金を負担して建物を建設し、完成した建物とその敷地を土地所有者と事業者が出資割合に応じてそれぞれ取得する手法を、等価交換方式という。

正解 ① 8,200　② 200　③等価交換

不動産の有効活用（2）

　Aさん（60歳）は、8年前に父親の相続により取得した自宅（建物とその敷地である甲土地）および賃貸アパート（建物とその敷地である乙土地）を所有している。

　自宅は、建物の老朽化が激しく、管理にも手間がかかるため、Aさんは駅前のマンションを購入して移り住むことを考えている。また、賃貸アパートは建築から30年近くが経過し、キッチン等の水回りが古いタイプということもあり、入居率が思うように上がっていない。この際、自宅同様、賃貸アパートも処分して、マンションの購入資金に充当しようと考えている。

　先日、Aさんが知り合いの不動産会社の社長に相談したところ、「Aさん宅の周辺は商業性があり、都心へのアクセスもよい。甲土地と乙土地を一体とした有効活用の方法を検討してみてはどうか」とアドバイスを受けた。

　甲土地および乙土地の概要は、以下のとおりである。

〈甲土地および乙土地の概要〉

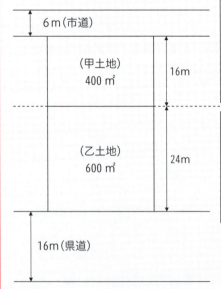

用途地域	：第一種住居地域
指定建蔽率	：60%
指定容積率	：300%
前面道路幅員による容積率の制限	：前面道路幅員 $\times \dfrac{4}{10}$
防火規制：準防火地域	

用途地域	：近隣商業地域
指定建蔽率	：80%
指定容積率	：400%
前面道路幅員による容積率の制限	：前面道路幅員 $\times \dfrac{6}{10}$
防火規制：防火地域	

※指定建蔽率および指定容積率とは、それぞれ都市計画において定められた数値である。

※特定行政庁が都道府県都市計画審議会の議を経て指定する区域ではない。

※上記以外の条件は考慮せず、各問に従うこと。

《問1》 Aさんが、自宅と賃貸アパートを取り壊し、甲土地と乙土地を一体とした土地に耐火建築物を建築する場合、建蔽率の上限となる建築面積と容積率の上限となる延べ面積を求める次の〈計算の手順〉の空欄①〜③に入る最も適切な数値を求めなさい。なお、問題の性質上、明らかにできない部分は「□□□」「ⓐ・ⓑ・ⓒ・ⓓ」で示してある。

〈計算の手順〉

1. 建蔽率の上限となる建築面積

   (1) 甲土地（第一種住居地域）の部分

   $400㎡ × □□□\% = (ⓐ)㎡$

   (2) 乙土地（近隣商業地域）の部分

   $600㎡ × (①)\% = (ⓑ)㎡$

   (3) 建蔽率の上限となる建築面積

   $ⓐ + ⓑ = (②)㎡$

2. 容積率の上限となる延べ面積

   (1) 甲土地（第一種住居地域）の部分

   延べ面積の限度：$400㎡ × □□□\% = (ⓒ)㎡$

   (2) 乙土地（近隣商業地域）の部分

   延べ面積の限度：$600㎡ × □□□\% = (ⓓ)㎡$

   (3) 容積率の上限となる延べ面積

   $ⓒ + ⓓ = (③)㎡$

《問2》 自宅（建物およびその敷地である甲土地）の譲渡に関する以下の文章の空欄①～④に入る最も適切な語句または数値を、下記の〈語句群〉のなかから選び、その記号を解答用紙に記入しなさい。

Ⅰ 「Aさんが居住用財産を譲渡した場合に、居住用財産を譲渡した場合の3,000万円の特別控除の適用を受けるためには、家屋に自己が居住しなくなった日から（　①　）年を経過する日の属する年の12月31日までの譲渡であること等の要件を満たす必要があります」

Ⅱ 「Aさんが居住用財産を譲渡した場合の長期譲渡所得の課税の特例の適用を受けた場合、課税長期譲渡所得金額が（　②　）円以下の部分について軽減税率が適用されます。本特例の適用を受けるためには、譲渡した年の1月1日において譲渡した居住用財産の所有期間が（　③　）年を超えていなければなりません。なお、本特例と居住用財産を譲渡した場合の3,000万円の特別控除は併用して適用を受けることができます」

Ⅲ 「Aさんが自宅を譲渡し、マンションを購入した場合、譲渡した年の1月1日において譲渡した居住用財産の所有期間が（　③　）年を超えていること、譲渡価額が（　④　）円以下であること等の要件を満たせば、特定の居住用財産の買換えの場合の長期譲渡所得の課税の特例の適用を受けることができます」

〈語句群〉

1	2	3	5	10	20	2,000万	4,000万
6,000万	8,000万	1億					

《問3》 甲土地および乙土地の有効活用の手法に関する次の記述①～③について、適切なものには○印で、不適切なものには×印で答えなさい。

① 「等価交換方式とは、Aさんが所有する土地の上に、事業者が建設資金を負担してマンション等を建設し、完成した建物の住戸等をAさんと事業者がそれぞれの出資割合に応じて取得する手法です。Aさんとしては、自己資金を使わず、収益物件を取得できるという点にメリットがあります」

② 「建設協力金方式とは、入居するテナント（事業会社）から、Aさんが建設資金を借り受けて、テナントの要望に沿った店舗等を建設し、その

建物をテナントに賃貸する手法です。借主であるテナントのノウハウを利用して計画を実行できる点はメリットですが、借主が撤退するリスクなどを考えておく必要があります」

③ 「事業用定期借地権方式とは、借主が土地を契約で一定期間賃借し、借主が建物を建設する手法です。賃貸借期間満了後、土地はAさんに返還されますが、Aさんが残存建物を買い取らなければならないという点にデメリットがあります」

解答と解説

《問1》

1. 建蔽率の上限となる建築面積

    (1) 甲土地（第一種住居地域）の部分

    $400㎡ × (60\% + 10\%^※) = (ⓐ 280) ㎡$

    ※ 準防火地域内に耐火建築物を建築するため、指定建蔽率に10%加算される。

    (2) 乙土地（近隣商業地域）の部分

    $600㎡ × (① 100^※) \% = (ⓑ 600) ㎡$

    ※ 指定建蔽率が80%の防火地域内に耐火建築物を建築する場合、建蔽率の制限は適用されない（建蔽率100%となる）。

    (3) 建蔽率の上限となる建築面積

    $ⓐ 280㎡ + ⓑ 600㎡ = (② 880) ㎡$

2. 容積率の上限となる延べ面積

    前面道路（16m）が12m以上であるため、前面道路幅員による容積率の制限は適用されず、指定容積率がそのまま適用される。

    (1) 甲土地（第一種住居地域）の部分

    延べ面積の限度：$400㎡ × 300\% = (ⓒ 1,200) ㎡$

    (2) 乙土地（近隣商業地域）の部分

    延べ面積の限度：$600㎡ × 400\% = (ⓓ 2,400) ㎡$

    (3) 容積率の上限となる延べ面積

    $ⓒ 1,200㎡ + ⓓ 2,400㎡ = (③ 3,600) ㎡$

    正解　① 100（%）　② 880（㎡）　③ 3,600（㎡）

《問2》

① 居住用財産を譲渡した場合の 3,000 万円の特別控除の適用を受けるために
は、家屋に自己が居住しなくなった日から 3 年を経過する日の属する年の 12
月 31 日までに譲渡しなければならない。

② 居住用財産を譲渡した場合の長期譲渡所得の課税の特例（いわゆる軽減税
率の特例）の適用を受けた場合、課税長期譲渡所得金額が 6,000 万円以下
の部分について軽減税率（所得税および復興特別所得税 10.21%、住民税 4%）
が適用される。

③ 本特例の適用を受けるためには、譲渡した年の 1 月 1 日において譲渡した居
住用財産の所有期間が 10 年超でなければならない。

④ 特定の居住用財産の買換えの場合の長期譲渡所得の課税の特例の適用を
受けるためには、譲渡価額が 1 億円以下でなければならない。

正解 ①3 ②6,000 万 ③10 ④1 億

《問3》

① 適切。

② 適切。

③ 不適切。前半の記述は正しいが、後半の記述が不適切である。事業用定
期借地権方式では、賃貸借期間満了後、残存建物は借主の負担で取り壊し、
A さんには更地が返還される。したがって、A さんが残存建物の買い取りを請
求されることはない。

正解 ①○ ②○ ③×

相続した不動産の譲渡

都市近郊に住むＡさんは、2020年1月に父親から相続により土地等の財産を取得した。これらの土地は先祖代々からのものである。Ａさんの負担する相続税額は8,000万円である。母親は相続財産（土地その他）の2分の1を取得し、配偶者の税額軽減の適用により相続税額は0円である。Ａさんは、土地の一部を売却し、相続税を納付しようと考えている。Ａさんが相続した財産の内訳は以下のとおりである。

〈Ａさんが相続した財産の内訳（相続税評価額）〉

・金融資産　　　：1,200万円
・土地　　　　　：　2億円（1㎡当たりの相続税評価額25万円）
・その他の財産　：2,800万円

※上記以外の条件は考慮せず、各問に従うこと。

《問1》　相続または遺贈により取得した財産を相続税の申告期限の翌日から3年以内に売却すると、その譲渡所得の計算において相続税額を取得費に加算することができる。Ａさんのケースに関する次の記述のうち、最も不適切なものはどれか。

1) 母親が取得した土地を申告期限の翌日以後3年以内に売却しても、母親には相続税がかかっていないので相続税額の取得費加算はない。

2) Ａさんが、相続した土地をいったん物納申請し、それを取り下げた後、売却した場合であっても、申告期限の翌日以後3年以内であれば、相続税額の取得費加算の特例は適用される。

3) 延納の担保となっていた相続財産を譲渡した場合には、この取得費加算の特例は適用されない。

4) この取得費加算の特例は、相続財産が相続税の申告期限前に譲渡された場合であっても、相続開始日の翌日以後であれば適用される。

《問2》　Ａさんが、相続税納税のため、相続した土地のうち240㎡を6,000万円で売却するとした場合、以下のケースごとの手取金額（端数処理前の所得

税、復興特別所得税および住民税を差し引いた後の金額で、仲介手数料等の譲渡費用はないものとする）を求めなさい。なお、譲渡した土地等に係る相続税の課税価格の基礎とされた金額は 6,000 万円、取得費は概算取得費とし、相続税の取得費加算以外の特例や所得控除額等は考慮しない。

① 相続税の申告期限の翌日以後、1 年を経過した日に譲渡した場合
② 相続税の申告期限の翌日以後、3 年 11 カ月目の月に譲渡した場合

《問3》 不動産を相続した場合の相続税の納税資金対策に関する次の記述のうち、最も不適切なものはどれか。

1) 延納期間は最高 5 年が原則であるが、相続により取得した財産に占める不動産の割合が 75% 以上の場合、不動産に係る相続税額の延納期間は最高 20 年となる。

2) 不動産を相続し延納を選択した場合、利子税が課され、かつ、利子税は不動産所得の金額の計算における必要経費とならないため、借入条件によっては、延納に代えて金融機関からの借入れにより相続税を一括納付することを検討してもよい。

3) 不動産を物納する際の収納価額は課税時期の時価であり、不動産の有効活用や小規模宅地等についての相続税の課税価格の計算の特例の適用を受けて相続税評価額を引き下げる対策は、物納を利用する場合に有効である。

4) 相続により取得した不動産を相続開始のあった日の翌日から相続税の申告期限の翌日以後 3 年以内に売却した場合、相続財産に係る譲渡所得の課税の特例により取得費に相続税額のうちの一定の金額を加算することができるため、相続開始前に売却するよりも税引後の手取り金額が増える場合がある。

解答と解説

《問1》

1) 適切。
2) 適切。

3) 不適切。譲渡した相続財産が延納の担保となっていた場合でも、取得費加算の特例は適用できる。ただし、実務上はいったん別の物件に担保を差し換えてから譲渡する必要がある。

4) 適切。

正解 3

《問2》

① 取得費に加算される相続税額：

$$8,000万円 \times \frac{6,000万円}{1,200万円+2億円+2,800万円} = 2,000万円$$

長期譲渡所得の金額：

$$6,000万円 - (6,000万円 \times 5\% + 2,000万円) = 3,700万円$$

譲渡所得に係る所得税（復興特別所得税を含む）・住民税：

$$3,700万円 \times 20.315\% = 751万6,550円$$

手取金額：6,000万円 − 751万6,550円 = 5,248万3,450円

② 取得費に加算される相続税額：0円（相続税の申告期限の翌日から3年経過しているので取得費加算は適用なし）

長期譲渡所得の金額：6,000万円 − 6,000万円 × 5％ = 5,700万円

譲渡所得に係る所得税（復興特別所得税を含む）・住民税：

$$5,700万円 \times 20.315\% = 1,157万9,550円$$

手取金額：6,000万円 − 1,157万9,550円 = 4,842万450円

正解 ① 5,248万3,450円　② 4,842万450円

《問3》

1) 適切。

2) 適切。

3) 不適切。評価額を引き下げる対策を講じた場合、相続税額は減少するが、引き下げた後の低い評価額が物納の収納価額となってしまうので、物納する場合に必ずしも有利とはいえない（小規模宅地等についての相続税の課税価格の計算の特例の適用を受けた場合は、適用後の価額が収納価額となる）。

4) 適切。

正解 3

ポイント

〈相続財産に係る譲渡所得の課税の特例（相続税の取得費加算の特例）〉

　相続により財産を取得した個人が、その相続のあった日の翌日から相続税の申告書の提出期限の翌日以後3年を経過する日までに、相続財産を譲渡した場合には、その納付すべき相続税額のうち一定額を、その譲渡した資産の取得費に加算して、その譲渡所得の計算上控除することができる。

$$\begin{pmatrix} 確定相続税額 \\ 贈与税額控除・ \\ 相次相続控除前 \end{pmatrix} \times \frac{\text{譲渡した資産の課税価格の計算の基礎とされた価額}}{\text{譲渡者の相続税の課税価格（債務控除前）}}$$

　なお、相続税の延納・物納の要件は、原則として以下のとおりである。

a．延納

- 相続税額が 10万円 を超えること
- 納期限までに金銭で納付することが困難な事由があること
- 延納額が金銭で納付することが困難である金額の範囲内であること
- 担保を提供すること（延納税額100万円以下で延納期間3年以下は担保不要）
- 相続税の納期限までに延納申請書および一定の書類を添付して提出すること
- 税務署長の許可を受けること

b．物納

- 相続税を延納によっても金銭で納付することが困難な事由があること
- 物納額が金銭で納付することが困難である金額の限度内であること
- 物納が認められる財産であること
- 相続税の納期限までに物納申請書および一定の書類を添付して提出すること
- 税務署長の許可を受けること

F

相続・事業承継

贈与税の配偶者控除・住宅取得資金の贈与

　Aさんは、2020年5月に70歳になった。Aさんの推定相続人は、妻Bさんと長女Cさん、二女Dさんの3人である。Aさんは2020年中に、結婚して40年になる妻Bさんに下記の自宅を贈与するとともに、マイホームの取得を予定している長女Cさんに住宅取得資金2,500万円を贈与し、また、二女Dさんには上場株式2,000万円を贈与した。

　なお、同年中に、これらの贈与以外にAさんから推定相続人に対する贈与はいっさいない。また、Aさんおよびその親族は日本国籍で、かつ日本国内に住所を有し、財産はすべて日本国内にあるものとする。Aさんの自宅に関する資料は、以下のとおりである。

〈Aさんの自宅に関する資料〉

　建物、敷地ともにAさんが100%所有していた。
・建物の固定資産税評価額：　1,000万円（このうち、50%を妻Bさんに贈与）
・敷地の相続税評価額　　：　5,000万円（このうち、40%を妻Bさんに贈与）
※上記以外の条件は考慮せず、各問に従うこと。

《問1》　仮に、Aさんの相続が2020年中に開始した場合の相続開始前3年以内の贈与等に関する次の記述①～④について、適切なものには○印で、不適切なものには×印で答えなさい。

①　長女CさんがAさんから受けた贈与について、相続時精算課税の適用を受けた場合、長女CさんがAさんの相続において財産を取得しないときは、当該受贈財産の価額は相続税の課税価格に加算されない。

②　二女DさんがAさんから受けた贈与について暦年課税により当該贈与税を納付した場合、当該贈与税額が、Aさんの相続に係る二女Dさんの算出相続税額を上回るとき、その差額は還付される。

③　二女Dさんが相続により財産を取得した場合、贈与を受けた上場株式の価額は、二女Dさんの相続税の課税価格に加算されるが、その価額は相続開始時点の評価額である。

④　妻Bさんが相続により財産（みなし相続財産を含む）を取得しなかった
　　とき、仮に 2018 年 11 月に現金 1,500 万円の贈与を受けていた場合は、
　　妻Bさんの相続税の課税価格に加算される。

《問2》　直系尊属から住宅取得等資金の贈与を受けた場合の贈与税の非課税
の特例（以下、「本特例」という）に関する以下の文章の空欄①〜③に入る最
も適切な語句または数値を、下記の〈語句群〉のなかから選びなさい。

　贈与を受けた年分の所得税に係る合計所得金額が（　①　）万円を超え
る受贈者は、本特例の適用を受けることができない。

　また、2020 年 5 月に住宅用家屋の取得に係る契約をした場合の贈与につ
いては、省エネルギー性・耐震性を備えた良質な住宅用家屋（消費税等の
税率 10%）の場合は（　②　）万円、それ以外の住宅用家屋の場合は 1,000
万円の非課税枠が設けられている。なお、本特例と相続時精算課税に係る
贈与税の特別控除とは併用することが（　③　）。

┌〈語句群〉────────────────────────────
│　1,000　　1,200　　1,500　　2,000　　2,500　　できない　　できる
└──────────────────────────────────

《問3》　妻Bさんが贈与税の配偶者控除の適用を受けた場合の、妻Bさんに
係る 2020 年分の贈与税額を次の順に従って求めなさい（xiiページの「税額計
算の速算表等」を参照すること）。なお、妻Bさんは、2020 年中にAさんから
受けた贈与以外に、他から贈与された財産はないものとする。
①　贈与財産の価額
②　贈与税額

《問1》

① 不適切。相続時精算課税制度の適用を受けた贈与財産は、直系尊属から住宅取得等資金の贈与を受けた場合の贈与税の非課税制度の適用を受けて非課税とされた金額を除き、相続による財産の取得の有無にかかわらず相続税の課税価格に加算される。

② 不適切。暦年課税の場合の贈与税は、算出相続税額を上回ったとしても還付を受けることができない。

③ 不適切。相続税の課税価格に加算される価額は、相続開始時点ではなく贈与時点の評価額である。

④ 不適切。相続財産を取得しなかった場合は、相続税の納税義務は生じないため、贈与について相続税の課税価格には加算されない。

> 正解 ①× ②× ③× ④×

《問2》

> 正解 ① 2,000（万円） ② 1,500（万円） ③できる

《問3》

① 贈与財産の価額（課税価格）：

1,000万円×50％+5,000万円×40％＝2,500万円

② 贈与税額：

(2,500万円 − 2,000万円 − 110万円)×20％ − 25万円＝53万円
（課税価格）（配偶者控除額）（基礎控除額）

> 正解 53万円

〈直系尊属から住宅取得等資金の贈与を受けた場合の贈与税の非課税制度〉

　住宅の種類や住宅用家屋の取得に係る契約の締結期間の区分などに応じ、非課税限度額等は以下のとおりとなっている。また、適用期限は 2021 年 12 月 31 日までとされている。

① 　住宅資金非課税限度額：

　⑴ 　住宅用家屋の取得等に係る対価の額または費用の額に含まれる消費税等の税率が 10％である場合

住宅用家屋の取得等に係る契約の締結期間	右記以外		東日本大震災の被災者	
	良質な住宅用家屋	左記以外の住宅用家屋	良質な住宅用家屋	左記以外の住宅用家屋
2019年4月～2020年3月	3,000 万円	2,500 万円	3,000 万円	2,500 万円
2020年4月～2021年3月	1,500 万円	1,000 万円	1,500 万円	1,000 万円
2021年4月～2021年12月	1,200 万円	700 万円		

　⑵ 　上記⑴以外の場合

住宅用家屋の取得等に係る契約の締結期間	右記以外		東日本大震災の被災者	
	良質な住宅用家屋	左記以外の住宅用家屋	良質な住宅用家屋	左記以外の住宅用家屋
2016年1月～2020年3月	1,200 万円	700 万円	1,500 万円	1,000 万円
2020年4月～2021年3月	1,000 万円	500 万円		
2021年4月～2021年12月	800 万円	300 万円		

② 　床面積：50㎡以上 240㎡以下（東日本大震災の被災者は上限なし）

〈住宅取得等資金の贈与に係る相続時精算課税制度の特例〉

　2021 年 12 月 31 日まで、贈与者である親の年齢要件はなく、60 歳未満の親からの贈与も適用が受けられる特例がある。

第**5**章

F

相続・事業承継

生前贈与

　Aさんは、妻Bさんとの2人暮らしである。Aさんは、大学卒業後、大手自動車メーカーに就職し、関連会社に転籍してからの期間を含め、43年間勤務した。5年前に退職してからは、年金収入に加えて、上場株式の配当収入もあり、生活は安定している。

　昨年、長女CさんがDさんと離婚した。長女Cさんは、仕事の都合上、別の都市にある賃貸マンションで子2人と暮らしている。Aさんは、長女Cさんや孫たちの将来の生活や学費等について面倒を見てやりたいと思っており、現金の贈与を検討している。

〈Aさんの親族関係図〉

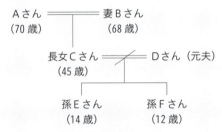

〈Aさんが所有する財産（相続税評価額）〉
①預貯金　　　：　8,000万円
②上場株式　　：　7,000万円
③自宅
　敷地（400㎡）：　6,000万円
　建物　　　　：　1,500万円
※自宅の敷地は、「小規模宅地等についての相続税の課税価格の計算の特例」適用前の金額である。

※上記以外の条件は考慮せず、各問に従うこと。

《問1》 生前贈与に関する以下の文章の空欄①〜③に入る最も適切な数値を求めなさい（xiiページの「税額計算の速算表等」を参照すること）。

I 「Aさんが生前贈与を実行するにあたっては、暦年課税制度による贈与、相続時精算課税制度による贈与、教育資金や結婚・子育て資金の非課税制度を活用した贈与などが考えられます。仮に、長女Cさんが暦年課税（各種非課税制度の適用はない）により、2020年中にAさんから現金700万円の贈与を受けた場合、贈与税額は（　①　）万円となります」

II 「直系尊属から教育資金の一括贈与を受けた場合の贈与税の非課税制度の適用を受けた場合、受贈者1人につき（　②　）万円までは贈与税が非課税となります。非課税拠出額の限度額は、受贈者ごとに（　②　）万円となりますが、学習塾などの学校等以外の者に対して直接支払われる金銭については500万円が限度となります」

III 「直系尊属から教育資金の一括贈与を受けた場合の贈与税の非課税制度の適用後、受贈者であるAさんのお孫さんが（　③　）歳に達すると、原則として教育資金管理契約は終了します。そのとき、当該贈与財産から教育資金に充当した金額を控除した残額がある場合、当該残額はその年分の贈与税の課税価格に算入されます。なお、お孫さんが、（③）歳に到達した時点で学校等に在学している等の一定の状態に該当する場合は、教育資金管理契約は継続されます」

《問2》 相続時精算課税制度（以下、「本制度」という）に関する次の記述①〜③について、適切なものには○印で、不適切なものには×印で答えなさい。

① 「Aさんが長女Cさんに現金を贈与する場合、本制度の活用が考えられます。本制度を選択した場合、累計で3,500万円までの贈与について贈与税は課されませんが、その額を超える部分については、一律20%の税率により贈与税が課されます」

② 「本制度における受贈者は、贈与をする年の1月1日において20歳以上でなければなりません。したがって、現時点において、Aさんが孫Eさんおよび孫Fさんに現金を贈与する場合、本制度を活用することはできません」

③ 「Aさんからの贈与について、長女Cさんが本制度を選択した場合、その後に行われるAさんからの贈与について、暦年課税を選択することはできません」

《問3》 Aさんの相続等に関する以下の文章の空欄①～③に入る最も適切な数値を、下記の〈数値群〉のなかから選び、その記号を解答用紙に記入しなさい。

Ⅰ 「Aさんの相続が現時点（2020年9月13日）で開始した場合、Aさんの相続における遺産に係る基礎控除額は（ ① ）万円となります。課税価格の合計額が遺産に係る基礎控除額を上回りますが、小規模宅地等についての相続税の課税価格の計算の特例や配偶者に対する相続税額の軽減の適用を受けることで相続税額を軽減することができます」

Ⅱ 「妻Bさんが自宅の敷地および建物を相続した場合、小規模宅地等についての相続税の課税価格の計算の特例の適用を受けることができます。その場合、自宅の敷地（相続税評価額6,000万円）について、課税価格に算入すべき価額を（ ② ）万円とすることができます」

Ⅲ 「生命保険に加入していないのであれば、契約者（＝保険料負担者）および被保険者をAさん、死亡保険金受取人を相続人とする終身保険に加入されることをお勧めします。終身保険に加入後、Aさんの相続が開始した場合、相続人が受け取る死亡保険金は（ ③ ）万円を限度として、死亡保険金の非課税金額の規定の適用を受けることができます」

〈数値群〉

| 990 | 1,000 | 1,200 | 1,500 | 2,000 | 2,040 |
| 3,000 | 3,960 | 4,200 | 4,800 | 5,400 | |

📝 解答と解説 ･････････････････････････

《問1》

① 暦年課税では、受贈者1人当たり110万円の基礎控除がある。また、20歳以上の者が直系尊属から贈与を受けた場合は、特例贈与財産に該当する。

$$贈与税額＝(700万円－110万円)\times20\%－30万円＝88万円$$

② 直系尊属から教育資金の一括贈与を受けた場合の贈与税の非課税制度の適用を受けた場合、受贈者1人につき1,500万円までは贈与税が非課税となる。

③ 直系尊属から教育資金の一括贈与を受けた場合の贈与税の非課税制度の受贈者は30歳未満とされているため、受贈者が30歳に達すると、原則として教育資金管理契約は終了する。ただし、受贈者が30歳に到達した日において、一定の状態（受贈者が学校等に在学している等）に該当するときは、30歳以後も教育資金管理契約は継続する。

[正解] ① 88（万円） ② 1,500（万円） ③ 30（歳）

《問2》

① 不適切。相続時精算課税制度では、累計で2,500万円までの贈与について贈与税は課されない。

② 適切。

③ 適切。いったん、相続時精算課税制度を選択した場合、同じ贈与者からの贈与について、その後、暦年課税に変更することはできない。

[正解] ①× ②○ ③○

《問3》

① 遺産に係る基礎控除額
   3,000万円＋600万円×法定相続人の数（2人※）＝4,200万円
   ※妻Bさん、長女Cさんの2人

② 妻Bさんが自宅の敷地および建物を相続した場合、特定居住用宅地等として、小規模宅地等についての相続税の課税価格の計算の特例の適用を受けることにより、330㎡までの部分について80％の減額が受けられる。
   課税価格に算入すべき価額＝
   $$6,000万円－6,000万円\times\frac{330㎡}{400㎡}\times80\%＝2,040万円$$

③ 死亡保険金の非課税金額＝500万円×法定相続人の数（2人）＝1,000万円

[正解] ① 4,200（万円） ② 2,040（万円） ③ 1,000（万円）

まとめ

〈教育資金の一括贈与に係る贈与税の非課税制度〉

a.　制度の概要

　　30 歳未満の受贈者（例:孫）の教育資金に充てるために、その直系尊属（例:祖父母）が 2013 年 4 月 1 日から 2021 年 3 月 31 日までの間に金銭等を拠出し、金融機関（信託会社・信託銀行・銀行等）に信託等をした場合は、受贈者 1 人につき 1,500 万円（学校等以外の者に支払われる金銭については、500 万円を限度）までは、贈与税が非課税となる。資金が教育資金に使われたかどうかは、その金融機関が領収書等を確認する。

　　なお、受贈者が 30 歳に達した場合に、教育資金として払い出されなかった残金がある場合は、受贈者が 30 歳に達した日に贈与があったものとして贈与税が課される。また、受贈者が死亡した場合は、その残額は非課税となる。

b.　2019 年度税制改正における改正点

⑴　受贈者の所得要件

　　2019 年 4 月 1 日以後、信託等をする日の属する年の前年の受贈者の合計所得金額が 1,000 万円を超える場合には、適用を受けられないこととする。

⑵　教育資金の範囲

　　2019 年 7 月 1 日以後、23 歳以上の者に支払われる教育資金の範囲を次のものに限定する。

①　学校等に支払われる費用

②　学校等に関連する費用（留学渡航費等）

③　学校等以外の者に支払われる費用で、教育訓練給付金の支給対象となる教育訓練を受講するために支払われるもの

⑶　残高に対する贈与税の課税

　　2019 年 7 月 1 日以後に受贈者が 30 歳に達する場合、次の①、②が適用される。

①　受贈者が 30 歳に到達した日において、次のイまたはロに該当する場合には、その時点で残高があっても贈与税は課税されない。

　　イ　受贈者が学校等に在学している場合

　　ロ　受贈者が教育訓練給付金の支給対象となる教育訓練を受講している場合

② 　その後、次のイまたはロのいずれか早い時点の残高に対して贈与税を課
　　税する。
　　イ　①のイまたはロの事由がなくなった年の 12 月 31 日
　　ロ　受贈者が 40 歳に達した日
⑷ 　贈与者死亡時の残高
　　教育資金管理契約の終了前に贈与者が死亡した場合、受贈者が贈与者の
相続開始前 3 年以内に信託等により取得した信託受益権等について、本制度
の適用を受けたことがあるときは、相続開始時におけるその残額を相続財産
に加算することとする。
　　ただし、贈与者の相続開始日において受贈者が次のいずれかに該当する場
合は、従来どおり加算する必要はない。
① 　受贈者が 23 歳未満である場合
② 　受贈者が学校等に在学している場合
③ 　受贈者が教育訓練給付金の支給対象となる教育訓練を受講している場合
　　なお、本改正は 2019 年 4 月 1 日以後に贈与者が死亡した場合から適用され
るが、2019 年 4 月 1 日よりも前に取得した信託受益権等の価額については、
残額に含めない。

相続税の計算（1）

Aさん（75歳）は、昨年病気で入院したのを機に自身の相続について考えるようになり、公正証書遺言の作成を検討している。Aさんには、妻Bさん（72歳）との間に長女Cさん（50歳）および二女Dさん（48歳）の2人の実子がいるが、長女Cさんの子Fさん（18歳）と、二女Dさんの子Gさん（20歳）とそれぞれ養子縁組を行っている。

Aさんは、2018年に二女Dさんに住宅取得の資金として現金500万円の贈与を行っており、二女Dさんは、その全額について、「直系尊属から住宅取得等資金の贈与を受けた場合の贈与税の非課税制度」の適用を受けた。

Aさんの親族関係図および主な財産の状況等は、以下のとおりである。

〈Aさんの親族関係図〉

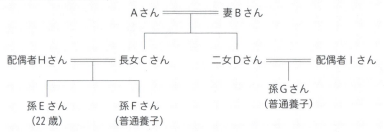

〈Aさんの主な財産の状況（相続税評価額）〉
- 預貯金　　　　　　　　：1億5,000万円
- 有価証券（上場株式）：　5,000万円
- 自宅の敷地（400㎡）：　　1億円
  （「小規模宅地等についての相続税の課税価格の計算の特例」適用前）
- 自宅の家屋　　　　　：　2,500万円

〈Aさんが加入している生命保険に関する資料〉
- 保険の種類　　　　　　　　　　：終身保険
- 契約者（＝保険料負担者）・被保険者：　　Aさん
- 死亡保険金受取人　　　　　　　：妻Bさん

・死亡保険金額 　　　　　　　　　　　　:3,000万円

※上記以外の条件は考慮せず、各問に従うこと。

《問1》 公正証書遺言に関する次の記述①～③について、適切なものには○印で、不適切なものには×印で答えなさい。

① 　Aさんが公正証書遺言を作成する場合、長女Cさんの配偶者Hさんは、遺言書により財産を取得する受遺者でない限り、公正証書遺言を作成する際の証人となることができる。

② 　公正証書遺言は、遺言者が自ら書いた遺言書の内容および形式の適法性を公証人および証人が確認し、承認する方式で作成される。

③ 　Aさんが公正証書遺言を作成した後に、その遺言の内容を撤回したい場合、自筆証書遺言では撤回することができない。

《問2》 仮に、Aさんの相続が現時点（2020年9月13日）で開始した場合の相続税に関する以下の文章の空欄①～③に入る最も適切な語句または数値を、下記の〈語句群〉のなかから選びなさい。

i ）妻BさんがAさんの相続により財産を取得した場合、妻Bさんが受け取る死亡保険金のうち、相続税の課税価格に算入される金額は、（　①　）万円である。

ii ）妻Bさんが自宅の敷地のすべてを相続により取得し、「小規模宅地等についての相続税の課税価格の計算の特例」の適用をその限度額まで受けた場合、自宅の敷地についてAさんに係る相続における相続税の課税価格に算入すべき価額は、（　②　）万円である。

iii ）二女DさんがAさんの相続により財産を取得した場合、二女Dさんが2018年にAさんから住宅取得の資金として贈与を受けた現金500万円は、相続税の課税価格に（　③　）。

┌─〈語句群〉─────────────────────────
│ 500　　1,000　　1,500　　2,000　　2,500　　3,400　　4,800
│ 5,200　　6,600　　8,000　　加算される　　加算されない
└───────────────────────────────

仮に、Aさんの相続が現時点（2020年9月13日）で開始し、Aさんの相続における課税遺産総額(課税価格の合計額－遺産に係る基礎控除額)が2億4,000万円であった場合の相続税の総額を計算した下記の表の空欄①～④に入る最も適切な数値を解答用紙に記入しなさい（xiiページの「税額計算の速算表等」を参照すること）。〈答〉は万円単位とすること。なお、問題の性質上、明らかにできない部分は「□□□」で示してある。

（a）課税価格の合計額	□□□万円
（b）遺産に係る基礎控除額	（ ① ）万円
課税遺産総額（a－b）	2億4,000万円
相続税の総額の基となる税額	
妻Bさん	（ ② ）万円
長女Cさん	（ ③ ）万円
⋮	⋮
（c）相続税の総額	（ ④ ）万円

解答と解説

《問1》

① 不適切。推定相続人・受遺者、その配偶者・直系血族は、証人となることができない。長女Cさんの配偶者Hさんは、推定相続人の配偶者であるため、証人となることができない。

② 不適切。公正証書遺言は、遺言者が遺言の趣旨を公証人に口授し、公証人がその内容を筆記して、遺言者および証人がその筆記が正確なことを承認する方式で作成される。

③ 不適切。遺言者は、いつでも、遺言の方式に従って遺言の全部または一部を撤回することができる。撤回するための遺言の方式は、先の遺言と同じ方式である必要はない。

正解 ①× ②× ③×

《問2》

① 死亡保険金の非課税金額

500万円 × 法定相続人の数（4人※）= 2,000万円

※妻Bさん、長女Cさん、二女Dさん、普通養子Fさん・Gさんのうち1人（実子がいる場合、養子は1人まで含む）の4人

相続税の課税価格に算入される金額 = 3,000万円 − 2,000万円 = 1,000万円

② 配偶者が自宅の敷地を相続により取得し、「小規模宅地等についての相続税の課税価格の計算の特例」の適用を受けた場合、330㎡までの部分について80%の減額を受けることができる。

減額される金額 = 1億円 × $\dfrac{330㎡}{400㎡}$ × 80% = 6,600万円

相続税の課税価格に算入すべき価額 = 1億円 − 6,600万円 = 3,400万円

③ 「直系尊属から住宅取得等資金の贈与を受けた場合の贈与税の非課税制度」の適用を受けた場合、その適用部分は、相続開始前3年以内の贈与であっても相続税の課税価格に加算されない。

【 正解 】 ① 1,000　② 3,400　③ 加算されない

《問3》

・遺産に係る基礎控除額

3,000万円 + 600万円 × 法定相続人の数（4人）= （① 5,400）万円

・法定相続人が法定相続分どおりに取得したと仮定した取得金額

妻Bさん　　　：2億4,000万円 × $\dfrac{1}{2}$ = 1億2,000万円

長女Cさん　　：2億4,000万円 × $\dfrac{1}{2}$ × $\dfrac{1}{3}$ = 4,000万円

二女Dさんおよび養子のうち1人分の金額は長女Cさんと同額である。

・相続税の総額の基となる税額

妻Bさん　　　：1億2,000万円 × 40% − 1,700万円 = （② 3,100）万円

長女Cさん　　：4,000万円 × 20% − 200万円 = （③ 600）万円

二女Dさんおよび養子のうち1人分の税額は長女Cさんと同額である。

・相続税の総額：3,100万円 + 600万円 × 3人 = （④ 4,900）万円

【 正解 】 ① 5,400（万円）　② 3,100（万円）　③ 600（万円）　④ 4,900（万円）

第5章 F　相続・事業承継

〈遺言の種類〉

遺言の種類	自筆証書遺言	公正証書遺言	秘密証書遺言
全文の筆者	本人	公証人	制限なし
署名・押印	本人	本人 証人 公証人	本人 封書には本人、証人、公証人
証人・立会人の要否	不要	証人2人以上	公証人1人および証人2人以上
検認の要否	要	不要	要
特徴	①紛失・偽造・変造等の危険がある ②遺言者が全文、日付、氏名を自書、押印する。日付は年月日が特定できることが要件。押印は認印も可 ③遺言を加除訂正する場合、加除訂正した部分に署名押印する	遺言者が口授した内容を公証人が筆記して、遺言者、2人以上の証人に読み聞かせて作成する。原本は公証役場に保管されるため、紛失・偽造・変造等の危険がない	遺言内容について秘密の保持ができる

〈遺言に関する民法改正〉

2018年7月の民法改正により、遺言に関して以下の改正がなされた。

①　2019年1月13日から、自筆証書遺言に添付する財産目録については、自書でなくてもよいものとする。ただし、財産目録の各頁に署名押印することを要する。

②　2020年7月10日から法務局において自筆証書遺言に係る遺言書を保管する制度を新たに設ける。

相続税の計算（2）

　Aさんは 2020 年8月 10 日に病気により 75 歳で死亡した。Aさんの法定相続人は、妻Bさん（70 歳、2020 年8月 10 日時点。以下同じ）、長男Cさん（45 歳）、長女Dさん（42 歳）および養子Eさん（35 歳）の4人である。Aさんは、生前に家族と相続について話し合っておらず、遺言書も作成していなかった。遺産分割については相続人で協議を行う予定であるが、妻BさんはAさんの自宅および賃貸アパートを相続したいと考えている。また、長男Cさんおよび孫Fさん（19 歳）は、Aさんから生前に現金の贈与を受けている。

　Aさんの親族関係図および主な財産の状況等は、以下のとおりである。

〈Aさんの親族関係図〉

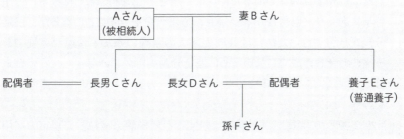

〈Aさんの主な財産の状況（相続税評価額）〉

・預貯金　　　　　　　　　　　：　　5,000 万円
・有価証券　　　　　　　　　　：　　3,000 万円
・自宅の敷地（340㎡）　　　　：　1億 200 万円
　（「小規模宅地等についての相続税の課税価格の計算の特例」適用前）
・自宅の建物　　　　　　　　　：　　2,000 万円
・賃貸アパートの敷地（350㎡）：　　8,750 万円
　（「小規模宅地等についての相続税の課税価格の計算の特例」適用前）
・賃貸アパートの建物　　　　　：　　2,500 万円

〈Aさんが生前に行った贈与の内容〉
①　長男Cさんに対して、2018 年9月に飲食店の開業資金として現金 1,500

万円を贈与した。長男Cさんは、この贈与について相続時精算課税制度の適用を受けている。

② 孫Fさんに対して、2019年4月に「直系尊属から教育資金の一括贈与を受けた場合の贈与税の非課税」の特例の適用を受けて、現金500万円を贈与した。Aさんの死亡日における非課税拠出額から教育資金支出額を控除した残額は200万円である。

※上記以外の条件は考慮せず、各問に従うこと。

《問1》 相続開始後の手続に関する以下の文章の空欄①～③に入る最も適切な語句を、下記の〈語句群〉のなかから選びなさい。

ⅰ）被相続人の財産は相続開始と同時に共同相続人の共有状態になるため、財産の取得者を確定させるためには、遺産分割を行うことになる。遺産分割にあたり、遺言書がない場合、協議分割をすることになるが、協議分割を成立させるためには共同相続人の全員の参加と合意が必要である。この合意が成立しないために協議分割を行えない場合、共同相続人は（　①　）に対して申立てを行い、（①）の調停・審判による遺産分割を行うことになる。

ⅱ）相続税額の計算上、「配偶者に対する相続税額の軽減」の規定の適用を受けた場合、相続税の課税価格の合計額に対する配偶者の法定相続分相当額または（　②　）のいずれか多い金額までの取得に対し、配偶者の納付すべき相続税額は算出されない。なお、この規定の適用を受けるためには、適用の対象となる財産について所定の期間内に分割をする必要がある。また、被相続人が死亡した年分の所得税について確定申告をしなければならない場合、相続人は、相続の開始があったことを知った日の翌日から原則として（　③　）以内にその所得税について確定申告書を提出しなければならない。

┌─〈語句群〉─

法務局　　公証人　　家庭裁判所　　1億5,000万円
1億6,000万円　　1億7,000万円　　3カ月　　4カ月　　10カ月

《問2》　Aさんの相続に関する次の記述①～③について、適切なものには○印で、不適切なものには×印で答えなさい。

① 妻Bさんが相続によりAさんの自宅の敷地を取得し、「小規模宅地等についての相続税の課税価格の計算の特例」の適用を受けた場合、330㎡を限度面積として、評価額の80%を減額することができる。

② 長男CさんがAさんから相続または遺贈により財産を取得しなかった場合、長男CさんがAさんから贈与によって取得した現金1,500万円は、相続税の課税価格に加算されない。

③ 孫FさんがAさんから贈与された現金については、Aさんの死亡日における非課税拠出額から教育資金支出額を控除した残額200万円が、相続税の課税価格に加算される。

《問3》　Aさんの相続における課税遺産総額（「課税価格の合計額－遺産に係る基礎控除額」）が、2億1,000万円であった場合の相続税の総額を計算した下記の表の空欄①～④に入る最も適切な数値を求めなさい（xiiページの「税額計算の速算表等」を参照すること）。なお、問題の性質上、明らかにできない部分は「□□□」で示してある。

課税価格の合計額	□□□万円
遺産に係る基礎控除額	（　①　）万円
課税遺産総額	2億1,000万円
相続税の総額の基となる税額	
妻Bさん	（　②　）万円
長男Cさん	（　③　）万円
長女Dさん	□□□万円
養子Eさん	□□□万円
相続税の総額	（　④　）万円

🖋 **解答と解説** ············

《問1》

〔**正解**〕①家庭裁判所　②1億6,000万円　③4カ月

《問2》

① 適切。

② 不適切。相続時精算課税制度の適用を受けた贈与財産については、受贈者（本設例では長男Cさん）が贈与者（Aさん）から相続または遺贈により財産を取得しなかった場合であっても、その価額を相続税の課税価格に加算する（暦年課税の場合であれば加算しない）。

③ 不適切。孫Fさんへの贈与は相続開始前3年以内であるが、相続開始日において孫Fさんは23歳未満であるため、残額200万円は、相続税の課税価格に加算する必要はない。

〔**正解**〕①○　②×　③×

《問3》

　本問の相続人は妻Bさん、長男Cさん、長女Dさん、養子Eさんの4人であり、法定相続分は妻Bさんが2分の1、長男Cさん、長女Dさん、養子Eさんはそれぞれ6分の1である。相続税の総額は、課税遺産総額を法定相続分どおりに按分して、各相続人の仮の税額（相続税の総額の基となる金額）求め、それを合計したものである。

・遺産に係る基礎控除額：3,000万円＋600万円×4人＝（① 5,400）万円

・相続税の総額の基となる税額

　妻Bさん　　2億1,000万円×$\frac{1}{2}$＝1億500万円

　　　　　　1億500万円×40％－1,700万円＝（② 2,500）万円

　長男Cさん　2億1,000万円×$\frac{1}{6}$＝3,500万円

　　　　　　3,500万円×20％－200万円＝（③ 500）万円

　長女Dさんおよび養子Eさんも長男Cさんと同じ税額である。

・相続税の総額：2,500万円＋500万円×3人＝（④ 4,000）万円

〔**正解**〕① 5,400（万円）　② 2,500（万円）
③ 500（万円）　④ 4,000（万円）

〈遺産に係る基礎控除額〉

遺産に係る基礎控除額＝ 3,000 万円＋ 600 万円×法定相続人の数

〈相続税の計算の流れ〉

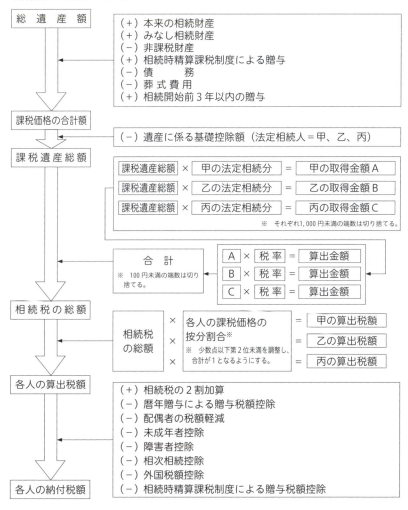

相続税の計算（3）

　　Aさんは2020年8月に病気により73歳で死亡した。Aさんには妻Bさん（68歳）との間に長女Cさん（45歳）、二女Dさん（40歳）および三女Eさん（38歳）の3人の子がいる。Aさん夫妻は二女Dさんの家族と同居をしていた。Aさんは、この自宅の敷地および建物を2019年8月に妻Bさんに贈与しており、妻Bさんは、この贈与について「贈与税の配偶者控除」の適用を受けている。また、三女Eさんは、5年前にEさんの配偶者が事業を始めた際にAさんから開業資金として現金の贈与を受けているため、相続を放棄する予定である。

　　なお、Aさんは遺言を作成していなかったため、遺産分割について相続人で協議を行う必要がある。

　　Aさんの親族関係図は以下のとおりである。

〈Aさんの親族関係図〉

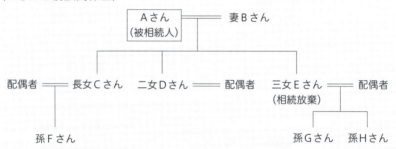

※上記以外の条件は考慮せず、各問に従うこと。

《問1》　相続開始後の手続に関する以下の文章の空欄①～③に入る最も適切な語句を、下記の〈語句群〉のなかから選びなさい。

i ）三女Eさんは相続を放棄する予定であるが、相続の放棄をするためには、自己のために相続の開始があったことを知った時から原則として（　①　）以内に、家庭裁判所にその旨を申述しなければならない。この場合、三

女Eさんの子である孫Gさんおよび孫Hさんは代襲相続人と（　②　）。

ⅱ）相続財産の分割方法には、一般に、指定分割、協議分割、調停分割および審判分割があるが、相続税の申告義務を有する者は、遺産が分割されたか否かにかかわらず、原則として相続の開始があったことを知った日の翌日から（　③　）以内に相続税の申告書を納税地の所轄税務署長に提出しなければならない。

┌─〈語句群〉─────────────────────────────┐
│ 2カ月　　3カ月　　4カ月　　6カ月　　　　　　　　　　　　　　│
│ 8カ月　　10カ月　　1年　　なる　　ならない　　　　　　　　　│
└───────────────────────────────────┘

《問2》 Aさんの相続に関する次の記述①～③について、適切なものには○印で、不適切なものには×印で答えなさい。

① 妻Bさんが相続によりAさんの財産を取得した場合、「贈与税の配偶者控除」の適用を受けて取得した自宅の敷地および建物については、相続開始前3年以内の贈与に該当するので、その受贈財産の相続時の価額のすべてが相続税の課税価格に加算される。

② 三女Eさんが家庭裁判所に相続の放棄を申述し受理された場合は、放棄を撤回することはできない。

③ Aさんの相続に係る相続税の課税価格の合計額に妻Bさんの法定相続分を乗じた金額が仮に1億4,000万円を超える場合、妻Bさんが「配偶者に対する相続税額の軽減」の規定を受けることができるときであっても、納付すべき相続税額が算出される。

《問3》 Aさんの相続における課税遺産総額（「課税価格の合計額－遺産に係る基礎控除額」）が2億7,000万円であった場合の相続税の総額を計算した下記の表の空欄①～④に入る最も適切な数値を求めなさい（ⅻページの「税額計算の速算表等」を参照すること）。なお、三女Eさんは所定の手続によりAさんの相続を放棄するものとする。また、問題の性質上、明らかにできない部分は「□□□」で示してある。

第5章 F
相続・事業承継

課税価格の合計額	□□□万円
遺産に係る基礎控除額	（　①　）万円
課税遺産総額	2億7,000万円
相続税の総額の基となる税額	
妻Bさん	（　②　）万円
長女Cさん	（　③　）万円
⋮	⋮
相続税の総額	（　④　）万円

✎ 解答と解説 ∙∙∙∙∙∙∙∙∙∙∙∙∙∙∙∙∙∙∙∙∙∙∙∙∙∙∙∙

《問1》

[正解] ①3カ月　②ならない　③10カ月

《問2》

①　不適切。「贈与税の配偶者控除」の適用を受けた部分の金額（最高2,000万円）は、相続税の課税価格に加算されない。

②　適切。

③　不適切。相続税の課税価格の合計額に妻Bさんの法定相続分を乗じた金額が仮に1億4,000万円を超える場合であっても、妻Bさんが相続により取得した財産の課税価格が、①課税価格の合計額に妻Bさんの法定相続分を乗じた金額、または②1億6,000万円のいずれか多い金額までであれば、「配偶者に対する相続税額の軽減」の適用を受けることにより、妻Bさんの納付税額はゼロになる。

[正解] ①×　②○　③×

《問3》

・遺産に係る基礎控除額の計算においては、相続放棄をした者があってもその放棄はなかったものとして計算する。したがって、相続人は妻Bさん、長女Cさん、二女Dさん、三女Eさんの4人である。

3,000万円＋600万円×4人＝（① 5,400）万円

・相続税の総額の計算においても、相続放棄をした者があってもその放棄はなかったものとして（法定相続人、法定相続分を算出して）計算する。各相続人の法定相続分は妻Bさんが2分の1、長女Cさんと二女Dさん、三女Eさんがそれぞれ6分の1である。

〈相続税の総額の基となる税額〉

妻Bさん ：2億7,000万円 $\times \dfrac{1}{2}$ ＝1億3,500万円

1億3,500万円 ×40％－1,700万円＝（② 3,700）万円

長女Cさん：2億7,000万円 $\times \dfrac{1}{6}$ ＝ 4,500万円

4,500万円 ×20％－200万円＝（③ 700）万円

二女Dさん：700万円（長女Cさんと同じ）

三女Eさん：700万円（長女Cさんと同じ）

〈相続税の総額〉

3,700万円＋700万円×3＝（④ 5,800）万円

正解	① 5,400（万円）　② 3,700（万円）
	③ 700（万円）　④ 5,800（万円）

第5章 F 相続・事業承継

相続税の計算（４）

非上場企業であるＸ株式会社（以下、「Ｘ社」という）の代表取締役社長であったＡさんは、2020年7月24日に病気により76歳で死亡した。Ａさんが保有していたＸ社株式（発行済株式総数のすべて）は後継者である長男Ｃさんが相続により取得する予定である。

Ａさんの親族関係図等は、以下のとおりである。なお、長女Ｄさんは、Ａさんの相続開始前に死亡している。

〈Ａさんの親族関係図〉

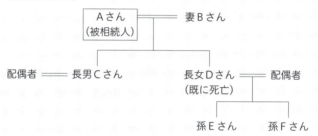

〈各人が取得する予定の相続財産（みなし相続財産を含む）〉
①妻Ｂさん（75歳）

現金および預貯金…3,000万円

自宅（敷地330㎡）…2,000万円（「小規模宅地等についての相続税の課税
価格の計算の特例」適用後の金額）

自宅（建物）…………1,000万円（固定資産税評価額）

死亡保険金…………2,000万円（契約者（＝保険料負担者）・被保険者は
Ａさん、死亡保険金受取人は妻Ｂさん）

死亡退職金…………5,000万円
②長男Ｃさん（50歳）

現金および預貯金…8,000万円

Ｘ社株式…………1億5,000万円（相続税評価額）

※相続税におけるＸ社株式の評価上の規模区分は「大会社」であり、特
定の評価会社には該当しない。

③孫Eさん（24歳）

現金および預貯金…2,000万円

④孫Fさん（22歳）

現金および預貯金…2,000万円

※上記以外の条件は考慮せず、各問に従うこと。

《問1》 Aさんの相続等に関する以下の文章の空欄①～③に入る最も適切な語句または数値を、下記の〈語句群〉のなかから選びなさい。

I 「配偶者に対する相続税額の軽減の適用を受けた場合、妻Bさんが相続により取得した財産の金額が、配偶者の法定相続分相当額と1億6,000万円とのいずれか（ ① ）金額までであれば、妻Bさんが納付すべき相続税額は算出されません」

II 「X社株式の相続税評価額は、原則として類似業種比準方式により評価されます。類似業種比準価額は、類似業種の株価ならびに1株当たりの配当金額、（ ② ）および簿価純資産価額を基として計算します。配当金額、（ ② ）および簿価純資産価額が高い会社は、株式の評価額が高くなります」

III 「Aさんが2020年分の所得税および復興特別所得税について確定申告書を提出しなければならない場合に該当するとき、相続人は、原則として、相続の開始があったことを知った日の翌日から（ ③ ）カ月以内に準確定申告書を提出しなければなりません」

┌─〈語句群〉
│ 3   4   10   少ない   多い   利益金額
│ 資本金等の額   売上金額
└─

《問2》 Aさんの相続等に関する次の記述①～③について、適切なものには○印で、不適切なものには×印で答えなさい。

① 「孫Eさんおよび孫FさんはAさんの孫にあたりますが、長女Dさんの代襲相続人ですので、相続税額の2割加算の対象にはなりません」

② 「自宅の敷地および建物を妻Bさんが相続により取得した場合、仮に相続税の申告期限までに自宅の敷地を売却しても、自宅の敷地は特定居住用宅地等として小規模宅地等についての相続税の課税価格の計算の特例の適用を受けることができます」

③ 「相続税の総額は、各相続人の実際の取得割合によって計算されることから、分割内容により異なる額が算出されます」

《問3》　相続人は〈各人が取得する予定の相続財産（みなし相続財産を含む）〉のとおり、相続財産を取得した。Aさんの相続に係る相続税の総額を計算した下記の表の空欄①～④に入る最も適切な数値を求めなさい（xiiページの「税額計算の速算表等」を参照すること）。なお、問題の性質上、明らかにできない部分は「□□□」で示してある。

妻Bさんに係る課税価格	（　①　）万円
長男Cさんに係る課税価格	□□□万円
孫Eさんに係る課税価格	2,000万円
孫Fさんに係る課税価格	2,000万円
（a）相続税の課税価格の合計額	□□□万円
（b）遺産に係る基礎控除額	（　②　）万円
課税遺産総額（（a）－（b））	□□□万円
相続税の総額の基となる税額	
妻Bさん	□□□万円
長男Cさん	（　③　）万円
孫Eさん	□□□万円
孫Fさん	□□□万円
（c）相続税の総額	（　④　）万円

解答と解説

《問1》

① 配偶者に対する相続税額の軽減の適用を受けた場合、配偶者が相続により取得した財産の金額が、配偶者の法定相続分相当額と1億6,000万円とのいずれか多い金額までであれば、配偶者が納付すべき相続税額は算出されない。

② 類似業種比準価額は、類似業種の株価ならびに1株当たりの配当金額、利

益金額および簿価純資産価額を基として計算する。

③　Aさんが2020年分の所得税および復興特別所得税について確定申告書を提出しなければならない場合に該当するとき、相続人は、原則として、相続の開始があったことを知った日の翌日から4カ月以内に準確定申告書を提出しなければならない。

$$\boxed{\text{正解}}　①多い　②利益金額　③4$$

《問2》

①　適切。「被相続人の配偶者、父母、子」以外の者が相続または遺贈により財産を取得した場合、相続税額の2割加算の対象となるが、代襲相続人である孫は対象とならない。

②　適切。被相続人の自宅の敷地を配偶者が相続により取得した場合、他に要件はなく、特定居住用宅地等として「小規模宅地等についての相続税の課税価格の計算の特例」の適用を受けることができる。したがって、相続税の申告期限までに売却した場合でも適用を受けることができる。

③　不適切。相続税の総額は、課税遺産総額を各相続人が仮に法定相続分どおりに取得した場合の割合によって計算されることから、実際の分割内容によって算出額が異なることはない。

$$\boxed{\text{正解}}　①○　②○　③×$$

《問3》

・妻Bさんに係る課税価格

3,000万円＋2,000万円＋1,000万円＋（死亡保険金2,000万円－2,000万円※）＋（死亡退職金5,000万円－2,000万円※）＝（① 9,000）万円

※相続人が受け取る死亡保険金と死亡退職金には、それぞれ非課税金額の適用がある。
　非課税金額＝500万円×法定相続人の数（4人）＝2,000万円
　4人＝妻Bさん、長男Cさん、孫Eさん、孫Fさん

・遺産に係る基礎控除額……（b）

3,000万円＋600万円×法定相続人の数（4人）＝（② 5,400）万円

・相続税の課税価格の合計額……（a）

妻Bさん9,000万円＋長男Cさん（8,000万円＋1億5,000万円）＋孫Eさん2,000万円＋孫Fさん2,000万円＝3億6,000万円

・課税遺産総額（（a）−（b））

　3億6,000万円−5,400万円＝3億600万円

・法定相続人が法定相続分どおりに取得したと仮定した取得金額

　妻Bさん　　　　：3億600万円×$\frac{1}{2}$＝1億5,300万円

　長男Cさん　　　：3億600万円×$\frac{1}{2}$×$\frac{1}{2}$＝　7,650万円

　孫Eさん　　　　：3億600万円×$\frac{1}{2}$×$\frac{1}{2}$×$\frac{1}{2}$＝3,825万円

　孫Fさんの金額は孫Eさんと同額である。

・相続税の総額の基となる税額

　妻Bさん　　　　：1億5,300万円×40%−1,700万円＝4,420万円

　長男Cさん　　　：7,650万円×30%−700万円＝（③1,595）万円

　孫Eさん　　　　：3,825万円×20%−200万円＝565万円

　孫Fさんの税額は孫Eさんと同額である。

・相続税の総額：4,420万円＋（③1,595）万円＋565万円×2人＝（④7,145）万円

正解	① 9,000（万円）　② 5,400（万円）
	③ 1,595（万円）　④ 7,145（万円）

相続時精算課税制度

Aさん（73歳）は、妻Bさん（69歳）との2人暮らしである。Aさんには、妻Bさんとの間に、長男Cさん（38歳）および二男Dさん（36歳）の2人の子がいる。Aさんは、将来の相続のことを考えて、2020年に、長男Cさんに対して、賃貸マンションの建物を贈与した。なお、将来の相続時点における税制およびAさんの財産の状況は、現在のまま変わらないものとする。

Aさんの親族関係図、財産および長男Cさんへの贈与に関する資料は、以下のとおりである。

〈Aさんの親族関係図〉

〈Aさんの財産の状況（相続税評価額）〉

預貯金	： 2億4,000万円
有価証券	： 6,000万円
自宅の敷地	： 3,200万円（※）
自宅の建物	： 2,000万円
賃貸マンションの敷地	： 1億円

※「小規模宅地等についての相続税の課税価格の計算の特例」適用後の金額である。

〈Aさんが行った贈与の内容〉

・長男Cさんに対して、2020年に築30年の賃貸マンションの建物（贈与時点の相続税評価額は3,000万円）を贈与し、長男Cさんは、この贈与について相続時精算課税制度の適用を受けようとしている。

※上記以外の条件は考慮せず、各問に従うこと。

《問1》　Aさんからの贈与について、長男Cさんが相続時精算課税制度の適用を受けることに関する次の記述①～③について、適切なものには○印で、不適切なものには×印で答えなさい。

①　長男Cさんが相続時精算課税制度の適用を受けるためには、贈与を受けた財産に係る贈与税の申告期限内に一定の必要事項を記載した相続時精算課税選択届出書を贈与税の申告書に添付して、納税地の所轄税務署長に提出しなければならない。

②　長男Cさんが 2020 年の賃貸マンションの建物の贈与について相続時精算課税制度の適用を受けた場合、同年以後に行われるAさんからの贈与については、暦年課税を選択することができなくなる。

③　長男Cさんが 2020 年の賃貸マンションの建物の贈与について相続時精算課税制度の適用を受けた場合、同年以後に行われる母親であるBさんからの贈与については、暦年課税を選択することができなくなる。

《問2》　Aさんからの賃貸マンションの建物の贈与について、長男Cさんが相続時精算課税制度の適用を受けた場合の贈与税額を求める次の〈計算式〉の空欄①～③に入る最も適切な数値を求めなさい。なお、長男Cさんは、Aさんからの贈与について、これまで相続時精算課税制度の適用を受けたことはない。また、問題の性質上、明らかにできない部分は「□□□」で示してある。

〈計算式〉
・3,000 万円 －（　①　）万円 ＝ □□□万円
・□□□万円 ×（　②　）％ ＝（　③　）万円

《問3》　仮に長男Cさんが相続時精算課税制度の適用を受けた後に、Aさんに相続が開始した場合の相続税の総額を計算した下記の表の空欄①～④に入る最も適切な数値を求めなさい（xiiページの「税額計算の速算表等」を参照すること）。なお、Aさんから贈与を受けた賃貸マンションの建物の贈与時点の相続税評価額は 3,000 万円で、相続開始時点の相続税評価額は 2,900 万円である。また、問題の性質上、明らかにできない部分は「□□□」で示してある。

（a）課税価格の合計額	（　①　）万円
（b）遺産に係る基礎控除額	（　②　）万円
課税遺産総額（a − b）	□□□万円
相続税の総額の基となる税額	
妻Bさん	□□□万円
二男Dさん	（　③　）万円
⋮	⋮
（c）相続税の総額	（　④　）万円

解答と解説

《問1》

①　適切。

②　適切。

③　不適切。いったん相続時精算課税制度を選択すると、同じ特定贈与者からのその後の贈与については、暦年課税を選択することはできなくなるが、異なる贈与者からの贈与については、暦年課税を選択することができる（相続時精算課税制度の選択は、贈与者ごとに行う）。

> 正解　①○　②○　③×

《問2》

・3,000万円−（① 2,500）万円＝500万円

・500万円×（② 20）％＝（③ 100）万円

> 正解　①2,500（万円）　② 20（%）　③ 100（万円）

《問3》

（a）課税価格の合計額：

贈与された賃貸マンションの建物は、贈与時点の相続税評価額で加算する。

2億4,000万円＋6,000万円＋3,200万円＋2,000万円＋1億円＋3,000万円

＝（① 48,200）万円

（b）遺産に係る基礎控除額

本問における法定相続人は妻Bさん、長男Cさん、二男Dさんの3人である。

3,000万円＋600万円×3人＝（② 4,800）万円

（ c ）相続税の総額

　　各相続人の法定相続分は妻Ｂさんが2分の1、長男Ｃさん、二男Ｄさんが
　それぞれ4分の1である。

〈課税遺産総額〉

　4億8,200万円−4,800万円＝4億3,400万円

〈相続税の総額の基となる税額〉

　妻Ｂさん　：4億3,400万円×$\frac{1}{2}$＝2億1,700万円

　　　　　　　2億1,700万円×45%−2,700万円＝7,065万円

　長男Ｃさん：4億3,400万円×$\frac{1}{4}$＝1億850万円

　　　　　　　1億850万円×40%−1,700万円＝（③ 2,640）万円

　二男Ｄさん：2,640万円（長男Ｃさんと同じ）

〈相続税の総額〉

　7,065万円＋2,640万円×2＝（④ 12,345）万円

　　　　　　　　　　　　　　　　正解　① 48,200（万円）　② 4,800（万円）
　　　　　　　　　　　　　　　　　　　③ 2,640（万円）　④ 12,345（万円）

🔍 ポイント ・・

　生前贈与について、受贈者が相続時精算課税制度を選択した場合、贈与時点
では、特別控除額2,500万円を超える部分について20%の税率を乗じた贈与税
を支払い、その後の贈与者の相続があった際に贈与財産を贈与時の時価で相続
財産に含めて再計算し、贈与の際に支払った贈与税を相続税額から控除する。

相続財産の評価

Aさんは、今年65歳になる。現在Aさんは、妻Bさんが所有するマンションに妻と2人で住んでいる。一方で、Aさんは土地（更地）を所有しているが、老後の生活や将来の相続税のことを考え、その土地に賃貸アパートを建てるかどうか決めかねている。

Aさんの家族構成と土地（更地）の状況は以下のとおりである。

〈Aさんの家族構成〉

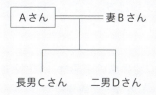

〈Aさんの土地（更地）〉

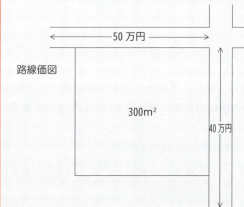

・普通住宅地区：
・奥行価格補正率：いずれも1.00
・側方路線影響加算率：0.03
・借地権割合：70%
・借家権割合：30%

※上記以外の条件は考慮せず、各問に従うこと。

《問1》 相続税評価に関する次の文章の空欄①～④に入る最も適切な語句を、下記の〈語句群〉のなかから選びなさい。

定期性の預貯金の価額は、元本に課税時期における（　①　）により計算した既経過利子の額（源泉徴収税額控除後）を加算して評価する。

上場株式の価額は、課税時期における市場価格により評価する。具体的には、納税義務者が選択した証券取引所の公表する課税時期の（　②　）、課税時期の属する月以前の3カ月間の（②）の各月中平均額のうち、最も低い価額で評価する。

取引相場のない株式の評価方法の1つに類似業種比準方式があるが、この方式の比準要素とは1株当たりの配当金額、利益金額、（　③　）の3つである。

取引相場のあるゴルフ会員権の価額は、原則として課税時期における通常の取引価格に（　④　）を乗じて評価する。

┌─〈語句群〉─────────────────────────────
│　約定利率　　　解約利率　　　高値と安値の平均値　　　終値　　　始値
│　資本金額　　　総資産額　　　純資産価額　　　70%　　　60%　　　30%
└─────────────────────────────────────

《問2》 Aさんの所有する土地について、下記①、②を求めなさい。なお、小規模宅地等についての相続税の課税価格の計算の特例については、考慮する必要はない。

① この土地の更地（自用地）としての相続税評価額
② この土地にAさんが賃貸アパートを建築し、賃貸割合が100%であるとした場合の土地（貸家建付地）の相続税評価額

《問3》 Aさんが2020年9月に死亡したと仮定し、この相続に係る相続税の課税価格の合計額が2億円で、妻Bさん、長男Cさん、二男Dさんが法定相続人であるとした場合の相続税の総額を求めなさい（xiiページの「税額計算の速算表等」を参照すること）。

214

解答と解説

《問1》

① 定期性の預貯金は、以下の計算式により評価される。

評価額＝預入残高＋（既経過利子の額[※1] −源泉（特別）徴収税額[※2]）

- ※1 課税時期に解約するとした場合の利率（解約利率）で計算された利子。
- ※2 税率は 20.315%（所得税および復興特別所得税 15.315%、住民税 5%）。

② 上場株式の価額は、次の4つのうち最も低い価額により評価される。

- ・課税時期の終値
- ・課税時期の属する月中の毎日の終値の平均額
- ・課税時期の属する月の前月中の毎日の終値の平均額
- ・課税時期の属する月の前々月中の毎日の終値の平均額

③ 取引相場のない株式の評価方法の1つである類似業種比準方式は、評価会社の事業内容と類似する事業を営んでいる上場会社の株価を比準とし、その評価会社の株価を算定する方式である。その比準要素は、1株当たりの「配当金額」「利益金額」「純資産価額」の3つである。

④ 取引相場のあるゴルフ会員権の価額は、原則として課税時期における通常の取引価格に 70%を乗じて評価する。

　正解　①解約利率　②終値　③純資産価額　④ 70%

《問2》

① 2つの道路に面している宅地（角地）の評価は、1つの道路にしか面していない宅地よりも利用価値が高いことから、2つの道路における路線価を考慮して評価する。

　2つの路線価のうち、奥行価格補正率を乗じた後の路線価の高いほうを正面路線価、もう一方を側方路線価といい、計算式は以下の通りである。

$$評価額 = \left\{ \left(\begin{smallmatrix} 正面 \\ 路線価 \end{smallmatrix} \times \begin{smallmatrix} 奥行価格 \\ 補正率 \end{smallmatrix} \right) + \left(\begin{smallmatrix} 側方 \\ 路線価 \end{smallmatrix} \times \begin{smallmatrix} 奥行価格 \\ 補正率 \end{smallmatrix} \times \begin{smallmatrix} 側方路線 \\ 影響加算率 \end{smallmatrix} \right) \right\} \times 地積$$

$$= (50 万円 \times 1.00 + 40 万円 \times 1.00 \times 0.03) \times 300㎡ = 1億 5,360 万円$$

② 貸家建付地の評価額の計算式は、以下のとおりである。

評価額＝自用地評価額×（1−借地権割合×借家権割合×賃貸割合）

$$= 1億 5,360 万円 \times (1 - 70\% \times 30\% \times 100\%) = 1億 2,134 万 4,000 円$$

　正解　①1億 5,360 万円　②1億 2,134 万 4,000 円

第 **5** 章 F　相続・事業承継

215

《問3》

・課税価格の合計額：2億円

・遺産に係る基礎控除額：

3,000万円＋600万円×3人（法定相続人の数）＝4,800万円

・課税遺産総額：2億円－4,800万円＝1億5,200万円

・相続税の総額

a．妻Bさんが民法に定める法定相続分に従って取得したものとして計算した相続税の額：

$$1億5,200万円 \times \frac{1}{2} = 7,600万円$$

7,600万円×30%－700万円＝1,580万円

b．長男Cさんが民法に定める法定相続分に従って取得したものとして計算した相続税の額：

$$1億5,200万円 \times \frac{1}{2} \times \frac{1}{2} = 3,800万円$$

3,800万円×20%－200万円＝560万円

c．二男Dさんが民法に定める法定相続分に従って取得したものとして計算した相続税の額：

$$1億5,200万円 \times \frac{1}{2} \times \frac{1}{2} = 3,800万円$$

3,800万円×20%－200万円＝560万円

・合計（a＋b＋c）＝1,580万円＋560万円×2人＝2,700万円

正解 2,700万円

📝 まとめ ・・・・・・・・・・・・・・・・・・・・・・・・・・・・・・・

〈財産評価の原則〉

相続税・贈与税は財産に対して課税する税金であり、その財産の評価額が重要になる。相続税・贈与税の税額を計算する場合の財産の評価額について、相続税法では「相続・遺贈または贈与により取得した時における時価による」と定め、以下に示すとおり、財産評価基本通達において財産の種類別にこの「時価」の算定方法を詳細に定めている。時価とは、課税時期において、それぞれの財産の現況に応じ、不特定多数の当事者間で自由な取引が行われる場合に通常成立すると認められる価額をいう。

〈金融資産等の評価〉

預貯金	普通預金など既経過利子の額が少額の場合：課税時期の預入残高 定期預金等：預貯金の預入高＋既経過利子の額－源泉徴収税額
生命保険契約に関する権利	解約返戻金相当額
上場株式 ＥＴＦ ＲＥＩＴ	以下の①から④のうち最も低い価額で評価する ① 課税時期の終値（課税時期の終値がない場合、課税時期前後で最も近い日の終値。２つある場合はその平均額） ② 課税時期の属する月の毎日の終値の平均額 ③ 課税時期の属する月の前月の毎日の終値の平均額 ④ 課税時期の属する月の前々月の毎日の終値の平均額 ※ 負担付贈与、低額譲渡の場合は上記①のみにより評価する。
上場されている利付債	最終価格＋既経過利息－源泉徴収税額
個人向け国債	課税時期に中途換金した場合に金融機関から支払われる価額
非上場の証券投資信託	１口当たりの基準価額×口数－源泉徴収税額－信託財産留保額・解約手数料（消費税相当額を含む）
給付事由が発生している定期金に関する権利	以下の①～③のうち最も多い金額で評価する ① 解約返戻金相当額 ② 定期金に代えて一時金の給付を受けることができる場合は、その一時金相当額 ③ 予定利率等を基に算出した金額
給付事由が発生していない定期金に関する権利	解約返戻金相当額

〈宅地の評価〉

宅地の評価方法には、路線価方式と倍率方式がある。

① 路線価方式

　路線価方式は、市街地内の道路に面した宅地について、道路ごとに付された1㎡当たりの価額（路線価。千円単位で表示される）に基づき、宅地の形状等による補正（奥行価格補正、側方路線影響加算等）をした価格によって評価する方法である。

② 倍率方式

　路線価が定められていない地域については、「宅地の固定資産税評価額×各国税局長の定めた倍率」により相続税評価額を算定する。

●宅地の上に存する権利の評価

利用区分	権利の形態の説明	評価額
自用地	他人の権利の目的となっていない場合の土地。自宅敷地や空き地、青空駐車場、自己の事業所の敷地、使用貸借により貸し付けている敷地等	前記の路線価方式、倍率方式により求めた額
普通借地権	建物所有を目的として土地を借りている人の借地権	自用地価額×借地権割合
貸宅地	借地権が設定されている宅地	自用地価額×（1−借地権割合） ※ 貸宅地割合が定められた地域は、「自用地価額×貸宅地割合」 ※ 「土地の無償返還に関する届出書」が提出されている貸宅地は、「自用地価額×0.8」
貸家建付地	宅地所有者が建物を建て、建物を貸し付けている場合の宅地（賃貸住宅の敷地など）	自用地価額×（1−借地権割合×借家権割合×賃貸割合）
貸家建付借地権	借地人と同一名義の貸家等が建てられている場合の借地権	自用地価額×借地権割合×（1−借家権割合×賃貸割合）

※ 借地権割合は路線価の後にアルファベットで表示される（A90%・B80%・C70%・D60%・E50%・F40%・G30%）。例えば500Cは、1㎡当たりの路線価が50万円で借地権割合が70%であることを表している。
※ 借家権割合は30%である。
※ 賃貸割合は、貸付有効面積のうち、実際に賃貸されている割合であるが、一時的な空室部分は賃貸されているものとして取り扱うことができる。
※ 私道は原則、自用地評価額×30%。不特定多数の者が通行の用に供する場合は評価しない（ゼロ）。

●建物の評価

利用区分	建物の形態の説明	評価額
自用家屋	自宅、事務所、店舗、別荘等の建物	固定資産税評価額×1.0
貸家	貸付の用に供されている建物	固定資産税評価額×(1−借家権割合×賃貸割合)

※ 家屋の構造上一体となっている付属設備（電気設備、給排水設備など）は家屋の価額に含めて評価する（個別に評価しない）。
※ 建築中の家屋は費用現価の70%相当額により評価する。
※ 借家権割合は30%である。なお、借家権自体は原則として課税の対象とならない。

相続税額の特例

　Aさん（63歳）は、先日兄Cさんが急逝したことを機に、自身の相続について考えるようになった。Aさんには子がなく、推定相続人は妻Bさん（61歳）、姉Dさん（65歳）、兄Cさんの子である甥Eさん（40歳）の3人である。Aさんは自身の財産のすべてを妻Bさんに相続させたいと考えており、遺言書の作成を検討している。

　Aさんの親族関係図および主な財産の状況は、以下のとおりである。

〈Aさんの親族関係図〉

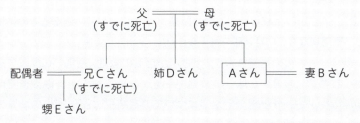

〈Aさんの主な財産（相続税評価額）〉

・預貯金　　　　　　　　　：　8,000万円
・有価証券　　　　　　　　：　6,800万円
・自宅の敷地（330㎡）　　：　5,000万円
　（Aさんおよび妻Bさんが居住の用に供している自宅の敷地たる宅地であり、上記の評価額は「小規模宅地等についての相続税の課税価格の計算の特例」の適用前のものである）
・自宅の家屋　　　　　　　：　2,000万円
・賃貸アパートの敷地（300㎡）：　1億円
　（Aさんが第三者に賃貸しているアパートの敷地たる宅地であり、上記の評価額は「小規模宅地等についての相続税の課税価格の計算の特例」の適用前のものである）
・賃貸アパートの家屋　　　：　3,000万円

※上記以外の条件は考慮せず、各問に従うこと。

《問1》 遺言に関する次の記述①〜③について、適切なものには○印で、不適切なものには×印で答えなさい。

① 公正証書遺言は、証人2人以上の立会いのもと、遺言者が遺言の趣旨を公証人に口授することによって作成され、遺言書の原本は公証役場に保管される。

② 遺言者は、遺言により遺言執行者を選任することができるが、遺言執行者に就任できる者は弁護士資格を有する者に限られる。

③ 先に作成した公正証書遺言の全部または一部を、後に自筆証書遺言によって撤回することはできない。

《問2》 Aさんの相続に関する次の記述①〜③について、適切なものには○印で、不適切なものには×印で答えなさい。

① 仮に、Aさんの相続により妻Bさんが自宅の敷地（宅地）のすべてを取得した場合、妻Bさんはその敷地（宅地）を相続税の申告期限までに売却したとしても、「小規模宅地等についての相続税の課税価格の計算の特例」の適用を受けることができる。

② 仮に、Aさんの遺言により、妻BさんがAさんの財産のすべてを取得した場合、姉Dさんおよび甥Eさんは、妻Bさんに対して遺留分の侵害額請求をすることができる。

③ Aさんの相続に係る相続税の課税価格の合計額を4億円と仮定した場合、妻Bさんは「配偶者に対する相続税額の軽減」の適用を受けることにより、1億6,000万円までの取得について相続税がかからず、それを超える取得については相続税を納付する。

《問3》 仮に、現時点（2020年中）でAさんの相続が発生した場合について、Aさんの相続に係る相続税の総額を計算した下記の表の空欄①〜④に入る最も適切な数値を求めなさい（xiiページの「税額計算の速算表等」を参照すること）。なお、問題の性質上、明らかにできない部分は「□□□」で示してある。

課税価格の合計額	□□□万円
遺産に係る基礎控除額	（　①　）万円
課税遺産総額	3億円
相続税の総額の基となる税額	
妻Bさん	（　②　）万円
姉Dさん	□□□万円
甥Eさん	（　③　）万円
相続税の総額	（　④　）万円

解答と解説

《問1》

①　適切。

②　不適切。遺言執行者に就任できるのは弁護士資格を有する者に限られておらず、未成年者および破産者以外はだれでも遺言執行者になることができる。信託銀行などの法人がなることもできる。

③　不適切。先に作成した公正証書遺言の内容を自筆証書遺言によって撤回することはできる。遺言の撤回を新たな遺言によって行う場合、先に作成した遺言と同じ方式でする必要はない。

正解　①○　②×　③×

《問2》

①　適切。なお、配偶者以外の同居親族が取得した場合は、申告期限まで引き続き所有して、居住している場合でなければ、適用を受けることができない。

②　不適切。被相続人の兄弟姉妹（本設例では姉Dさん、兄Cさん）には遺留分はない。したがって、その代襲相続人（本設例では甥Eさん）にも遺留分は認められていない。

③　不適切。「配偶者に対する相続税額の軽減」の適用を受ければ、配偶者の取得した財産が、課税価格に法定相続分を乗じた金額（その金額が1億6,000万円未満であれば1億6,000万円）までであれば、配偶者の税額はゼロになる。

本設例のケースでは妻Bさんの法定相続分は4分の3であり、3億円 $\left(= 4億円 \times \dfrac{3}{4}\right)$ までの取得について相続税はかからない。

正解　①○　②×　③×

《問3》

　本問のケースの相続人は、法定相続人は妻Bさん、姉Dさん、甥Eさんの3人であり、法定相続分は妻Bさんが4分の3、姉Dさんと甥Eさんはそれぞれ8分の1である。「相続税の総額」は、課税遺産総額を法定相続分どおりに分割したと仮定して、各相続人の仮の税額（相続税の総額の基となる税額）を求め、それを合計して求める。

・遺産に係る基礎控除額：3,000万円＋（600万円×3人）＝（① 4,800）万円
・相続税の総額の基となる税額

　妻Bさん：$3億円 \times \frac{3}{4} = 2億2,500万円$

　　　　　　2億2,500万円×45％－2,700万円＝（② 7,425）万円

　姉Dさん：$3億円 \times \frac{1}{4} \times \frac{1}{2} = 3,750万円$

　　　　　　3,750万円×20％－200万円＝550万円

　甥Eさん：$3億円 \times \frac{1}{4} \times \frac{1}{2} = 3,750万円$

　　　　　　3,750万円×20％－200万円＝（③ 550）万円

・相続税の総額：7,425万円＋550万円＋550万円＝（④ 8,525）万円

　　　　　　　　正解　① 4,800（万円）　② 7,425（万円）

　　　　　　　　　　　③ 550（万円）　④ 8,525（万円）

小規模宅地等についての相続税の課税価格の計算の特例（1）

Aさんは2020年5月に死亡した。Aさんの親族関係図および相続財産である土地に関する資料は以下のとおりである。

〈Aさんの親族関係図〉

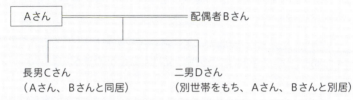

〈Aさんの土地に関する資料〉

	利　用　状　況	面積	1㎡当たりの路線価
甲土地	Aさんの自宅の敷地	330㎡	60万円
乙土地	アパート（4室）の敷地	400㎡	100万円
丙土地	青空駐車場（舗装、フェンス等なし）	500㎡	100万円

※乙土地と丙土地は、借地権割合70％、借家権割合30％である。

Aさんは甲土地上に自宅建物、乙土地上に賃貸アパート（全室入居）を所有している。なお、Aさんは乙土地を2015年から貸付事業の用に供している。

また、遺産分割協議は成立し相続後の利用状況は次のようになっている。
・甲土地は、Bさん、Cさんが2分の1ずつ共有相続し2人とも居住を継続している。
・乙土地は、Bさん、Cさんが2分の1ずつ共有相続し2人ともアパート経営を継続している。
・丙土地は、Dさんが相続し駐車場経営を継続している。
※上記以外の条件については考慮せず、各問に従うこと。

《問1》　相続税における「小規模宅地等についての相続税の課税価格の計算の特例」（以下、「本特例」という）に関する次の記述のうち、最も不適切なものはどれか。

1) 本特例の適用を受けると納付税額がなくなる場合でも、相続税の申告はしなければならない。

2) 相続税の申告期限までに宅地等が未分割のままであり、その後も分割する予定がない場合は、その未分割の宅地等については本特例の適用を受けることができない。

3) 貸付用の駐車場であれば、舗装、砂利敷等のない青空駐車場であっても駐車場経営を継続すれば本特例の適用を受けることができる。

4) 賃貸用マンションの敷地は、マンションの所有戸数が1戸でもアパート経営を継続すれば本特例の適用を受けることができる。

《問2》 《設例》のケースで本特例の適用を受けた場合に関する次の記述のうち、最も適切なものはどれか。

1) Cさんの取得した甲土地の持分について適用を受けた場合は、評価減の割合は80%である。

2) Bさんの取得した乙土地の持分について適用を受けた場合は、評価減の割合は80%である。

3) Dさんの取得した丙土地について適用を受けた場合は、評価減の割合は50%である。

4) 乙土地については、BさんもCさんも評価減の適用は受けられない。

《問3》 《設例》について、本特例における減額の金額が最も大きくなるように適用を受ける場合、その減額される金額がいくらになるか求めなさい。

📝 解答と解説 ・・

《問1》

1) 適切。相続税の申告書の提出は、小規模宅地等についての相続税の課税価格の計算の特例を受ける要件の1つである。

2) 適切。未分割の土地については適用されないが、申告期限から3年以内に分割された場合は、適用を受けることができる。

3) 不適切。この評価減の対象となる宅地は、建物または構築物の敷地の用

に供されているものに限られている。

4) 適切。不動産貸付の用に供されていて貸付事業を継続すれば、その規模等を問わず、小規模宅地等についての相続税の課税価格の計算の特例の適用を受けることができる。

$\boxed{\text{正解}}$ 3

《問2》

1) 適切。長男CさんはAさんと同居しており、相続後も居住を継続しているので、特定居住用宅地等として、80%の評価減（330㎡まで）の対象となる。

2) 不適切。乙土地については、不動産貸付の用に供されていた宅地として貸付事業を継続すれば、50%の評価減（200㎡まで）の対象となる。

3) 不適切。丙土地については、建物または構築物の敷地の用に供されていないので、評価減の対象とはならない。

4) 不適切。不動産貸付の用に供されていた宅地として貸付事業を継続すれば、50%の評価減（200㎡まで）の対象となる。

$\boxed{\text{正解}}$ 1

《問3》

・甲土地の1㎡当たり評価額：60万円

　甲土地の1㎡当たり評価減の金額：60万円×80％＝48万円

・乙土地の1㎡当たり評価額：100万円×（1－70％×30％×100％）＝79万円

　乙土地の1㎡当たり評価減の金額：79万円×50％＝39万5,000円

　したがって、甲土地で330㎡まで適用するのが最も有利となる。

　48万円×330㎡＝1億5,840万円

$\boxed{\text{正解}}$ 1億5,840万円

📝 まとめ ・・・

〈小規模宅地等の評価減〉

　相続または遺贈により取得した財産に、被相続人等の事業の用または居住の用に供されていた宅地等で、建物や構築物の敷地の用に供されていたものがある場合は、相続人等が取得したこれらの宅地のうちの一定の部分について評価額が減額される。これを小規模宅地等についての相続税の課税価格の計算の特例という。

a. 適用面積と減額割合

　小規模宅地等の適用面積と減額割合、減額される金額の計算式は、以下のとおりである。

- ・特定事業用宅地等　　　　　…400㎡まで80%減額
- ・特定同族会社事業用宅地等…400㎡まで80%減額
- ・特定居住用宅地等　　　　　…330㎡まで80%減額
- ・貸付事業用宅地等　　　　　…200㎡まで50%減額

$$\text{その宅地の評価額} \times \frac{\text{分母のうち適用対象になる面積（㎡）}}{\text{総地積（㎡）}} \times （50\%または80\%）$$

　なお、以下のイ・ロの場合については、被相続人の居住用宅地等として取り扱われる。

イ　二世帯住宅に居住していた場合

　被相続人と親族が居住するいわゆる二世帯住宅の敷地の用に供されている宅地等について、建物内部で二世帯の居住スペースがつながっていなくても、一定の要件を満たすものであれば、特例の対象となる。

ロ　老人ホーム等に入居・入所していた場合

　被相続人が老人ホーム等に入所し、相続開始の直前において被相続人の居住の用に供されていなかった宅地等について、一定の要件を満たす場合には、特例の対象となる。ただし、被相続人の居住の用に供さなくなった後に、事業の用または被相続人等以外の者の居住の用とした場合は、適用対象外となる。

b. 複数の対象宅地等がある場合

　本特例の適用を選択する宅地等が特定事業用等宅地等と特定居住用宅地等である場合は、それぞれの限度面積（特定事業用等宅地等は400㎡、特定居住用宅地等は330㎡）まで適用し、合計730㎡まで適用できる（完全併用）。

　本特例の適用を選択する宅地等が貸付事業用宅地等とそれ以外の宅地等である場合は、以下の計算式により、適用面積の調整を行う必要がある。

$$\text{特定事業用等宅地等の適用面積} \times \frac{200}{400} + \text{特定居住用宅地等の適用面積} \times \frac{200}{330} + \text{貸付事業用宅地等の適用面積} \leqq 200㎡$$

c．2018 年度税制改正における改正点

　2018 年度税制改正により、2018 年 4 月 1 日以後の相続または遺贈について、次の改正がなされた。

⑴　特定居住用宅地等の非同居親族の要件の見直し

　特定居住用宅地等の非同居親族に関する適用要件を、以下のとおりとする。

　　・相続等をした者が 3 年以内に自己または自己の配偶者、3 親等内の親族、特別の関係にある法人の所有する家屋に居住していないこと
　　・相続開始時に居住していた家屋を過去に所有していないこと

⑵　貸付事業用宅地等の要件の見直し

　貸付事業用宅地等について、相続開始前 3 年以内に貸付事業の用に供された宅地である場合は、特例の適用を受けられないこととする（相続開始前 3 年を超えて事業的規模で貸付事業を行っている場合を除く）。なお、この改正は 2018 年 3 月 31 日以前から貸付事業の用に供している場合を除く。

⑶　被相続人の居住の用に供されなくなった宅地等の範囲の見直し

　被相続人に介護が必要なため一定の施設に入所したものであることについて、介護医療院に入所した場合を追加する。

d．2019 年度税制改正における改正点

　2019 年度税制改正により、2019 年 4 月 1 日以後の相続または遺贈について、特定事業用宅地等の要件に関する次の見直しがなされた。

　特定事業用宅地等について、相続開始前 3 年以内に事業の用に供された宅地等である場合は、特例の適用を受けられないこととする（その宅地等の上で事業の用に供されている減価償却資産の価額が、その宅地等の相続時の価額の 15％以上である場合を除く）。なお、この改正は 2019 年 3 月 31 日以前から事業の用に供している場合を除く。

第**5**章

F

相続・事業承継

F-11

小規模宅地等についての相続税の課税価格の計算の特例（2）

　　Aさん（77歳）は、喜寿を迎えたことを機に、以前から気がかりだった自身の相続について考え始めた。Aさんは、自宅（建物およびその敷地たる宅地）を妻Bさんに取得させたいと考えているが、自宅の相続に関しては特例があると聞いたことがある。また、Aさんは、長男Cさんが2015年6月に死亡して以来、孫Eさんの生活を案じ、長男Cさんの配偶者に対して資金援助を行ってきたが、自分の死後も孫Eさんが安心して生活できるように準備をしたいと考えている。

　　Aさんの親族関係図および自宅に関する資料は、以下のとおりである。なお、Aさんおよび相続人は日本国籍で、かつ日本国内に住所を有し、財産はすべて日本国内にあるものとする。

〈Aさんの親族関係図〉

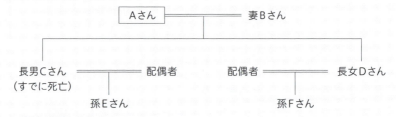

〈Aさんの自宅に関する資料〉

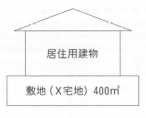

・X宅地の地積：400㎡
・X宅地の自用地としての相続税評価額
　；60万円（1㎡当たり）
・Aさんおよび妻Bさんが居住している家屋の敷地たる宅地である。

※上記以外の条件は考慮せず、各問に従うこと。

228

《問1》 Aさんの相続に関する次の記述①〜③について、適切なものには○印で、不適切なものには×印で答えなさい。

① 妻Bさんは、Aさんから相続したX宅地を相続税の申告期限までに売却した場合であっても、「小規模宅地等についての相続税の課税価格の計算の特例」の適用を受けることができる。

② Aさんを契約者（＝保険料負担者）・被保険者とする生命保険の死亡保険金を長男Cさんの配偶者のみが受け取った場合、その死亡保険金の全額が相続税の課税対象となる。

③ Aさんが自筆証書により「私の財産について、妻Bに2分の1を相続させ、長男Cの配偶者に残りを遺贈する」という旨の遺言書を作成したとしても、法定相続分に反する内容であるため無効となる。

《問2》 仮に2020年中にAさんの相続が開始し、妻BさんがX宅地のすべてを相続により取得し、「小規模宅地等についての相続税の課税価格の計算の特例」の適用をその限度額まで受けた場合、X宅地についてAさんに係る相続における相続税の課税価格に算入すべき価額を、万円単位で求めなさい。なお、X宅地以外にこの特例の適用を受ける宅地等はないものとする。

《問3》 Aさんの相続における課税遺産総額（「課税価格の合計額−遺産に係る基礎控除額」）を1億8,000万円と仮定し2020年中に相続が開始した場合の相続税の総額を計算した下記の表の空欄①〜③に入る最も適切な数値を求めなさい（xiiページの「税額計算の速算表等」を参照すること）。なお、問題の性質上、明らかにできない部分は「□□□」で示してある。

（a）課税価格の合計額	□□□万円
（b）遺産に係る基礎控除額	□□□万円
課税遺産総額（a−b）	1億8,000万円
相続税の総額の基となる税額	
妻Bさん	（ ① ）万円
長女Dさん	□□□万円
□□□	（ ② ）万円
相続税の総額	（ ③ ）万円

✎ 解答と解説 ・・

《問1》

①　適切。配偶者が取得した場合は、申告期限まで引き続き所有・居住していない場合であっても、適用を受けることができる。

②　適切。長男Cさんの配偶者はAさんの相続人ではなく、相続人以外が受け取った生命保険金については、生命保険の非課税金額の適用はない。

③　不適切。遺言書における相続分の指定は、法定相続分に従う必要はない。

| 正解 | ①○　②○　③× |

《問2》

　60万円×400㎡＝2億4,000万円

　60万円×330㎡×80％＝1億5,840万円（減額される金額）

　配偶者が自宅の土地を取得した場合は、特定居住用宅地等に該当するので、330㎡までの部分につき80％が減額される。

　2億4,000万円－1億5,840万円＝8,160万円

| 正解 | 8,160万円 |

《問3》

　本問のケースの相続人は、妻Bさん、長女Dさん、孫Eさん（長男Cさんの代襲相続人）であり、課税遺産総額を法定相続分どおりに分割したと仮定して、各相続人の仮の税額を以下のとおり求め、それを合計したものが「相続税の総額」である。

・相続税の総額の基となる税額

　妻Bさん　　：1億8,000万円×$\frac{1}{2}$＝9,000万円

　　　　　　　　9,000万円×30％－700万円＝（① 2,000）万円

　長女Dさん：1億8,000万円×$\frac{1}{2}$×$\frac{1}{2}$＝4,500万円

　　　　　　　　4,500万円×20％－200万円＝700万円

　孫Eさん　　：1億8,000万円×$\frac{1}{2}$×$\frac{1}{2}$＝4,500万円

　　　　　　　　4,500万円×20％－200万円＝（② 700）万円

・相続税の総額：2,000万円＋700万円＋700万円＝（③ 3,400）万円

| 正解 | ① 2,000（万円）　② 700（万円）　③ 3,400（万円） |

事業承継対策

　甲社の代表取締役であるAさんは、2020年5月に死亡した（業務上の死亡ではない）。Aさんの親族関係図は、以下のとおりである。長女Dさんは2007年にすでに死亡しており、二男Eさんは2020年6月にAさんに係る相続を放棄している。なお、Aさんおよび相続人は日本国籍で、かつ日本国内に住所を有し、財産はすべて日本国内にあるものとする。

〈親族関係図〉

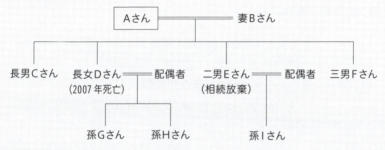

※上記以外の条件は考慮せず、各問に従うこと。

《問1》　Aさんの相続に係る相続人およびその法定相続分に関する次の記述の空欄①～③に入る最も適切な語句または数値を、下記の〈語句群〉のなかから選びなさい。

　Aさんの相続に係る民法上の相続人の数は（　①　）人であり、そのなかで孫Gさんの民法上の法定相続分（代襲相続分）は（　②　）である。また、Aさんの相続に係る相続税の計算上、遺産に係る基礎控除額を計算する際の相続人の数は（　③　）人となる。

┌─〈語句群〉─────────────────────────
│　4　　　5　　　6　　　7
│　8分の1　　10分の1　　12分の1　　16分の1
└────────────────────────────────

《問2》　Aさんの死亡により、2020年6月に甲社から妻Bさんに対して、弔慰金および役員退職金規程に基づく死亡退職金が、所定の手続を経て下記のとおり支給された。この場合の妻Bさんの相続税の課税価格に算入される退職手当金等の金額の計算式の空欄①～④に入る最も適切な数値を答えなさい。なお、問題の性質上、明らかにできない部分は「□□□」で示してある。

・弔慰金　1,000万円（退職手当金、功労金等に準ずる給与ではない）

・死亡退職金　6,000万円

　なお、Aさんが甲社から支給を受けていた死亡直前の普通給与の額は、月額150万円である。

ⅰ）弔慰金のうち退職手当金等とされる金額

　　1,000万円－150万円×（　①　）カ月＝□□□万円

ⅱ）課税価格に算入される退職手当金等の金額

　　（□□□万円＋6,000万円）－（　②　）万円×（　③　）人

　　＝（　④　）万円

《問3》　2009年3月に施行された「中小企業における経営の承継の円滑化に関する法律」における「遺留分に関する民法の特例（以下、「本特例」という）」に関する次の記述①～③について、適切なものには○印で、不適切なものには×印で答えなさい。なお、各選択肢において、本特例を受けるために他に必要となる要件はすべて満たしていることとし、《設例》との直接的な関連はないものとする。

① 本特例の適用を受けるためには、経済産業大臣の確認を受け、その後、一定期間内に所轄税務署長の許可を得ることが必要である。

② 本特例の適用により、旧代表者から一定の要件を満たした後継者に生前贈与された特例中小企業者の株式等は、遺留分権利者である推定相続人全員の合意および所定の手続により、その株式等の全部または一部について、遺留分算定の基礎となる財産に算入しないことができる。

③ 本特例の適用により、旧代表者から一定の要件を満たした後継者に生前贈与された特例中小企業者の株式等は、遺留分権利者である推定相

続人全員の合意および所定の手続により、その株式等の全部または一部について、遺留分算定の基礎となる財産に算入すべき価額を、合意時の価額で固定することができる。

解答と解説

《問1》

　相続税の計算上の法定相続人は、原則として民法上の法定相続人と同じであるが、相続放棄があった場合でも放棄がなかったとした場合の相続人とする点や、養子が複数いる場合には相続人として計算に組み入れる人数に制限がある点は、民法上の法定相続人と異なるので注意が必要である。

正解 ①5　②12分の1　③6

《問2》

　弔慰金として会社から支給された金額のうち、次の場合は相続税の課税対象となる。

① 　実質的に退職手当金等と認められる部分は「退職手当金等」として課税対象となる。ただし、相続人が受け取った退職手当金等については、一定の非課税限度額がある。

② 　弔慰金等のうちそれ以外の部分について、次の計算方法による金額を超える部分の金額について「退職手当金等」として相続税の課税対象となる。

　・被相続人の死亡が業務上の死亡であるとき

　　被相続人の死亡当時の普通給与の3年（36カ月）分の額

　・被相続人の死亡が業務上の死亡でないとき

　　被相続人の死亡当時の普通給与の半年（6カ月）分の額

　退職手当金等の非課税金額の計算式は、以下のとおりである。

> 500万円 × 法定相続人の数※

※ 　遺産に係る基礎控除額、相続税の総額計算の場合と同じく、相続放棄があった場合でも放棄がなかったとした場合の法定相続人の数となる。

ⅰ) 弔慰金のうち退職手当金等とされる金額：

1,000万円 − 150万円 × 6カ月 = 100万円

ⅱ) 課税価格に算入される退職手当金等の金額：

100万円 + 6,000万円 − 500万円 × 6人 = 3,100万円

正解 ① 6 (カ月)　② 500 (万円)

③ 6 (人)　④ 3,100 (万円)

《問3》

① 不適切。所轄税務署長の許可ではなく、家庭裁判所の許可が必要である。

② 適切。除外合意の説明である。

③ 適切。固定合意の説明である。

正解 ① ×　② ○　③ ○

🔍 **ポイント** . . . .

〈中小企業経営承継円滑化法の改正〉

　2016年4月1日より、対象が親族内承継に限定されていた遺留分に関する民法の特例※について、親族外承継の際にも適用できるように制度が拡充された。

※　後継者が、経営者から贈与を受けた株式について、事前に後継者以外の親族と合意し、経済産業大臣の確認を受けることにより、遺留分放棄の法的確定に係る家庭裁判所の申請手続を単独で行うことが可能となる特例。

2019年度5月実施
ファイナンシャル・プランニング技能検定

2級 実技試験

（個人資産相談業務）

実 施 日：2019年5月26日（日）
試験時間：13：30~15：00（90分）

【第1問】 次の設例に基づいて、下記の各問（《問1》～《問3》）に答えなさい。

··《設 例》··

　X株式会社（以下、「X社」という）に勤務するAさん（45歳）は、高校卒業後、X社に入社し、現在に至るまで同社に勤務している。Aさんは、高校の同級生であった妻Bさん（45歳）と結婚し、現在は妻Bさんと長女Cさん（22歳）との3人暮らしである。

　Aさんは、長女Cさんが今年4月に就職したことを機に、老後の生活資金等について、そろそろ準備をしておきたいと考えるようになった。そこで、Aさんは、懇意にしているファイナンシャル・プランナーのMさんに相談することにした。

＜Aさん夫妻に関する資料＞

（1）Aさん（1973年8月12日生まれ・会社員）
　　・公的年金加入歴：　下図のとおり（60歳定年時までの見込みを含む）
　　・全国健康保険協会管掌健康保険、雇用保険に加入している。
　　・X社が実施している確定給付企業年金の加入者である。

18歳		60歳
厚 生 年 金 保 険		
132月		364月
(2003年3月以前の 平均標準報酬月額28万円)		(2003年4月以後の 平均標準報酬額40万円)

（2）妻Bさん（1973年6月20日生まれ・専業主婦）
　　・公的年金加入歴：　18歳からAさんと結婚するまでの3年間（36月）は、厚生年金保険に加入。結婚後は、国民年金に第3号被保険者として加入している。
　　・全国健康保険協会管掌健康保険の被扶養者である。

※妻Bさんは、現在および将来においても、Aさんと同居し、Aさんと生計維持関係にあるものとする。

※Aさんおよび妻Bさんは、現在および将来においても、公的年金制度における障害等級に該当する障害の状態にないものとする。

※上記以外の条件は考慮せず、各問に従うこと。

《問1》 はじめに、Mさんは、Aさんに対して、Aさんが受給することができる公的年金制
度からの老齢給付の額について説明した。Aさんが、原則として65歳から受給するこ
とができる老齢基礎年金および老齢厚生年金の年金額（2018年度価額）を計算した次
の＜計算の手順＞の空欄①～④に入る最も適切な数値を解答用紙に記入しなさい。計
算にあたっては、《設例》の＜Aさん夫妻に関する資料＞および下記の＜資料＞に基
づくこと。なお、問題の性質上、明らかにできない部分は「□□□」で示してある。

＜計算の手順＞
1．老齢基礎年金の年金額（円未満四捨五入）
　　（　①　）円
2．老齢厚生年金の年金額
　（1）報酬比例部分の額（円未満四捨五入）
　　　（　②　）円
　（2）経過的加算額（円未満四捨五入）
　　　（　③　）円
　（3）基本年金額（上記「（1）＋（2）」の額）
　　　□□□円
　（4）加給年金額（要件を満たしている場合のみ加算すること）
　（5）老齢厚生年金の年金額
　　　（　④　）円

＜資料＞

○老齢基礎年金の計算式（4分の1免除月数、4分の3免除月数は省略）

$$779,300円 \times \frac{保険料納付済月数 + 保険料半額免除月数 \times \frac{\square}{\square} + 保険料全額免除月数 \times \frac{\square}{\square}}{480}$$

○老齢厚生年金の計算式（本来水準の額）

ⅰ）報酬比例部分の額（円未満四捨五入）＝ⓐ＋ⓑ
　ⓐ 2003年3月以前の期間分

$$平均標準報酬月額 \times \frac{7.125}{1,000} \times 2003年3月以前の被保険者期間の月数$$

　ⓑ 2003年4月以後の期間分

$$平均標準報酬額 \times \frac{5.481}{1,000} \times 2003年4月以後の被保険者期間の月数$$

ⅱ）経過的加算額（円未満四捨五入）＝1,625円×被保険者期間の月数

$$-779,300円 \times \frac{1961年4月以後で20歳以上60歳未満の厚生年金保険の被保険者期間の月数}{480}$$

ⅲ）加給年金額＝389,800円（要件を満たしている場合のみ加算すること）

《問2》 次に、Mさんは、Aさんに対して、老後の年金収入を増やす方法として確定拠出年金の個人型年金（以下、「個人型年金」という）について説明した。Mさんが説明した以下の文章の空欄①～③に入る最も適切な数値を、下記の〈数値群〉のイ～トのなかから選び、その記号を解答用紙に記入しなさい。

Ⅰ 「Aさんのような確定給付企業年金の加入者で60歳未満の厚生年金保険の被保険者や妻Bさんのような国民年金の第3号被保険者は、個人型年金に加入することができます。ただし、拠出することができる掛金の限度額は加入者の区分に応じて異なります。拠出できる掛金の限度額は、Aさんの場合は年額（ ① ）円、妻Bさんの場合は年額（ ② ）円です。加入者が拠出する掛金は、小規模企業共済等掛金控除の対象となります」

Ⅱ 「Aさんが60歳到達時に老齢給付金を受給するためには、通算加入者等期間が（ ③ ）年以上必要となります。なお、個人型年金は、Aさんの指図に基づく運用実績により、将来の年金受取額が増減する点に留意する必要があります」

─〈数値群〉─
イ．5　　ロ．10　　ハ．15　　ニ．144,000　　ホ．240,000　　ヘ．276,000
ト．816,000

《問3》 最後に、Mさんは、Aさんに対して、各種のアドバイスをした。Mさんがアドバイスした次の記述①～③について、適切なものには○印を、不適切なものには×印を解答用紙に記入しなさい。

① 「仮に、Aさんが65歳になるまで厚生年金保険の被保険者としてX社に勤務した場合、65歳から支給される老齢厚生年金は、65歳到達時における厚生年金保険の被保険者記録を基に計算されます」

② 「妻Bさんは、Aさんと同様、報酬比例部分のみの特別支給の老齢厚生年金の支給はなく、原則として、65歳から老齢基礎年金および老齢厚生年金を受給することになります」

③ 「妻Bさんが確定拠出年金の個人型年金に加入し、Aさんが生計を一にする妻Bさんの掛金を拠出した場合、Aさんはその全額を小規模企業共済等掛金控除の対象とすることができます」

【第2問】 次の設例に基づいて、下記の各問（《問4》～《問6》）に答えなさい。

――――――――《設 例》――――――――

　会社員のAさん（39歳）は、預貯金を1,000万円保有しているが、その一部を活用して、X社株式またはY社株式（2社は同業種、東京証券取引所市場第一部上場）のいずれかを購入したいと考えている。そこで、Aさんは、ファイナンシャル・プランナーのMさんに相談することにした。

＜X社株式およびY社株式の情報＞

　X社：株価4,000円、発行済株式総数8億株、1株当たり配当金150円（年間）
　Y社：株価1,500円、発行済株式総数3億株、1株当たり配当金50円（年間）
　※次回の決算期は、X社およびY社ともに、2019年6月30日（日）である。

＜X社およびY社の財務データ＞　　　　　　　（単位：百万円）

	X社	Y社
資 産 の 部 合 計	3,950,000	1,000,000
負 債 の 部 合 計	1,550,000	520,000
純 資 産 の 部 合 計	2,400,000	480,000
売 上 高	3,600,000	880,000
営 業 利 益	420,000	68,000
経 常 利 益	400,000	65,000
当 期 純 利 益	290,000	46,500
配 当 金 総 額	120,000	15,000

※純資産の金額と自己資本の金額は同じである。

※上記以外の条件は考慮せず、各問に従うこと。

《問4》 《設例》の＜X社株式およびY社株式の情報＞および＜X社およびY社の財務データ＞に基づいて算出される次の①、②を求めなさい（計算過程の記載は不要）。〈答〉は表示単位の小数点以下第3位を四捨五入し、小数点以下第2位までを解答すること。

　①　X社およびY社のROE

　②　X社およびY社のPER

《問5》 Mさんは、Aさんに対して、株式の投資指標等について説明した。Mさんが説明した次の記述①～③について、適切なものには〇印を、不適切なものには×印を解答用紙に記入しなさい。

① 「一般に、PERが高い銘柄ほど、株価は割安で今後の高い利益成長が期待されていると考えることができます」

② 「一般に、ROEが高い会社ほど、資産の効率的な活用がなされていると考えることができます」

③ 「一般に、配当性向が高いほど、株主に対する利益還元の度合いが高いと考えることができます。配当性向は、Y社の数値がX社の数値を上回っています」

《問6》 Mさんは、Aさんに対して、X社株式の購入について説明した。Mさんが説明した以下の文章の空欄①～③に入る最も適切な語句または数値を、下記の〈語句群〉のイ～リのなかから選び、その記号を解答用紙に記入しなさい。

Ⅰ 「Aさんが特定口座（源泉徴収あり）において、X社株式を購入し、その配当金を特定口座に受け入れた場合、所得税および復興特別所得税と住民税の合計で、配当金額の（ ① ）％相当額が源泉徴収等されます。AさんがX社株式の次回の配当金を受け取るためには、権利付き最終日である6月（ ② ）までにX社株式を購入する必要があります」

Ⅱ 「Aさんが特定口座（源泉徴収あり）において、仮にX社株式を株価4,000円で100株購入し、同年中に株価4,400円で全株売却した場合、所得税および復興特別所得税と住民税の合計で、譲渡益に対して（ ① ）％相当額が源泉徴収等されます。他方、譲渡損失が生じ、同年中にX社株式の配当金を特定口座に受け入れた場合、譲渡損失の金額と配当金額は特定口座内で損益通算されます。なお、控除しきれない上場株式等の譲渡損失の金額については、確定申告をすることにより、翌年以降（ ③ ）年間の繰越控除が可能です」

〈語句群〉
イ．1 ロ．3 ハ．5 ニ．15.315 ホ．20.315 ヘ．20.42
ト．25日（火） チ．27日（木） リ．28日（金）

【第3問】 次の設例に基づいて、下記の各問（《問7》～《問9》）に答えなさい。

────────── 《設　例》 ──────────

　会社員のAさんは、妻Bさんおよび母Cさんとの3人家族である。なお、不動産所得の金額の前の「▲」は赤字であることを表している。

＜Aさんとその家族に関する資料＞

　Aさん　　（63歳）　：　　会社員

　妻Bさん　（61歳）　：　　2018年中に、パートタイマーとして給与収入100万円と
　　　　　　　　　　　　　　特別支給の老齢厚生年金30万円を得ている。

　母Cさん　（88歳）　：　　2018年中に、老齢基礎年金50万円を受け取っている。

＜Aさんの2018年分の収入等に関する資料＞

　（1）給与所得の金額　　　：　　192万円

　（2）不動産所得の金額　　：　　▲120万円（白色申告）

　　　　　　　　　　　　　　　（土地等の取得に係る負債の利子20万円を含む）

　（3）報酬比例部分のみの特別支給の老齢厚生年金の年金額　：　　80万円

　（4）確定拠出年金の老齢給付の年金額　　：　　30万円

　（5）個人年金保険契約に基づく年金収入　：　　100万円（必要経費は60万円）

＜妻Bさんの2018年分の収入等に関する資料＞

　（1）給与収入の金額　　　：　　100万円

　（2）報酬比例部分のみの特別支給の老齢厚生年金の年金額　：　　30万円

※妻Bさんおよび母Cさんは、Aさんと同居し、生計を一にしている。

※Aさんとその家族は、いずれも障害者および特別障害者には該当しない。

※Aさんとその家族の年齢は、いずれも2018年12月31日現在のものである。

※上記以外の条件は考慮せず、各問に従うこと。

《問7》 所得税における損益通算に関する以下の文章の空欄①〜③に入る最も適切な語句を、下記の〈語句群〉のイ〜ホのなかから選び、その記号を解答用紙に記入しなさい。

「損益通算の対象となる不動産所得、（ ① ）所得、譲渡所得、（ ② ）所得の4つの所得金額の計算上生じた損失の金額がある場合には、一定の順序に従ってこれを他の各種所得の金額から控除します。損益通算は、第一次通算、第二次通算、第三次通算の順に行われます。第一次通算では、不動産所得または（ ① ）所得の金額の計算上生じた損失の金額を、給与所得などの経常所得の金額から控除します。また、譲渡所得の金額の計算上生じた損失の金額があるときは、（ ③ ）所得の金額から控除します。第一次通算によってもなお控除しきれない損失の金額がある場合は、第二次通算および第三次通算を行うことになります」

┌─〈語句群〉─────────────────────────────┐
│ イ. 山林　　ロ. 退職　　ハ. 一時　　二. 事業　　ホ. 雑 │
└───────────────────────────────────┘

《問8》 Aさんの2018年分の所得税の課税に関する次の記述①〜③について、適切なものには〇印を、不適切なものには×印を解答用紙に記入しなさい。

① 「Aさんは配偶者控除の適用を受けることができ、その控除額は38万円です」
② 「Aさんが適用を受けることができる母Cさんに係る扶養控除の額は、48万円です」
③ 「Aさんは不動産所得の金額に損失が生じているため、確定申告をすることによって、純損失の繰越控除の適用を受けることができます」

《問9》 Aさんの2018年分の所得金額について、次の①、②を求め、解答用紙に記入しなさい（計算過程の記載は不要）。〈答〉は万円単位とすること。

① 総所得金額に算入される雑所得の金額
② 総所得金額

　　〈資料〉公的年金等控除額（65歳未満の者）

公的年金等の収入金額	公的年金等控除額
万円以上　　　万円未満	
〜　　130	70万円
130 〜 410	収入金額×25%＋375,000円
410 〜 770	収入金額×15%＋785,000円
770 〜	収入金額× 5%＋1,555,000円

【第4問】　次の設例に基づいて、下記の各問（《問10》～《問12》）に答えなさい。

―――――――――――――《設　例》―――――――――――――

　Aさん（60歳）は、10年前に父親の相続により取得した甲土地を所有している。現在は、地元の建設会社に駐車場および資材置場として貸しているが、収益率は低い。

　Aさんが、甲土地の有効活用について知人の不動産会社の社長に相談したところ、「甲土地は最寄駅から近く、周辺は繁華性が高いため、自分の取引先だとドラッグストアのX社が興味を示している。X社は建設協力金方式を望んでいるが、契約形態は事業用借地権でもよいと言っている」とアドバイスを受けた。

＜甲土地の概要＞

用途地域	：近隣商業地域
指定建蔽率	：　80％
指定容積率	：400％
前面道路幅員による容積率の制限	：前面道路幅員×$\frac{6}{10}$
防火規制	：防火地域

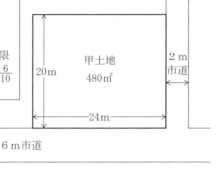

・幅員2mの市道は、建築基準法第42条第2項により特定行政庁の指定を受けた道路である。2m市道の道路中心線は、当該道路の中心部分にある。また、2m市道の甲土地の反対側は宅地であり、がけ地や川等ではない。
・甲土地は、建蔽率の緩和について特定行政庁が指定する角地ではない。
・指定建蔽率および指定容積率とは、それぞれ都市計画において定められた数値である。
・特定行政庁が都道府県都市計画審議会の議を経て指定する区域ではない。

※上記以外の条件は考慮せず、各問に従うこと。

《問10》 Aさんが、甲土地に耐火建築物を建築する場合、建蔽率の上限となる建築面積と容積率の上限となる延べ面積を求める次の＜計算の手順＞の空欄①～④に入る最も適切な数値を解答用紙に記入しなさい。なお、問題の性質上、明らかにできない部分は「□□□」で示してある。

　　＜計算の手順＞
　　１．建蔽率の上限となる建築面積
　　　　　（480㎡－（　①　）㎡）×（　②　）％＝□□□㎡

　　２．容積率の上限となる延べ面積
　　　　　・指定容積率：400％
　　　　　・前面道路幅員による容積率の制限：（　③　）％
　　　　　したがって、上限となる容積率は、□□□％
　　　　　（480㎡－（　①　）㎡）×□□□％＝（　④　）㎡

《問11》 建設協力金方式に関する次の記述①～③について、適切なものには〇印を、不適切なものには×印を解答用紙に記入しなさい。

①　「建設協力金方式とは、入居予定のテナント（事業会社）が建設資金をAさんに貸し付け、Aさんがこの資金を利用してテナント（事業会社）の希望する貸店舗を建設し、その建物を借主であるテナント（事業会社）に賃貸する手法です」

②　「建設協力金方式により、Aさんが建物を借主であるテナント（事業会社）に賃貸した後にAさんの相続が開始した場合、相続税の課税価格の計算上、甲土地は貸家建付地として評価されます」

③　「建設協力金方式により建設した建物については、契約期間満了後に借主であるテナント（事業会社）が撤去し、土地を貸主に更地で返還する手法が一般的です」

《問12》 借地借家法の事業用定期借地権等に係る借地契約に関する以下の文章の空欄①〜③
に入る最も適切な語句または数値を、下記の〈語句群〉のイ〜トのなかから選び、そ
の記号を解答用紙に記入しなさい。

I 「事業用定期借地権等は、事業用に限定して土地を定期で貸し出す方式です。事業
用定期借地権等において、居住の用に供する賃貸マンションの事業運営を目的とす
る設定契約を締結すること（　①　）」

II 「事業用定期借地権等は、存続期間が10年以上（　②　）年未満の事業用借地権と
（　②　）年以上50年未満の事業用定期借地権に区別されます。事業用定期借地権等
の設定契約は、公正証書（　③　）」

〈語句群〉
イ. 20　　ロ. 25　　ハ. 30　　ニ. ができます　　ホ. はできません
ヘ. により作成しなければなりません　　ト. などの書面により作成します

【第5問】 次の設例に基づいて、下記の各問（《問13》〜《問15》）に答えなさい。

《設 例》

Ａさん（72歳）は、妻Ｂさん（70歳）および長男Ｃさん（42歳）家族とＸ市内の自宅で同居している。長男Ｃさんは、Ｘ市内にある私立高校の教諭をしている。他方、長女Ｄさん（40歳）は隣県にある企業に勤務しており、当地で持家（マンション）を購入し、会社員の夫と暮らしている。

Ａさんは、将来的に自宅および自宅に隣接する賃貸アパート等の財産を同居する長男Ｃさんに承継してもらいたいと考えているが、自身の相続が起こった際に遺産分割で争いが生じるのではないかと心配している。なお、賃貸アパートは、土地の有効活用と相続対策を考えて、2017年2月に自己資金で建築し、同年3月から全室賃貸中である。

＜Ａさんの家族構成（推定相続人）＞

　妻Ｂさん　　（70歳）：Ａさんと自宅で同居している。

　長男Ｃさん　（42歳）：高校教諭。妻と子2人がおり、Ａさん夫妻と同居している。

　長女Ｄさん　（40歳）：会社員。夫と持家（マンション）に住んでいる。

＜Ａさんの主な所有財産（相続税評価額）＞

　1．現預金　　　　　　　　：　　　4,500万円

　2．賃貸アパート（現在、全室賃貸中）

　　①敷地（300㎡）　　　　：　　　5,500万円（注）

　　②建物（6室）　　　　　：　　　5,000万円

　3．自宅

　　①敷地（330㎡）　　　　：　　　7,500万円（注）

　　②建物　　　　　　　　　：　　　1,500万円

　　合計　　　　　　　　　：　2億4,000万円

（注）「小規模宅地等についての相続税の課税価格の計算の特例」適用前の金額

※上記以外の条件は考慮せず、各問に従うこと。

《問13》 現時点（2019年5月26日）において、Aさんに相続が開始した場合における相続税の総額を試算した下記の表の空欄①～③に入る最も適切な数値を求めなさい。なお、相続税の課税価格の合計額は2億円とし、問題の性質上、明らかにできない部分は「□□□」で示してある。

（a）相続税の課税価格の合計額		2億円
	（b）遺産に係る基礎控除額	（ ① ）万円
課税遺産総額（（a）－（b））		□□□万円
	相続税の総額の基となる税額	
	妻Bさん	□□□万円
	長男Cさん	□□□万円
	長女Dさん	（ ② ）万円
（c）相続税の総額		（ ③ ）万円

<資料>相続税の速算表（一部抜粋）

法定相続分に応ずる取得金額		税率	控除額
万円超	万円以下		
	～ 1,000	10%	－
1,000	～ 3,000	15%	50万円
3,000	～ 5,000	20%	200万円
5,000	～ 10,000	30%	700万円
10,000	～ 20,000	40%	1,700万円

《問14》 Aさんの相続等に関する次の記述①～③について、適切なものには○印を、不適切なものには×印を解答用紙に記入しなさい。

① 「遺言により、相続財産の大半を妻Bさんおよび長男Cさんが相続した場合、長女Dさんの遺留分を侵害するおそれがあります。仮に、遺留分算定の基礎となる財産を2億4,000万円とした場合、長女Dさんの遺留分の金額は6,000万円となります」

② 「遺産分割をめぐる争いを防ぐ手段として、遺言の作成をお勧めします。公正証書遺言は、証人2人以上の立会いのもと、遺言者が遺言の趣旨を公証人に口授し、公証人がこれを筆記して作成しますが、推定相続人が証人になることはできません」

③ 「仮に、Aさんの相続が賃貸アパートの貸付開始から3年以内に発生した場合、当該敷地は小規模宅地等についての相続税の課税価格の計算の特例の対象から除外されます」

《問15》 Aさんの相続等に関する以下の文章の空欄①～④に入る最も適切な語句を、下記の
〈語句群〉のイ～ルのなかから選び、その記号を解答用紙に記入しなさい。

I 「妻Bさんが自宅の敷地および建物を相続により取得し、自宅の敷地（相続税評価
額7,500万円）のすべてについて、『小規模宅地等についての相続税の課税価格の計
算の特例』の適用を受けた場合、相続税の課税価格に算入すべき価額を（　①　）
とすることができます。また、『配偶者に対する相続税額の軽減』の適用を受けた場
合、妻Bさんが相続により取得した財産の金額が、配偶者の法定相続分相当額と
（　②　）とのいずれか多い金額までであれば、妻Bさんが納付すべき相続税額は算
出されません」

II 「相続人間で争いが起こり、相続税の申告期限までに遺産分割協議が調わなかった
場合、相続税の申告時において、未分割の財産に対して『配偶者に対する相続税額
の軽減』や『小規模宅地等についての相続税の課税価格の計算の特例』の適用を受
けることができません。その場合、相続税の申告の際に『申告期限後（　③　）以
内の分割見込書』を提出し、申告期限後（　③　）以内に遺産分割協議が成立すれ
ば、これらの特例の適用を受けることが可能となり、分割後（　④　）以内に更正
の請求を行うことができます」

┌─〈語句群〉─────────────────────────────
│ イ．1,500万円　　ロ．3,750万円　　ハ．6,000万円　　ニ．1億2,000万円
│ ホ．1億6,000万円　　ヘ．1億8,000万円　　ト．4カ月　　チ．10カ月
│ リ．1年　　ヌ．3年　　ル．5年
└────────────────────────────────────

2019年度9月実施
ファイナンシャル・プランニング技能検定

2級　実技試験
（個人資産相談業務）

実 施 日 ：2019 年 9 月 8 日（日）
試験時間：13：30~15：00（90分）

【第1問】 次の設例に基づいて、下記の各問（《問1》～《問3》）に答えなさい。

──────────────── 《設　例》 ────────────────

　　X株式会社（以下、「X社」という）に勤務するAさんは、高校を卒業後、X社に入社し、現在に至るまで同社に勤務している。長女Cさんの教育資金にもめどがつき、Aさんは老後の生活資金の準備として、どれくらいの年金額を受給することができるのか、公的年金制度について知りたいと思うようになった。

　　X社では、65歳になるまで勤務することができる継続雇用制度があるが、Aさんは60歳で仕事を辞めたいと思っている。妻Bさんは、Aさんが60歳で仕事を辞めると生活が苦しくなるのではないかと心配している。そこで、Aさんは、懇意にしているファイナンシャル・プランナーのMさんに相談することにした。

＜Aさんとその家族に関する資料＞

(1) Aさん（1966年11月8日生まれ・52歳・会社員）
　　・公的年金加入歴：　下図のとおり（60歳定年時までの見込みを含む）
　　・全国健康保険協会管掌健康保険、雇用保険に加入している。

18歳		60歳
厚　生　年　金　保　険		
216月	283月	
（2003年3月以前の 平均標準報酬月額28万円）	（2003年4月以後の 平均標準報酬額40万円）	

(2) 妻Bさん（1968年10月16日生まれ・50歳・パート従業員）
　　・公的年金加入歴：　18歳からAさんと結婚するまでの9年間（108月）は、厚生年金保険に加入。結婚後は、国民年金に第3号被保険者として加入している。
　　・全国健康保険協会管掌健康保険の被扶養者である。

(3) 長女Cさん（1997年6月25日生まれ・22歳・大学4年生）
　　・公的年金加入歴：　20歳から国民年金に第1号被保険者として加入している。
　　・全国健康保険協会管掌健康保険の被扶養者である。

※妻Bさんは、現在および将来においても、Aさんと同居し、生計維持関係にあるものとする。

※Aさんおよび妻Bさんは、現在および将来においても、公的年金制度における障害等級に該当する障害の状態にないものとする。

※上記以外の条件は考慮せず、各問に従うこと。

《問1》　はじめに、Mさんは、Aさんに対して、公的年金制度からの老齢給付について説明した。Mさんが説明した以下の文章の空欄①～③に入る最も適切な語句または数値を、下記の〈語句群〉のイ～トのなかから選び、その記号を解答用紙に記入しなさい。

「報酬比例部分のみの特別支給の老齢厚生年金の支給開始年齢は、順次引き上げられており、（　①　）年4月2日以後生まれの男性からは支給がありません。Aさんは、原則として、65歳から老齢基礎年金および老齢厚生年金を受給することになります。なお、Aさんが希望すれば、60歳以上65歳未満の間に老齢基礎年金の繰上げ支給を請求することができます。仮に、Aさんが62歳0カ月で老齢基礎年金の繰上げ支給を請求した場合の減額率は（　②　）％となります。Aさんが老齢基礎年金の繰上げ支給の請求をする場合、同時に老齢厚生年金の繰上げ支給の請求を（　③　）」

〈語句群〉
イ．12.0　　ロ．18.0　　ハ．25.2　　ニ．1961（昭和36）　　ホ．1966（昭和41）
ヘ．行わなければなりません　　ト．する必要はありません

《問2》　次に、Mさんは、Aさんに対して、X社の継続雇用制度を利用しなかった場合の社会保険の取扱い等について説明した。Mさんが説明した次の記述①～③について、適切なものには○印を、不適切なものには×印を解答用紙に記入しなさい。

①　「Aさんが60歳でX社を定年退職し、厚生年金保険の被保険者でなくなった場合、妻Bさんは、国民年金の第3号被保険者から第1号被保険者への種別変更の届出を行い、60歳になるまでの間、国民年金の保険料を納付することになります」

②　「Aさんは、所定の手続を行うことにより、退職日の翌日から最長で2年間、全国健康保険協会管掌健康保険に任意継続被保険者として加入することができます。任意継続被保険者の保険料は、在職時と同様、事業主と被保険者の折半となります」

③　「Aさんが60歳でX社を定年退職し、雇用保険から基本手当を受給する場合、基本手当の所定給付日数は300日となります。基本手当の受給期間は、原則として、離職した日の翌日から1年間ですが、定年退職の場合は最長1年間の受給期間延長を申し出ることができます」

251

《問3》 Ａさんが、60歳でＸ社を定年退職し、その後再就職およびＸ社の継続雇用制度を利用しない場合、原則として65歳から受給することができる老齢基礎年金および老齢厚生年金の年金額（2019年度価額）を計算した次の＜計算の手順＞の空欄①〜④に入る最も適切な数値を解答用紙に記入しなさい。計算にあたっては、《設例》の＜Ａさんとその家族に関する資料＞および下記の＜資料＞に基づくこと。なお、問題の性質上、明らかにできない部分は「□□□」で示してある。

＜計算の手順＞

1．老齢基礎年金の年金額（円未満四捨五入）

　　　（ ① ）円

2．老齢厚生年金の年金額

　（1）報酬比例部分の額　　　　：　（ ② ）円（円未満四捨五入）

　（2）経過的加算額　　　　　　：　（ ③ ）円（円未満四捨五入）

　（3）基本年金額（②＋③）　　：　　　□□□円

　（4）加給年金額（要件を満たしている場合のみ加算すること）

　（5）老齢厚生年金の年金額　　：　（ ④ ）円

＜資料＞

○老齢基礎年金の計算式（4分の1免除月数、4分の3免除月数は省略）

$$780,100円 \times \dfrac{保険料納付済月数 + 保険料半額免除月数 \times \dfrac{○}{□} + 保険料全額免除月数 \times \dfrac{△}{□}}{480}$$

○老齢厚生年金の計算式（本来水準の額）

ⅰ）報酬比例部分の額（円未満四捨五入）＝ⓐ＋ⓑ

　ⓐ 2003年3月以前の期間分

　　平均標準報酬月額 $\times \dfrac{7.125}{1,000} \times$ 2003年3月以前の被保険者期間の月数

　ⓑ 2003年4月以後の期間分

　　平均標準報酬額 $\times \dfrac{5.101}{1,000} \times$ 2003年4月以後の被保険者期間の月数

ⅱ）経過的加算額（円未満四捨五入）＝1,626円×被保険者期間の月数

　　$- 780,100円 \times \dfrac{1961年4月以後で20歳以上60歳未満の厚生年金保険の被保険者期間の月数}{480}$

ⅲ）加給年金額＝390,100円（要件を満たしている場合のみ加算すること）

【第2問】 次の設例に基づいて、下記の各問（《問4》～《問6》）に答えなさい。

------- 《設 例》 -------

　会社員のAさん（42歳）は、同業種のX社株式またはY社株式（2銘柄とも東京証券取引所市場第一部上場）のいずれかを2014年にZ証券会社で開設したNISA口座で購入したいと考えている。そこで、Aさんは、ファイナンシャル・プランナーのMさんに相談することにした。

　なお、Aさんが開設1年目にNISA口座で購入した上場株式の非課税期間は2018年12月末に終了したことから、当該株式は2019年NISA口座に設定された非課税管理勘定に移管（ロールオーバー）している。2014年中にNISA口座で購入した上場株式の株価は、ロールオーバー時に下落していた。Aさんは、Z証券会社において、特定口座を開設している。

<財務データ>　　　　　　　　　　　　　　　　　（単位：百万円）

	X社	Y社
資 産 の 部 合 計	710,000	480,000
負 債 の 部 合 計	500,000	370,000
純資産の部合計	210,000	110,000
売 上 高	720,000	420,000
営 業 利 益	65,000	30,000
経 常 利 益	55,000	19,000
当 期 純 利 益	28,000	12,000
配 当 金 総 額	8,000	4,500

※純資産の金額と自己資本の金額は同じである。

<株価データ>

　X社：株価730円、発行済株式総数4億株、1株当たり配当金20円

　Y社：株価1,000円、発行済株式総数1億5,000万株、1株当たり配当金30円

※《設例》および各問において、以下の名称を使用している。

　・少額投資非課税制度に係る非課税口座を「NISA口座」という。

　・非課税上場株式等管理契約に係る少額投資非課税制度を「一般NISA」という。

　・非課税累積投資契約に係る少額投資非課税制度を「つみたてNISA」という。

※上記以外の条件は考慮せず、各問に従うこと。

《問4》 はじめに、Mさんは、Aさんに対して、《設例》のデータに基づいて、X社および
　　　　Y社の投資指標について説明した。Mさんが説明した以下の文章の空欄①、③、④に
　　　　入る最も適切な数値を解答用紙に記入しなさい。空欄②は、解答用紙の「X社／Y社」
　　　　のいずれかから選び、○印で囲みなさい。なお、計算結果は表示単位の小数点以下第
　　　　3位を四捨五入し、小数点以下第2位までを解答すること。

Ⅰ　「ROEが高い水準で推移していれば、一般に当該企業の収益性は高いと判断できま
　　す。X社のROEは（　①　）％であり、Y社との比較では、（　②　）のほうが収益
　　性は高いと判断できます」
Ⅱ　「X社のPERは（　③　）倍です。一般にPERが高いほど、株価は割高といえます」
Ⅲ　「株主還元率として一般に用いられる指標に配当性向がありますが、X社の配当性
　　向は（　④　）％であり、Y社がX社を上回ります。また、株式投資の利回りの指
　　標となる配当利回りについても、Y社がX社を上回ります」

《問5》 次に、Mさんは、Aさんに対して、NISA口座におけるロールオーバー等について
　　　　説明した。Mさんが説明した以下の文章の空欄①〜③に入る最も適切な語句または数
　　　　値を、下記の〈語句群〉のイ〜チのなかから選び、その記号を解答用紙に記入しなさ
　　　　い。

Ⅰ　「Aさんは、開設1年目にNISA口座で購入した上場株式を2019年1月にNISA口座
　　に設定された非課税管理勘定にロールオーバーし、引き続き、当該株式をNISA口
　　座で保有しています。一般NISAの2014年分の非課税投資枠は（　①　）万円が上
　　限でした。仮に、2014年中にNISA口座で購入した上場株式の非課税期間終了時の
　　時価が70万円であったとした場合、ロールオーバー後に2019年分の非課税管理勘定
　　に新規投資で受け入れることができる金額の上限は（　②　）万円となります」
Ⅱ　「Aさんは、ロールオーバーせずに、当該上場株式を特定口座に移管することもで
　　きました。仮に、2014年分の非課税管理勘定で購入した上場株式を特定口座に移管
　　していた場合、当該特定口座における取得価額は（　③　）の時価となっていまし
　　た」

┌─〈語句群〉─────────────────────────────────
│　イ．30　　　ロ．40　　　ハ．50　　　ニ．80　　　ホ．100　　　ヘ．120
│　ト．当初購入時　　　チ．非課税期間終了時
└──────────────────────────────────────

《問6》 最後に、Mさんは、Aさんに対して、各種のアドバイスを行った。Mさんがアドバイスした次の記述①～③について、適切なものには○印を、不適切なものには×印を解答用紙に記入しなさい。

① 「<財務データ>から自己資本比率は、X社よりもY社のほうが高いと判断できます。一般に、自己資本比率が高いことは、総資本に対する負債の比率が低いことでもあり、財務基盤の強さを示しているといえます」

② 「長期の積立・分散投資を前提とした資産運用の方法として、つみたてNISAの利用が考えられます。つみたてNISAを利用してX社株式を購入する場合、非課税投資枠は年間40万円となります」

③ 「NISA口座内の上場株式を課税口座に払い出せば、その後、当該株式の譲渡損益は損益通算の対象になります。課税口座に払い出すことが有利であるか否かは、その後の価格変動や他の取引等の状況により異なります」

【第3問】 次の設例に基づいて、下記の各問（《問7》～《問9》）に答えなさい。

―――――――――《設 例》―――――――――

　X株式会社（以下、「X社」という）に勤務する会社員のAさんは、妻Bさん、長女Cさんおよび二女Dさんとの4人家族である。Aさんは、2019年8月に定年を迎え、X社から退職金の支給を受けた。Aさんは、X社の継続雇用制度を利用して、引き続き、X社に勤務している。なお、金額の前の「▲」は赤字であることを表している。

＜Aさんとその家族に関する資料＞
　Aさん　　　　（60歳）　：　会社員
　妻Bさん　　　（54歳）　：　専業主婦。2019年中の収入はない。
　長女Cさん　　（27歳）　：　アルバイト。2019年中に給与収入180万円を得ている。
　二女Dさん　　（25歳）　：　大学院生。2019年中の収入はない。

＜Aさんの2019年分の収入等に関する資料＞
　（1）給与収入の金額　　　　　　　　　　：　700万円
　（2）不動産所得の金額　　　　　　　　　：　▲100万円
　　　・損失の金額100万円のうち、土地等の取得に係る負債の利子10万円を含む。
　（3）平準払養老保険の満期保険金
　　　契約年月　　　　　　　　　　　　　　：　1989年8月
　　　契約者（＝保険料負担者）・被保険者　：　Aさん
　　　死亡保険金受取人　　　　　　　　　　：　妻Bさん
　　　満期保険金受取人　　　　　　　　　　：　Aさん
　　　満期保険金額　　　　　　　　　　　　：　500万円
　　　正味払込済保険料　　　　　　　　　　：　400万円
　（4）X社から支給を受けた退職金の額　　：　2,500万円
　　　・定年を迎えるまでの勤続年数は36年5カ月である。
　　　・「退職所得の受給に関する申告書」を提出している。

※妻Bさん、長女Cさんおよび二女Dさんは、Aさんと同居し、生計を一にしている。
※Aさんとその家族は、いずれも障害者および特別障害者には該当しない。
※Aさんとその家族の年齢は、いずれも2019年12月31日現在のものである。

※上記以外の条件は考慮せず、各問に従うこと。

《問7》 AさんがX社から受け取った退職金に係る退職所得の金額を計算した下記の計算式の空欄①～③に入る最も適切な数値を、解答用紙に記入しなさい。なお、Aさんは、これ以外に退職手当等の収入はなく、障害者になったことが退職の直接の原因ではないものとする。また、問題の性質上、明らかにできない部分は「□□□」で示してある。

＜退職所得控除額＞

800万円＋（ ① ）万円×（□□□年－20年）＝（ ② ）万円

＜退職所得の金額＞

(2,500万円－（ ② ）万円)×□□□＝（ ③ ）万円

《問8》 Aさんの2019年分の所得金額について、次の①、②を求め、解答用紙に記入しなさい（計算過程の記載は不要）。〈答〉は万円単位とすること。

① 総所得金額に算入される一時所得の金額

② 総所得金額

＜資料＞給与所得控除額

給与収入金額		給与所得控除額
万円超	万円以下	
	～ 180	収入金額×40%（65万円に満たない場合は、65万円）
180	～ 360	収入金額×30%＋18万円
360	～ 660	収入金額×20%＋54万円
660	～ 1,000	収入金額×10%＋120万円
1,000	～	220万円

《問9》 Aさんの2019年分の所得税の課税に関する次の記述①～③について、適切なものには〇印を、不適切なものには×印を解答用紙に記入しなさい。

① 「Aさんは、退職所得の受給に関する申告書をX社に提出しているため、退職金の支給の際に退職金の額の20.42%の所得税および復興特別所得税が源泉徴収されていますが、確定申告をすることにより、当該税額を精算することができます」
② 「Aさんが適用を受けることができる配偶者控除の控除額は、38万円です」
③ 「Aさんが適用を受けることができる扶養控除の控除額は、63万円です」

【第４問】　次の設例に基づいて、下記の各問（《問10》～《問12》）に答えなさい。

─────── 《設　例》 ───────

　　Aさん（58歳）は、上場企業に勤務する会社員である。2019年２月、X市内の実家（甲土地および建物）で１人暮らしをしていた母Bさんが死亡した。法定相続人は、１人息子のAさんのみであり、相続手続は完了している。

　　Aさんは、別の都市に自宅を保有し、居住しているため、空き家となっている実家については売却することを検討しているが、先日、大手ドラッグストアのY社から「商業性の高い甲土地での新規店舗の出店を考えている。Aさんには、建設協力金方式での有効活用を検討してもらえないか」との提案があった。Aさんは、実家の売却と有効活用のどちらを選択したらよいか、迷っている。

＜Aさんの実家（甲土地および建物）の概要＞

幅員６ｍ（市道）　──── 250D ────

用途地域	：近隣商業地域
指定建蔽率	：80%
指定容積率	：400%

前面道路幅員による容積率の制限

　　　　　　　：前面道路幅員 $\times \dfrac{6}{10}$

防火規制　　：防火地域

甲土地（320㎡）
20m
16m
２階建て
延床面積160㎡
（1980年築）

・指定建蔽率および指定容積率とは、それぞれ都市計画において定められた数値である。

・特定行政庁が都道府県都市計画審議会の議を経て指定する区域ではない。

※上記以外の条件は考慮せず、各問に従うこと。

《問10》　被相続人の居住用財産（空き家）に係る譲渡所得の特別控除の特例（以下、「本特例」という）に関する次の記述①〜③について、適切なものには〇印を、不適切なものには×印を解答用紙に記入しなさい。

①　「本特例の適用を受けるための要件の1つとして、1981（昭和56）年5月31日以前に建築された戸建て住宅であることが挙げられます。本特例の適用を受けるためには、家屋を取り壊して更地で譲渡するか、家屋を一定の耐震基準でリフォームしてからその家屋のみ、またはその家屋とともに敷地を譲渡しなければなりません」

②　「本特例の適用を受けるための要件の1つとして、敷地の相続税評価額が1億円以下であることが挙げられます。甲土地の相続税評価額は8,000万円になりますので、Aさんは本特例の適用を受けることができます」

③　「本特例と相続税の取得費加算の特例は、重複して適用を受けることができますので、適用を受けるための要件を確認し、適用漏れがないようにしてください」

《問11》　建設協力金方式の一般的な特徴等に関する以下の文章の空欄①〜③に入る最も適切な語句を、下記の〈語句群〉のイ〜チのなかから選び、その記号を解答用紙に記入しなさい。

Ⅰ　「建設協力金方式は、（　①　）が建設資金を預託金としてAさんに貸し付け、Aさんがこの資金を利用して店舗を建設し、その建物をY社に賃貸する手法です。建設資金は、賃料の一部で返済していくため、実質的には、Aさんの資金負担はありませんが、契約期間中の撤退のリスクやそれに伴う建設協力金残債務の取扱いなど、契約内容を事前に精査しておくことが必要です」

Ⅱ　「建設協力金方式により建設された建物は、相続税額の計算上、貸家として評価され、土地は（　②　）として評価されます。また、所定の要件を満たすことで、土地は（　③　）事業用宅地等として、小規模宅地等についての相続税の課税価格の計算の特例の適用を受けることもできます」

〈語句群〉

イ．Y社　　ロ．金融機関　　ハ．自用地　　ニ．貸宅地　　ホ．貸家建付地
ヘ．特定　　ト．特定同族会社　　チ．貸付

《問12》　甲土地上に耐火建築物を建築する場合における次の①、②を求めなさい（計算過程の記載は不要）。
　①　建蔽率の上限となる建築面積
　②　容積率の上限となる延べ面積

【第5問】 次の設例に基づいて、下記の各問（《問13》～《問15》）に答えなさい。

```
------------------------------ 《設 例》 ------------------------------
```

　　Aさん（70歳）は、飲食店X屋を営む個人事業主（青色申告者）である。X屋は、Aさんが父親（既に他界）から承継したもので、現在では年商1億円を超える有名店となっている。

　　Aさんは、体力の衰えを感じており、長男Cさんに事業を承継することを決意した。Aさんは、所有財産のうち、妻Bさんには自宅および自宅に隣接する賃貸アパートを相続させ、長男CさんにはX屋の店舗およびその敷地を承継したいと考えている。長女Dさんは、会社員の夫、2人の子と他県の賃貸マンションに住んでおり、Aさんに対して、住宅取得資金の援助を期待しているようである。

　　なお、長男Cさんと長女Dさんは、日頃から折り合いが悪く、Aさんは自身の相続が起こった際に遺産分割で争いが生じるのではないかと不安を感じている。

＜Aさんの推定相続人＞

　　妻Bさん　　（68歳）：X屋勤務。Aさんと自宅で同居している。

　　長男Cさん（43歳）：X屋勤務。妻と子2人がおり、Aさん夫妻と同居している。

　　長女Dさん（40歳）：専業主婦。夫と子2人で賃貸マンションに住んでいる。

＜Aさんの主な所有財産（相続税評価額）＞

現預金等	：	7,000万円
自宅敷地（300㎡）	：	6,000万円（注）
自宅建物	：	3,000万円
賃貸アパート敷地（240㎡）	：	5,000万円（注）
賃貸アパート建物	：	2,000万円
X屋店舗敷地（450㎡）	：	8,000万円（注）
X屋店舗建物	：	5,000万円
合計		3億6,000万円

（注）「小規模宅地等についての相続税の課税価格の計算の特例」適用前の金額

※上記以外の条件は考慮せず、各問に従うこと。

《問13》 X屋の事業承継に関する以下の文章の空欄①～④に入る最も適切な語句または数値を、下記の〈語句群〉のイ～ルのなかから選び、その記号を解答用紙に記入しなさい。

I 「2019年度税制改正において、個人の事業用資産についての贈与税・相続税の納税猶予および免除の特例（以下、「本特例」という）が創設されました。本特例の適用を受けた場合、後継者が先代事業者から贈与または相続等により取得した特定事業用資産に係る贈与税・相続税の（　①　）の納税が猶予されます。後継者は、2019年4月1日から2024年3月31日までの5年間に個人事業承継計画を（　②　）に提出し、確認を受ける必要があります。また、特定事業用資産とは、先代事業者の事業の用に供されていた宅地等（（　③　）㎡まで）、建物（床面積800㎡まで）、その他一定の減価償却資産で青色申告書の貸借対照表に計上されていたものをさします」

II 「長男CさんがAさんの相続によりX屋店舗敷地を取得した場合、所定の要件を満たすことで、特定事業用宅地等として、小規模宅地等についての相続税の課税価格の計算の特例の適用を受けることができます。特定事業用宅地等に該当するX屋店舗敷地は、（　③　）㎡までの部分について、通常の価額から80%相当額を減額した金額を、相続税の課税価格に算入すべき価額とすることができます」

III 「本特例の適用を受けて相続等により取得した事業用の宅地は、特定事業用宅地等に係る小規模宅地等についての相続税の課税価格の計算の特例の対象（　④　）」

〈語句群〉

イ．240　　ロ．330　　ハ．400　　ニ．75%相当額　　ホ．90%相当額
ヘ．全額　　ト．経済産業大臣　　チ．都道府県知事　　リ．所轄税務署長
ヌ．となります　　ル．とはなりません

《問14》 Aさんの相続等に関する次の記述①～③について、適切なものには○印を、不適切なものには×印を解答用紙に記入しなさい。

① 「遺産分割をめぐる争いを防ぐ手段として、遺言の作成をお勧めします。自筆証書遺言は、遺言者が、その遺言の全文、日付および氏名を自書し、これに押印して作成するものでしたが、自筆証書遺言の方式が緩和され、自筆証書遺言に添付する財産目録をパソコン等で作成することが可能となりました」

② 「遺言により、相続財産の大半を妻Bさんおよび長男Cさんが相続により取得した場合、長女Dさんの遺留分を侵害するおそれがあります。仮に、遺留分算定の基礎となる財産を4億円とした場合、長女Dさんの遺留分の金額は5,000万円となります」

③ 「自宅の敷地と賃貸アパートの敷地について、小規模宅地等についての相続税の課税価格の計算の特例の適用を受けようとする場合、適用対象面積の調整はせず、それぞれの宅地の適用対象の限度面積まで適用を受けることができます」

261

現時点（2019年９月８日）において、Ａさんの相続が開始した場合における相続税の総額を試算した下記の表の空欄①～③に入る最も適切な数値を求めなさい。なお、相続税の課税価格の合計額は３億円とし、問題の性質上、明らかにできない部分は「□□□」で示してある。

（ａ）相続税の課税価格の合計額	３億円
（ｂ）遺産に係る基礎控除額	（　①　）万円
課税遺産総額（（ａ）－（ｂ））	□□□万円
相続税の総額の基となる税額	
妻Ｂさん	□□□万円
長男Ｃさん	（　②　）万円
長女Ｄさん	□□□万円
（ｃ）相続税の総額	（　③　）万円

<資料>相続税の速算表（一部抜粋）

法定相続分に応ずる取得金額			税率	控除額
万円超		万円以下		
	～	1,000	10%	－
1,000	～	3,000	15%	50万円
3,000	～	5,000	20%	200万円
5,000	～	10,000	30%	700万円
10,000	～	20,000	40%	1,700万円
20,000	～	30,000	45%	2,700万円

2019 年度 1 月実施
ファイナンシャル・プランニング技能検定

2級　実技試験
（個人資産相談業務）

実 施 日 ：2020 年 1 月 26 日（日）
試験時間：13：30~15：00（90 分）

本問題は、一般社団法人金融財政事情研究会実施「2020 年 1
月実施ファイナンシャル・プランニング技能検定」2 級実技試
験（個人資産相談業務）の出題問題を、出題時のまま掲載した
ものです（模範解答・解説は 292 ページ以降に掲載）。

【第1問】 次の設例に基づいて、下記の各問（《問1》～《問3》）に答えなさい。

------------------------------ 《設　例》------------------------------

　Aさん（39歳）は、X株式会社を2017年8月末日に退職し、個人事業主として独立した。独立から2年以上が経過した現在、事業は軌道に乗り、収入は安定している。

　Aさんは、最近、公的年金制度を理解したうえで、老後の収入を増やすことのできる各種制度を利用したいと考えている。そこで、Aさんは、懇意にしているファイナンシャル・プランナーのMさんに相談することにした。

＜Aさんとその家族に関する資料＞
（1）Aさん（個人事業主）
　　・1980年10月22日生まれ
　　・公的年金加入歴：　下図のとおり（60歳までの見込みを含む）

20歳　　22歳		36歳		60歳
国民年金 学生納付 特例期間 （30月）	厚生年金保険 被保険者期間 （173月） 平均標準報酬額：28万円		国民年金 保険料納付済期間 （277月）	
	2003年4月		2017年9月	

（2）妻Bさん（会社員）
　　・1983年4月21日生まれ
　　・公的年金加入歴：　20歳から22歳の大学生であった期間（36月）は国民年金
　　　　　　　　　　　　の第1号被保険者として保険料を納付し、22歳から現在
　　　　　　　　　　　　に至るまでの期間（165月）は厚生年金保険に加入して
　　　　　　　　　　　　いる。妻Bさんは、60歳になるまでの間、厚生年金保険
　　　　　　　　　　　　の被保険者として勤務する見込みである。

（3）長男Cさん
　　・2016年5月8日生まれ

※妻Bさんは、現在および将来においても、Aさんと同居し、生計維持関係にあるものとする。

※家族全員、現在および将来においても、公的年金制度における障害等級に該当する障害の状態にないものとする。

※上記以外の条件は考慮せず、各問に従うこと。

《問1》 Mさんは、Aさんに対して、Aさんが受給することができる公的年金制度からの老齢給付について説明した。Mさんが説明した以下の文章の空欄①〜③に入る最も適切な数値を、解答用紙に記入しなさい。計算にあたっては、《設例》の＜Aさんとその家族に関する資料＞および下記の＜資料＞に基づくこと。なお、年金額は2019年度価額に基づいて計算し、年金額の端数処理は円未満を四捨五入すること。

Ⅰ 「Aさんが65歳に達すると、老齢基礎年金および老齢厚生年金の受給権が発生します。Aさんが65歳から受給することができる老齢基礎年金の額は（　①　）円となります」

Ⅱ 「Aさんが65歳から受給することができる老齢厚生年金の額は（　②　）円となります。なお、Aさんの厚生年金保険の被保険者期間は（　③　）年以上ありませんので、老齢厚生年金の額に配偶者に係る加給年金額の加算はありません」

＜資料＞

○老齢基礎年金の計算式（4分の1免除月数、4分の3免除月数は省略）

$$780,100円 \times \frac{保険料納付済月数 + 保険料半額免除月数 \times \frac{\square}{\square} + 保険料全額免除月数 \times \frac{\square}{\square}}{480}$$

○老齢厚生年金の計算式（本来水準の額）

ⅰ）報酬比例部分の額（円未満四捨五入）＝ⓐ＋ⓑ

ⓐ 2003年3月以前の期間分

$$平均標準報酬月額 \times \frac{7.125}{1,000} \times 2003年3月以前の被保険者期間の月数$$

ⓑ 2003年4月以後の期間分

$$平均標準報酬額 \times \frac{5.481}{1,000} \times 2003年4月以後の被保険者期間の月数$$

ⅱ）経過的加算額（円未満四捨五入）＝1,626円×被保険者期間の月数

$$-780,100円 \times \frac{1961年4月以後で20歳以上60歳未満の厚生年金保険の被保険者期間の月数}{480}$$

ⅲ）加給年金額＝390,100円

《問2》 Mさんは、Aさんに対して、老後の収入を増やすための各種制度について説明した。Mさんが説明した以下の文章の空欄①~④に入る最も適切な語句または数値を、下記の〈語句群〉のなかから選び、その記号を解答用紙に記入しなさい。

I 「国民年金の第1号被保険者であるAさんは、所定の手続により、国民年金の定額保険料に加えて、国民年金の付加保険料を納付することができます。仮に、Aさんが付加保険料を180月納付し、65歳から老齢基礎年金を受け取る場合、老齢基礎年金の額に付加年金として（ ① ）円が上乗せされます」

II 「国民年金基金は、老齢基礎年金に上乗せする年金を支給する任意加入の年金制度です。国民年金基金への加入は口数制となっており、1口目は保証期間のある終身年金A型、保証期間のない終身年金B型の2種類のなかからの選択となります。掛金の額は、加入者が選択した給付の型や口数、加入時の年齢等で決まり、掛金の拠出限度額は月額（ ② ）円となります。なお、（ ③ ）に加入している場合は、その掛金と合わせて月額（ ② ）円が上限となります。また、国民年金基金に加入した場合は国民年金の付加保険料を納付することはできません」

III 「小規模企業共済制度は、個人事業主が廃業等をした場合に必要となる生活資金などを準備しておくための共済制度です。毎月の掛金は、1,000円から（ ④ ）円の範囲内（500円単位）で選択できます」

─〈語句群〉─
イ．20,000　　ロ．23,000　　ハ．30,000　　ニ．36,000　　ホ．54,000
ヘ．68,000　　ト．70,000　　チ．72,000　　リ．中小企業退職金共済制度
ヌ．確定拠出年金の個人型年金　　ル．小規模企業共済制度

《問3》 Mさんは、Aさんに対して、公的年金制度等の各種取扱いについて説明した。Mさんが説明した次の記述①~③について、適切なものには○印を、不適切なものには×印を解答用紙に記入しなさい。

① 「Aさんは、60歳以後、老齢基礎年金および老齢厚生年金の繰上げ支給を請求することができます。仮に、Aさんが62歳0カ月で老齢基礎年金および老齢厚生年金の繰上げ支給を請求した場合の減額率は18.0％となります」

② 「国民年金の定額保険料を前納した場合、前納期間に応じて保険料の割引がありますが、国民年金の付加保険料や国民年金基金の掛金については、前納による割引制度はありません」

③ 「小規模企業共済制度の掛金は、その全額を、事業所得の金額の計算上、必要経費に算入することができます」

【第2問】 次の設例に基づいて、下記の各問（《問4》～《問6》）に答えなさい。

―――――――――――――― 《設 例》 ――――――――――――――

　会社員のAさん（60歳）は、退職金の一部を活用して、国内の大手企業が発行する
X社債（特定公社債）の購入を検討している。このほか、高い利回りが期待できる米
ドル建定期預金にも興味を持っている。そこで、Aさんは、ファイナンシャル・プラ
ンナーのMさんに相談することにした。

<円建てのX社債に関する資料>

- ・発行会社　　：　国内の大手企業
- ・購入価格　　：　104.5円（額面100円当たり）
- ・表面利率　　：　2.0％
- ・利払日　　　：　年1回
- ・残存期間　　：　5年
- ・償還価格　　：　100円
- ・格付　　　　：　A

<米ドル建定期預金に関する資料>

- ・預入金額　　　　：　50,000米ドル
- ・預入期間　　　　：　3カ月
- ・利率（年率）　　：　1.8％（満期時一括支払）
- ・為替予約なし
- ・適用為替レート（円／米ドル）

	TTS	TTM	TTB
預入時	110.00円	109.50円	109.00円
満期時	112.00円	111.50円	111.00円

※上記以外の条件は考慮せず、各問に従うこと。

《問4》 Mさんは、Aさんに対して、X社債および米ドル建定期預金に係る留意点について説明した。Mさんが説明した次の記述①～③について、適切なものには〇印を、不適切なものには×印を解答用紙に記入しなさい。

① 「X社債の格付は、A（シングルA）と評価されています。一般に、BBB（トリプルB）格相当以上の格付が付されていれば、投資適格債とされます」

② 「円建ての債券投資では、信用リスクや金利リスクに注意が必要です。一般に、市場金利が低下する局面では、債券価格は下落します」

③ 「外貨預金の魅力は、円建ての預金と比べて相対的に金利が高いことにあります。《設例》の米ドル建定期預金の場合、Aさんが満期時に受け取ることができる利息額（税引前）は、900米ドルになります」

《問5》 次の①、②を求め、解答用紙に記入しなさい（計算過程の記載は不要）。なお、計算にあたっては税金等を考慮せず、〈答〉は、％表示の小数点以下第3位を四捨五入し、小数点以下第2位までを解答すること。

① AさんがX社債を《設例》の条件で購入した場合の最終利回り（年率・単利）を求めなさい。

② Aさんが《設例》の条件で円貨を米ドルに換えて米ドル建定期預金に50,000米ドルを預け入れ、満期を迎えた場合の円ベースでの運用利回り（単利による年換算）を求めなさい。なお、預入期間3カ月は0.25年として計算すること。

《問6》 Mさんは、Aさんに対して、X社債および米ドル建定期預金に係る課税関係について説明した。Mさんが説明した次の記述①～③について、適切なものには〇印を、不適切なものには×印を解答用紙に記入しなさい。

① 「X社債の利子は、利子の支払時において所得税および復興特別所得税と住民税の合計で20.315％相当額が源泉徴収等されます」

② 「X社債の譲渡益は、雑所得として総合課税の対象となりますので、上場株式の譲渡損失の金額と損益通算することはできません」

③ 「為替予約のない米ドル建定期預金の満期による為替差益は、雑所得として総合課税の対象となります」

【第3問】 次の設例に基づいて、下記の各問（《問7》～《問9》）に答えなさい。

―――――《設 例》―――――

　会社員のAさんは、妻Bさん、長女Cさんおよび二女Dさんとの4人家族である。Aさんは、2019年11月に取得価額6,000万円で新築マンションを取得（契約締結）し、同月中に入居した。住宅購入の頭金には、自己資金1,000万円と2019年10月にAさんの父親から住宅取得資金として贈与を受けた2,000万円を充当し、残りの3,000万円は銀行の住宅ローンを利用した。

＜Aさんとその家族に関する資料＞

　Aさん　　　（43歳）　：　会社員
　妻Bさん　　（43歳）　：　専業主婦。2019年中に、パートタイマーとして給与収入
　　　　　　　　　　　　　　80万円を得ている。
　長女Cさん　（19歳）　：　大学生。2019年中の収入はない。
　二女Dさん　（17歳）　：　高校生。2019年中の収入はない。

＜Aさんの2019年分の収入に関する資料＞

　給与収入の金額　：　920万円

＜Aさんが取得した新築マンションに関する資料＞

　取得価額　　　：　6,000万円
　土地　　　　　：　45㎡（敷地利用権の割合相当の面積）
　建物　　　　　：　95㎡（専有部分の床面積）
　資金調達方法　：　自己資金1,000万円、父親からの資金援助の額2,000万円
　　　　　　　　　　銀行からの借入金3,000万円
　　　　　　　　　　（2019年12月末の借入金残高2,980万円、返済期間25年）
　留意点　　　　：　当該マンションの取得は、特別特定取得（消費税10%）に該当
　　　　　　　　　　する。当該マンションは、認定長期優良住宅および省エネ等住
　　　　　　　　　　宅に該当する。

※家族は、Aさんと同居し、生計を一にしている。
※Aさんとその家族は、いずれも障害者および特別障害者には該当しない。
※Aさんとその家族の年齢は、いずれも2019年12月31日現在のものである。

※上記以外の条件は考慮せず、各問に従うこと。

《問7》 住宅借入金等特別控除（以下、「本控除」という）に関する以下の文章の空欄①〜③に入る最も適切な数値を、下記の〈数値群〉のなかから選び、その記号を解答用紙に記入しなさい。

　「住宅ローンを利用して自己の居住用住宅を取得等（特別特定取得に該当）し、2019年10月から2020年12月までの間に居住した場合、所定の要件を満たせば、居住の用に供した年分以後（　①　）年間、本控除の適用を受けることができます。（　②　）年目以降の住宅借入金等特別控除の額は、原則として『住宅ローンの年末残高×所定の割合（控除率）』と『（住宅取得等対価の額－消費税額）×2％÷3』のいずれか少ないほうになります。

　住宅ローンの年末残高には限度額が設けられていますが、住宅の取得等が特別特定取得に該当し、当該住宅が認定長期優良住宅に該当する場合の年末残高の限度額は（　③　）万円です。なお、本控除の適用を受けるための要件には、『取得した住宅の床面積は50㎡以上であること』『住宅ローンの返済期間が10年以上であること』などが挙げられます」

┌─〈数値群〉─────────────────────────────────┐
│　イ. 11　　ロ. 12　　ハ. 13　　ニ. 15　　ホ. 16　　ヘ. 3,000　　ト. 4,000
│　チ. 5,000
└──┘

《問8》 Aさんの新築マンションの購入に関する次の記述①〜③について、適切なものには〇印を、不適切なものには×印を解答用紙に記入しなさい。

① 「父親からの資金援助について、直系尊属から住宅取得等資金の贈与を受けた場合の贈与税の非課税の特例の適用を受けると、贈与税は課されません」
② 「住宅借入金等特別控除の額が所得税額から控除しきれない場合は、その残額のうち、一定額を限度として、翌年度分の住民税額から控除することができます」
③ 「転勤等のやむを得ない事由によりAさんが単身赴任で転居した場合、妻Bさんが引き続きマンションに居住していたとしても、単身赴任後は住宅借入金等特別控除の適用を受けることができません」

《問9》 Aさんの2019年分の所得税額を計算した下記の表の空欄①～④に入る最も適切な数値を求めなさい。なお、問題の性質上、明らかにできない部分は「□□□」で示してある。

(a) 総所得金額	(①) 円
社会保険料控除	□□□円
生命保険料控除	□□□円
地震保険料控除	□□□円
配偶者控除	(②) 円
扶養控除	(③) 円
基礎控除	380,000円
(b) 所得控除の額の合計額	3,150,000円
(c) 課税総所得金額((a) - (b))	□□□円
(d) 算出税額((c)に対する所得税額)	□□□円
(e) 税額控除(住宅借入金等特別控除)	(④) 円
(f) 差引所得税額	□□□円
(g) 復興特別所得税額	□□□円
(h) 所得税および復興特別所得税の額	□□□円

<資料>給与所得控除額

給与収入金額		給与所得控除額
万円超	万円以下	
	～ 180	収入金額×40% （65万円に満たない場合は、65万円）
180	～ 360	収入金額×30%＋18万円
360	～ 660	収入金額×20%＋54万円
660	～ 1,000	収入金額×10%＋120万円
1,000	～	220万円

<資料>配偶者控除額の金額

居住者の合計所得金額		一般の控除対象配偶者	老人控除対象配偶者
万円超	万円以下		
	～ 900	38万円	48万円
900	～ 950	26万円	32万円
950	～ 1,000	13万円	16万円

【第４問】 次の設例に基づいて、下記の各問（《問10》～《問12》）に答えなさい。

―――――――――《設 例》―――――――――

　Ａさん（70歳）は、10年前に父親の相続によりＭ市内（三大都市圏）にある甲土地（625㎡）を取得している。甲土地は、父親の代からアスファルト敷きの月極駐車場として賃貸しており、駐車場は満車の状態が続いているが、収益性は高くない。

　Ａさんは、先日、ハウスメーカーのＸ社から「甲土地は、最寄駅から徒歩５分の好立地にあり、需要が見込めるので、自己建設方式による賃貸マンションでの有効活用をお勧めします。建築後のマンションは弊社（Ｘ社）が一括賃借契約（サブリース契約）で賃貸・管理し、賃料を保証します」との提案を受けた。

＜甲土地の概要＞

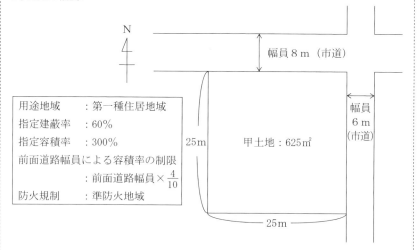

・甲土地は、建蔽率の緩和について特定行政庁が指定する角地である。
・指定建蔽率および指定容積率とは、それぞれ都市計画において定められた数値である。
・特定行政庁が都道府県都市計画審議会の議を経て指定する区域ではない。

※上記以外の条件は考慮せず、各問に従うこと。

272

《問10》 甲土地上に耐火建築物を建築する場合における次の①、②を求めなさい（計算過程の記載は不要）。

① 建蔽率の上限となる建築面積

② 容積率の上限となる延べ面積

《問11》 Ｘ社が提案する自己建設方式に関する次の記述①～③について、適切なものには〇印を、不適切なものには×印を解答用紙に記入しなさい。

① 「Ａさんが甲土地に賃貸マンションを建設した場合、相続税額の計算上、甲土地は貸家建付地として評価されます。甲土地の自用地価額を１億円、借地権割合60％、借家権割合30％、賃貸割合100％とした場合の相続税評価額は1,800万円です」

② 「一括賃貸借契約（サブリース契約）において賃料が保証されていても、経済事情等により賃料を減額請求されることがあります」

③ 「Ａさんが金融機関から融資を受けて賃貸マンションを建設した場合、相続税額の計算上、当該借入金は債務控除の対象となります」

《問12》 地積規模の大きな宅地の評価（以下、「本規定」という）に関する以下の文章の空欄①～③に入る最も適切な語句または数値を、下記の〈語句群〉のなかから選び、その記号を解答用紙に記入しなさい。

「2018年１月１日以後の相続、遺贈または贈与により取得する宅地で、所定の要件を満たすものは、本規定の定めを適用して評価します。本規定の新設に伴い、従前の広大地の評価は廃止されました。

地積規模の大きな宅地とは、三大都市圏では（ ① ）㎡以上、三大都市圏以外の地域では1,000㎡以上の地積の宅地をいい、本規定の対象となる宅地は、路線価地域においては、普通商業・併用住宅地区および（ ② ）に所在するものになります。

なお、市街化調整区域に所在する宅地、工業専用地域に指定されている地域に所在する宅地、指定容積率が（ ③ ）％（東京都の特別区は300％）以上の地域に所在する宅地等は、地積規模の大きな宅地から除かれています」

――〈語句群〉―――――――――――――――――――――――――――――

イ．150　　ロ．200　　ハ．300　　ニ．400　　ホ．500　　ヘ．600
ト．普通住宅地区　　チ．高度商業地区　　リ．繁華街地区

――――――――――――――――――――――――――――――――――

─────────────────────── 《設 例》 ───────────────────────

　Aさん（73歳）は、父親から相続した先祖代々の土地で不動産賃貸業（個人事業）を営んでいる。Aさんの年間の不動産収入は4,000万円であり、所得税および住民税の負担が大きいと感じている。現在、Aさんは、X社（不動産保有会社）を設立し、賃貸不動産をX社に売却して、不動産賃貸業を法人化することを検討している。

　Aさんは、現在、妻Bさん（68歳）および長女Cさん（44歳）と自宅で同居している。長男Dさん（41歳）は、県外の企業に勤務しており、故郷に戻って来る予定はないようである。

　Aさんは、不動産賃貸業を同居する長女Cさんに引き継がせたいと思っているが、大半の財産を長女Cさんに相続させた場合に、長女Cさんと長男Dさんとの間で争いが生じるのではないかと不安を感じている。

＜Aさんの推定相続人＞
　妻Bさん　　：専業主婦。Aさんと自宅で同居している。
　長女Cさん：Aさんの不動産賃貸業を手伝っている。Aさん夫妻と同居している。
　長男Dさん：会社員。妻と子2人でマンション（持家）に住んでいる。

＜Aさんの所有財産（相続税評価額）＞
　1．現預金　　　　　　　　：1億2,000万円
　2．自宅
　　　①敷地（240㎡）　　　：　　7,000万円
　　　②建物　　　　　　　　：　　3,000万円
　3．賃貸マンション甲
　　　①敷地（300㎡）　　　：　　1億円
　　　②建物（築30年）　　　：　　7,000万円
　4．賃貸マンション乙
　　　①敷地（400㎡）　　　：1億2,000万円
　　　②建物（築25年）　　　：　　8,000万円
　　　合計　　　　　　　　　：5億9,000万円
　※自宅および賃貸マンションの土地は「小規模宅地等についての相続税の課税価格の計算の特例」適用前の金額である。

　※上記以外の条件は考慮せず、各問に従うこと。

《問13》 現時点（2020年1月26日）において、Ａさんの相続が開始した場合における相続税の総額を試算した下記の表の空欄①〜③に入る最も適切な数値を求めなさい。なお、相続税の課税価格の合計額は５億9,000万円とし、問題の性質上、明らかにできない部分は「□□□」で示してある。

（a）相続税の課税価格の合計額	５億9,000万円
（b）遺産に係る基礎控除額	（ ① ）万円
課税遺産総額（（a）－（b））	□□□万円
相続税の総額の基となる税額	
妻Ｂさん	□□□万円
長女Ｃさん	（ ② ）万円
長男Ｄさん	□□□万円
（c）相続税の総額	（ ③ ）万円

<資料>相続税の速算表（一部抜粋）

法定相続分に応ずる取得金額		税率	控除額
万円超	万円以下		
	〜　1,000	10%	－
1,000	〜　3,000	15%	50万円
3,000	〜　5,000	20%	200万円
5,000	〜　10,000	30%	700万円
10,000	〜　20,000	40%	1,700万円
20,000	〜　30,000	45%	2,700万円

《問14》 不動産賃貸業の法人化に関する次の記述①〜③について、適切なものには○印を、不適切なものには×印を解答用紙に記入しなさい。

① 「不動産賃貸業を法人化し、ＡさんがＸ社から役員報酬を得ることになれば、給与所得控除額の適用があります。また、妻Ｂさんや長女ＣさんがＸ社の役員になり役員報酬を得ることで、所得の分散を図ることもできます」

② 「Ａさんが賃貸マンションの建物だけをＸ社に移転した場合、権利金の認定課税を回避するためには、Ｘ社はＡさんと連名で『土地の無償返還に関する届出書』を法務局に提出する必要があります」

③ 「賃貸マンションの土地と建物をＡさんからＸ社に譲渡した場合、先祖代々の土地の取得費が小さければ、譲渡所得の金額が大きくなり、Ａさんに多額の所得税が課される可能性があります」

《問15》 Ａさんの相続等に関する以下の文章の空欄①～④に入る最も適切な数値を、下記の
〈数値群〉のなかから選び、その記号を解答用紙に記入しなさい。

Ⅰ 「妻Ｂさんが自宅の敷地を相続により取得し、当該敷地の全部について、小規模宅
地等についての相続税の課税価格の計算の特例の適用を受けた場合、減額される金
額は（ ① ）万円となります。なお、自宅の敷地について優先して本特例の適用
を受けた場合、貸付事業用宅地等として適用を受けることができる面積は所定の算
式により調整しなければなりません」

Ⅱ 「遺言により賃貸マンション等の相続財産の大半を長女Ｃさんに相続させた場合、
長男Ｄさんの遺留分を侵害する可能性があります。仮に、遺留分算定の基礎となる
財産の価額が6億円である場合、長男Ｄさんの遺留分の金額は（ ② ）万円とな
ります」

Ⅲ 「相続税の申告期限までに遺産分割協議が調わなかった場合、相続税の申告時にお
いて、未分割の財産に対して配偶者に対する相続税額の軽減や小規模宅地等につい
ての相続税の課税価格の計算の特例の適用を受けることができないというデメリッ
トが生じます。その場合、相続税の申告の際に『申告期限後（ ③ ）年以内の分
割見込書』を税務署に提出し、申告期限後（ ③ ）年以内に遺産分割協議が成立
すれば、それらの特例の適用を受けるため、分割後（ ④ ）カ月以内に更正の請
求を行うことができます」

┌─〈数値群〉─────────────────────────────────┐
│ イ．1　　　ロ．2　　　ハ．3　　　ニ．4　　　ホ．5　　　ヘ．6　　　ト．1,400 │
│ チ．3,500　　リ．3,750　　ヌ．5,600　　ル．7,500　　ヲ．15,000 │
└──────────────────────────────────────┘

2019年5月、2019年9月、2020年1月実施

模範解答・解説

2019年5月試験 模範解答・解説

【第1問】

《問1》

1. 老齢基礎年金の年金額

$$老齢基礎年金の年金額 = 779,300円 \times \frac{480月}{480} = (①779,300)円$$

　Ａさんの場合、保険料納付済月数に反映されるのは、20歳以上60歳未満の期間（480月）である。

2. 老齢厚生年金の年金額

（1）報酬比例部分の額（円未満四捨五入）

$$280,000円 \times \frac{7.125}{1,000} \times 132月 + 400,000円 \times \frac{5.481}{1,000} \times 364月 = 1,061,373.6　\rightarrow　(②1,061,374)円$$

（2）経過的加算額

$$1,625円 \times 480月^{※1} - 779,300円 \times \frac{480月^{※2}}{480} = (③700)円$$

　　※1　Ａさんの保険料納付済期間は「132月＋364月＝496月」であるが、1,625円に乗じる月数は上限480月となる。

　　※2　20歳以上60歳未満の厚生年金保険の被保険者期間の月数は、480月である。

（3）基本年金額（1＋2）

　　1,061,374円＋700円＝1,062,074円

（4）加給年金額

　　Ａさんの場合、厚生年金保険の被保険者期間は20年以上あるが、Ａさんが65歳到達時点において妻Ｂさんはすでに65歳に達しているため、加給年金額は加算されない。

（5）老齢厚生年金の年金額

　　（④1,062,074）円

〈答〉	①	779,300（円）	②	1,061,374（円）
	③	700（円）	④	1,062,074（円）

《問2》

①　確定給付企業年金の加入者であるＡさんが確定拠出年金の個人型年金に加入し

た場合、拠出できる掛金の限度額は、年額144,000円である。

② 国民年金の第3号被保険者である妻Bさんが確定拠出年金の個人型年金に加入した場合、拠出できる掛金の限度額は、年額276,000円である。

③ 60歳到達時に確定拠出年金から老齢給付金を受給するためには、通算加入者等期間が10年以上必要である。

〈答〉① ニ ② ヘ ③ ロ

《問3》

① 適切。

② 適切。1973年生まれのAさんおよび妻Bさんは、1961年4月2日以降に生まれた男性および1966年4月2日以降に生まれた女性であるため、特別支給の老齢厚生年金は支給されない。

③ 不適切。本人分の確定拠出年金の掛金を拠出した場合には、その全額が小規模企業共済等掛金控除の対象となる。しかし、生計を一にする配偶者やその他親族の掛金を負担した場合、その負担者の小規模企業共済等掛金控除の対象とはならない。

〈答〉① ○ ② ○ ③ ×

【第2問】
《問4》

① $\text{ROE}(\%) = \dfrac{\text{当期純利益}}{\text{自己資本}} \times 100$

X社のROE $= \dfrac{290,000\text{百万円}}{2,400,000\text{百万円}} \times 100 = 12.083\cdots \quad \rightarrow \quad 12.08\%$

Y社のROE $= \dfrac{46,500\text{百万円}}{480,000\text{百万円}} \times 100 = 9.6875 \quad \rightarrow \quad 9.69\%$

② $\text{PER}(\text{倍}) = \dfrac{\text{株価}}{1\text{株当たり純利益}}$

X社のPER $= \dfrac{4,000\text{円}}{290,000\text{百万円} \div 8\text{億株}} = 11.034\cdots \quad \rightarrow \quad 11.03\text{倍}$

Y社のPER $= \dfrac{1,500\text{円}}{46,500\text{百万円} \div 3\text{億株}} = 9.677\cdots \quad \rightarrow \quad 9.68\text{倍}$

〈答〉① X社：12.08（%） Y社：9.69（%）

② 　X社：11.03（倍）　Y社：9.68（倍）

《問5》

① 　不適切。一般に、PERが高い銘柄ほど、株価は割高である。これは、今後の高い利益成長が期待されていると考えることができる。

② 　適切。ROEは自己資本利益率であるため、ROEが高い会社ほど、資産（自己資本）の効率的な活用がなされている。

③ 　不適切。当期純利益に対する年間配当金の割合が配当性向である。配当性向が高いほど、株主に対する利益還元の度合いが高いと考えることができる。配当性向は以下のように計算され、X社の数値がY社の数値を上回っている。

$$配当性向（\%）＝\frac{年間配当金}{当期純利益}×100$$

$$X社の配当性向＝\frac{120,000百万円}{290,000百万円}×100＝41.37…\%$$

$$Y社の配当性向＝\frac{15,000百万円}{46,500百万円}×100＝32.25…\%$$

〈答〉①　×　　　②　○　　　③　×

《問6》

① 　特定口座（源泉徴収あり）において、上場株式の配当金は、所得税および復興特別所得税と住民税の合計で、配当金額の20.315%相当額が源泉徴収等される。

② 　X社の次回の決算期が6月30日（日）ということは、6月28日（金）までに受渡しが終了していなければならない。受渡日は売買成立日の4営業日目であるため、権利付き最終日である6月25日（火）までにX社株式を購入する必要がある。なお、2019年7月16日以降の取引より、受渡日は売買成立日の3営業日目に変更される。

③ 　損益通算しても控除しきれない上場株式等の譲渡損失の金額は、確定申告をすることにより、翌年以降3年間の繰越控除が可能である。

〈答〉①　ホ　　　②　ト　　　③　ロ

【第3問】

《問7》

① 　事業所得の損失は、損益通算の対象となる。第一次通算では、不動産所得または

280

事業所得の金額の計算上生じた損失の金額を、給与所得などの経常所得の金額から控除する。

② 山林所得の損失は、損益通算の対象となる。

③ 第一次通算では、譲渡所得の金額の計算上生じた損失の金額は、一時所得の金額から控除する。

〈答〉① ニ ② イ ③ ハ

《問8》

① 適切。Aさんの合計所得金額は900万円以下（《問9》②参照）で、妻Bさん（70歳未満）の合計所得金額は以下のように38万円※以下であるため、Aさんは、配偶者控除として38万円の控除の適用を受けることができる。

妻Bさんの給与所得の金額＝100万円－65万円※＝35万円

妻Bさんの公的年金等の雑所得の金額＝30万円－70万円＜0円 ∴0円

妻Bさんの合計所得金額＝35万円

② 不適切。母Cさん（88歳）は70歳以上の親で、合計所得金額が以下のように38万円以下で、Aさんと同居し、生計を一にしているため、同居老親等の老人扶養親族に該当する。扶養控除の控除額は58万円である。

母Cさんの公的年金等の雑所得の金額：

50万円－120万円（65歳以上の者の最低控除額※）＜0円 ∴0円

③ 不適切。Aさんの不動産所得の損失は、ほかの所得金額と損益通算することができ、通算しきれない損失額（純損失）は生じない（《問9》②参照）ため、純損失の繰越控除の適用を受けることはできない。

〈答〉① ○ ② × ③ ×

《問9》

① 総所得金額に算入される雑所得の金額

特別支給の老齢厚生年金と確定拠出年金の老齢給付金は、公的年金等の雑所得に該当する。個人年金保険契約の年金は、その他の雑所得に該当する。

・公的年金等の雑所得の金額＝公的年金等の収入金額－公的年金等控除額

＝（80万円＋30万円）－70万円※＝40万円

・その他の雑所得の金額＝総収入金額－必要経費

＝100万円－60万円＝40万円

・雑所得の金額＝40万円＋40万円＝80万円

② 総所得金額

　不動産所得の損失は損益通算できるが、土地等の取得に係る負債の利子の部分は損益通算できない。

　損益通算の対象となる不動産所得の損失の金額＝120万円－20万円＝100万円

　総所得金額＝192万円（給与所得）－100万円（不動産所得）＋80万円（雑所得）＝172万円

〈答〉① 80（万円）　② 172（万円）

※2020年分の所得税から、給与所得控除額、公的年金等控除額、扶養控除および配偶者控除の所得要件は変更されている。

【第4問】

《問10》

1．建蔽率の上限となる建築面積

（480㎡－（①20※1）㎡）×（②100※2）％＝460㎡

※1　幅員2mの市道は、いわゆる2項道路に該当し、セットバックが必要となる。道路中心線から2m後退した線が道路境界線とみなされる。セットバック部分は敷地面積に含まれない。

セットバックによる後退距離＝2m－（2m÷2）＝1m

セットバック部分の面積＝1m×20m＝20㎡

※2　指定建蔽率が80％の防火地域内に耐火建築物を建築する場合、建蔽率の制限は適用されない（建蔽率100％となる）。

2．容積率の上限となる延べ面積

・指定容積率：400％

・前面道路幅員による容積率の制限：$6m^{※}×\dfrac{6}{10}＝（③360）％$

※前面道路幅員は、幅の広いほうの道路である6mを用いる。

400％と360％を比較して低いほうの360％が、上限となる容積率となる。

（480㎡－（①20）㎡）×360％＝（④1,656）㎡

〈答〉① 20（㎡）　② 100（％）　③ 360（％）　④ 1,656（㎡）

《問11》

① 適切。

② 適切。建設協力金方式によりAさんが建築した建物（Aさん所有）は、テナントに賃貸しているため、当該建物の敷地は、貸家建付地として評価される。

③ 不適切。建設協力金方式において、建物の所有者はテナントではなく土地所有者であり、借主であるテナントが建物を撤去することはない。なお、テナントが土地所有者に貸し付けた建設資金は、その後、テナント料（賃貸料）の一部と相殺され、残りが土地所有者に支払われることにより、テナントに返還される。

〈答〉① ○　　② ○　　③ ×

《問12》

① 事業用定期借地権等では、居住の用に供する建物を建築することはできない。したがって、居住の用に供する賃貸マンションの事業運営を目的とする設定契約を締結することはできない。

② 事業用定期借地権等は、存続期間が10年以上30年未満の事業用借地権と、30年以上50年未満の事業用定期借地権に区別される。

③ 事業用定期借地権等の設定契約は、公正証書により作成しなければならない。

〈答〉① ホ　　② ハ　　③ ヘ

【第5問】

《問13》

・遺産に係る基礎控除額

3,000万円＋600万円×法定相続人の数（3人[※]）＝①4,800万円

※妻Bさん、長男Cさん、長女Dさんの3人

・課税遺産総額＝2億円－4,800万円＝1億5,200万円

・法定相続人が法定相続分どおりに取得したと仮定した取得金額

・妻Bさん　　　1億5,200万円×$\frac{1}{2}$　　　＝7,600万円……❶

・長男Cさん　　1億5,200万円×$\frac{1}{2}$×$\frac{1}{2}$＝3,800万円……❷

・長女Dさん　　1億5,200万円×$\frac{1}{2}$×$\frac{1}{2}$＝3,800万円……❸

・相続税の総額（❶～❸に対する税額の合計）

- 妻Bさん　❶　7,600万円×30%－700万円＝1,580万円
- 長男Cさん　❷　3,800万円×20%－200万円＝　560万円
- 長女Dさん　❸　3,800万円×20%－200万円＝②560万円

合計（相続税の総額）③2,700万円

〈答〉①　4,800（万円）　②　560（万円）　③　2,700（万円）

《問14》

① 不適切。全体の遺留分は2分の1であり、長女Dさんの法定相続分は4分の1であるため、長女Dさんの遺留分は以下のように8分の1となる。

$$長女Dさんの遺留分 = \frac{1}{2} \times \frac{1}{4} = \frac{1}{8}$$

$$長女Dさんの遺留分の金額 = 2億4,000万円 \times \frac{1}{8} = 3,000万円$$

② 適切。推定相続人や受遺者は、公正証書遺言の証人になることはできない。

③ 不適切。2018年4月1日前に貸付事業の用に供していた宅地等については、本問の記述内容は適用されない。Aさんは、2017年2月から貸付事業の用に供していたため、小規模宅地等についての相続税の課税価格の計算の特例の対象となる。

〈答〉①　×　②　○　③　×

《問15》

① 妻Bさんが特定居住用宅地等に該当する自宅の敷地を相続により取得し、「小規模宅地等についての相続税の課税価格の計算の特例」の適用を受けた場合、330㎡までの部分について評価額を80%減額することができる。敷地の面積は330㎡であるため、全体が80%減額され、課税価格に算入すべき価額は「7,500万円×（1－80%）＝1,500万円」となる。

② 「配偶者に対する相続税額の軽減」の適用を受けた場合、配偶者が相続により取得した財産の金額が、配偶者の法定相続分相当額と1億6,000万円とのいずれか多い金額までであれば、配偶者が納付すべき相続税額は算出されない。

③ 相続税の申告期限までに遺産が未分割であった場合、相続税の申告の際に「申告期限後3年以内の分割見込書」を提出し、申告期限後3年以内に遺産分割協議が成立すれば、特例の適用を受けることが可能となる。

④ 特例の適用を受けるためには、分割後4カ月以内に更正の請求を行う。

〈答〉①　イ　②　ホ　③　ヌ　④　ト

【第1問】

《問1》

① <u>1961（昭和36）年4月2日以後</u>生まれの男性からは、特別支給の老齢厚生年金の支給はない。なお、女性（第1号厚生年金被保険者）の場合、1966（昭和41）年4月2日以後生まれの者からは、支給はない。

② 繰上げ1カ月につき年金額は0.5％減額される。62歳0カ月で老齢基礎年金の繰上げ支給を請求した場合、3年（36月）繰り上げることとなるため、減額率は「0.5％×36月＝<u>18.0％</u>」となる。

③ 老齢基礎年金の繰上げ支給の請求をする場合、同時に老齢厚生年金の繰上げ支給の請求を<u>行わなければならない</u>。

〈答〉①　ニ　　②　ロ　　③　ヘ

《問2》

① 適切。妻Bさんは、現在、国民年金の第3号被保険者で保険料の負担はないが、Aさんが退職後は60歳になるまでの間、第1号被保険者となり保険料を負担することとなる。

② 不適切。Aさんは、退職日の翌日から最長で2年間、全国健康保険協会管掌健康保険に任意継続被保険者として加入することができるが、保険料は、全額被保険者負担となる。

③ 不適切。雇用保険の被保険者期間が20年以上ある者が、定年退職した場合の基本手当の所定給付日数は150日である。なお、後半の受給期間に関する記述は適切である。

〈答〉①　○　　②　×　　③　×

《問3》

1．老齢基礎年金の年金額

老齢基礎年金の年金額 ＝ 780,100円 × $\frac{480月}{480}$ ＝（①780,100）円

Aさんの場合、保険料納付済月数に反映されるのは、20歳以上60歳未満の期間（480月）である。

2．老齢厚生年金の年金額

（1）報酬比例部分の額（円未満四捨五入）

$$280,000円 \times \frac{7.125}{1,000} \times 216月 + 400,000円 \times \frac{5.481}{1,000} \times 283月 = 1,051,369.2 \rightarrow （②1,051,369）円$$

（2）経過的加算額

$$1,626円 \times 480月^{※1} - 780,100円 \times \frac{480月^{※2}}{480} = （③380）円$$

※1　Aさんの保険料納付済期間は「216月＋283月＝499月」であるが、1,626円に乗じる月数は上限480月となる。

※2　20歳以上60歳未満の厚生年金保険の被保険者期間の月数は、480月である。

（3）基本年金額（1＋2）

1,051,369円＋380円＝1,051,749円

（4）加給年金額

Aさんの場合、厚生年金保険の被保険者期間が20年以上で、生計維持関係にある65歳未満の妻Bさんがいるため、加給年金額は加算される。

（5）老齢厚生年金の年金額

1,051,749円＋390,100円＝（④1,441,849）円

〈答〉	①	780,100 （円）	②	1,051,369 （円）
	③	380 （円）	④	1,441,849 （円）

【第2問】

《問4》

① $ROE（\%） = \frac{当期純利益}{自己資本} \times 100$

　　$X社のROE = \frac{28,000百万円}{210,000百万円} \times 100 = 13.333\cdots \rightarrow \underline{13.33\%}$

② $Y社のROE = \frac{12,000百万円}{110,000百万円} \times 100 = 10.909\cdots\%$

　　したがって、ROEの数値が高い<u>X社</u>の方が、収益性は高いと判断できる。

③ $PER（倍） = \frac{株価}{1株当たり純利益}$

$$\text{X社のPER} = \frac{730\text{円}}{28,000\text{百万円} \div 4\text{億株}} = 10.428\cdots \quad \rightarrow \quad \underline{10.43\text{倍}}$$

④ $\text{配当性向}(\%) = \dfrac{\text{配当金総額}}{\text{当期純利益}} \times 100$

$$\text{X社の配当性向} = \frac{8,000\text{百万円}}{28,000\text{百万円}} \times 100 = 28.571\cdots \quad \rightarrow \quad \underline{28.57\%}$$

〈答〉 ① 13.33 (%)　② X社　③ 10.43 (倍)　④ 28.57 (%)

《問5》

① 一般NISAの2014年分の非課税投資枠は、<u>100万円</u>が上限であった。2016年分以降は、120万円が上限である。

② 2019年分の非課税投資枠は120万円であるため、時価70万円分をロールオーバー後に2019年分の非課税管理勘定に新規投資で受け入れることができる金額の上限は、「120万円－70万円＝<u>50万円</u>」である。

③ 非課税管理勘定で購入した上場株式を特定口座に移管する場合、当該特定口座における取得価額は、<u>非課税期間終了時</u>の時価となる。

〈答〉 ① ホ　② ハ　③ チ

《問6》

① 不適切。$\text{自己資本比率}(\%) = \dfrac{\text{自己資本}}{\text{総資産（総資本）}} \times 100$

$$\text{X社の自己資本比率} = \frac{210,000\text{百万円}}{710,000\text{百万円}} \times 100 = 29.577\cdots\%$$

$$\text{Y社の自己資本比率} = \frac{110,000\text{百万円}}{480,000\text{百万円}} \times 100 = 22.916\cdots\%$$

自己資本比率はY社よりX社の方が高い。

② 不適切。つみたてNISAの対象となる金融商品は、一定の要件を満たした公募株式投資信託およびETF（上場投資信託）に限定されている。したがって、つみたてNISAを利用してX社株式（上場株式）を購入することはできない。

③ 適切。NISA口座内における上場株式の譲渡損失は他の譲渡益等と損益通算できないが、NISA口座以外の口座（課税口座）内における上場株式の譲渡損失は損益通算できる。

【第3問】

《問7》

〈退職所得控除額〉

退職所得控除額（勤続年数20年超の場合）＝800万円＋70万円×（勤続年数－20年）

＝800万円＋（①70万円）×（37年－20年）＝（②1,990）万円

※1年未満の勤続年数は切り上げるため、36年5カ月は37年として計算する。

〈退職所得の金額〉

退職所得の金額＝（収入金額－退職所得控除額）$\times \dfrac{1}{2}$

$$＝（2,500万円－（②1,990）万円）\times \dfrac{1}{2}＝（③255）万円$$

〈答〉①　70（万円）　　②　1,990（万円）　　③　255（万円）

《問8》

① 総所得金額に算入される一時所得の金額

一時所得の金額＝総収入金額－支出金額－特別控除額（最高50万円）

＝500万円－400万円－50万円＝50万円

総所得金額に算入される一時所得の金額＝50万円$\times \dfrac{1}{2}$＝25万円

② 総所得金額

給与所得の金額＝給与収入金額－給与所得控除額

＝700万円－（700万円×10％＋120万円）※＝510万円

損益通算の対象となる不動産所得の損失の金額＝100万円－10万円＝90万円

総所得金額＝510万円－90万円＋25万円＝445万円

※退職所得の金額（255万円）は、分離課税の対象であるため、総所得金額には算入しない。

〈答〉①　25（万円）　　②　445（万円）

《問9》

① 不適切。Aさんは、退職所得の受給に関する申告書をX社に提出しているため、

退職金の支給の際に退職所得について超過累進税率を適用した適正な額の所得税および復興特別所得税が源泉徴収されている。なお、申告書を提出していない場合は、本文のとおりとなる。

② 適切。Aさんの合計所得金額（総所得金額445万円＋退職所得255万円＝700万円）は900万円以下で、妻Bさん（70歳未満）の合計所得金額（0円）は38万円以下※であるため、Aさんは38万円の配偶者控除の適用を受けることができる。

③ 不適切。長女Cさん（27歳）の合計所得金額は、以下のように38万円※を超えるため、控除対象扶養親族とならない（控除額0円）。二女Dさん（25歳）は23歳以上70歳未満で合計所得金額（0円）が38万円以下※であるため、一般の控除対象扶養親族となり、扶養控除の控除額は38万円である。

長女Cさんの給与所得の金額＝180万円－（180万円×40％）＝108万円＞38万円

〈答〉① ✕　② ○　③ ✕

※2020年分の所得税から、給与所得控除額、扶養控除および配偶者控除の所得要件は変更されている。

【第4問】

《問10》

① 適切。

② 不適切。家屋を取り壊して更地で譲渡する場合、敷地の譲渡価額が1億円以下でなければならない。なお、甲土地の相続税評価額が8,000万円（250千円×320㎡）であるという記述は適切である。

③ 不適切。本特例と相続税の取得費加算の特例は、重複して適用を受けることができない。

〈答〉① ○　② ✕　③ ✕

《問11》

① 建設協力金方式は、将来入居予定のテナント（Y社）が建設資金を預託金として土地所有者（Aさん）に貸し付け、土地所有者（Aさん）がこの資金を利用して店舗を建設し、その建物をテナント（Y社）に賃貸する手法である。

② 建設協力金方式により建設された建物の土地は、相続税額の計算上、貸家建付地として評価される。

③ 貸付の用に供されている土地は、「小規模宅地等についての相続税の課税価格の

計算の特例」において、貸付事業用宅地等として、適用を受けることができる。

〈答〉① イ　　② ホ　　③ チ

《問12》

① 建蔽率の上限となる建築面積

敷地面積×建蔽率＝320㎡×100％※＝320㎡

※指定建蔽率が80％の防火地域内に耐火建築物を建築する場合、建蔽率の制限は適用されない（建蔽率100％となる）。

② 容積率の上限となる延べ面積

前面道路幅員による容積率の制限：$6 \text{ m} \times \dfrac{6}{10} = 360\% < 400\%$

360％と400％を比較して低いほうの360％が、上限となる容積率となる。

敷地面積×容積率＝320㎡×360％＝1,152㎡

〈答〉① 　320 （㎡）　　② 1,152 （㎡）

【第5問】

《問13》

① 本特例の適用を受けた場合、後継者が先代事業者から贈与または相続等により取得した特定事業用資産に係る贈与税・相続税の全額の納税が猶予される。

② 本特例の適用を受ける場合、後継者は、2019年4月1日から2024年3月31日までの5年間に個人事業承継計画を都道府県知事に提出し、確認を受ける必要がある。

③ 本特例における特定事業用資産とは、先代事業者の事業の用に供されていた宅地等が含まれるが、400㎡までが限度となる。また、「小規模宅地等についての相続税の課税価格の計算の特例」において、特定事業用宅地等に該当する宅地等は、400㎡までの部分について80％減額することができる。

④ 本特例の適用を受けて相続等により取得した事業用の宅地は、「小規模宅地等についての相続税の課税価格の計算の特例」の対象とならない。

〈答〉① ヘ　　② チ　　③ ハ　　④ ル

《問14》

① 適切。相続法改正により、自筆証書遺言に添付する財産目録については、自書でなくてもよいこととされた。

② 適切。全体の遺留分は2分の1であり、長女Dさんの法定相続分は4分の1であるため、長女Dさんの遺留分は以下のように8分の1となる。

$$長女Dさんの遺留分 = \frac{1}{2} \times \frac{1}{4} = \frac{1}{8}$$

$$長女Dさんの遺留分の金額 = 4億円 \times \frac{1}{8} = 5{,}000万円$$

③ 不適切。「小規模宅地等についての相続税の課税価格の計算の特例」において、自宅の敷地（特定居住用宅地等）と賃貸アパートの敷地（貸付事業用宅地等）は、それぞれの限度面積まで完全併用することはできず、適用対象面積の調整が必要となる。

〈答〉 ① ○　　② ○　　③ ×

《問15》

・遺産に係る基礎控除額

3,000万円＋600万円×法定相続人の数（3人※）＝①4,800万円

　※妻Bさん、長男Cさん、長女Dさんの3人

・課税遺産総額＝3億円－4,800万円＝2億5,200万円

・法定相続人が法定相続分どおりに取得したと仮定した取得金額

　・妻Bさん　　2億5,200万円×$\frac{1}{2}$＝1億2,600万円……❶

　・長男Cさん　2億5,200万円×$\frac{1}{2}$×$\frac{1}{2}$＝6,300万円……❷

　・長女Dさん　2億5,200万円×$\frac{1}{2}$×$\frac{1}{2}$＝6,300万円……❸

・相続税の総額（❶〜❸に対する税額の合計）

　・妻Bさん　　❶1億2,600万円×40％－1,700万円＝　3,340万円

　・長男Cさん　❷　　6,300万円×30％－　700万円＝②1,190万円

　・長女Dさん　❸　　6,300万円×30％－　700万円＝　1,190万円

　　　　　　　　　　　合計（相続税の総額）③5,720万円

〈答〉 ①　4,800（万円）　　②　1,190（万円）　　③　5,720（万円）

【第1問】

《問1》

① 老齢基礎年金の額（円未満四捨五入）

$$780,100円 \times \frac{173月 + 277月}{480} = 731,343.75 \quad \rightarrow \quad \underline{731,344円}$$

② 老齢厚生年金の額

　ⅰ）報酬比例部分の額（円未満四捨五入）

$$280,000円 \times \frac{5.481}{1,000} \times 173月 = 265,499.64 \quad \rightarrow \quad 265,500円$$

　ⅱ）経過的加算額（円未満四捨五入）

$$1,626円 \times 173月 - 780,100円 \times \frac{173月}{480} = 136.958\cdots \quad \rightarrow \quad 137円$$

　基本年金額（ⅰ＋ⅱ）

$$265,500円 + 137円 = \underline{265,637円}$$

③ Aさんの厚生年金保険の被保険者期間は20年以上ないため、老齢厚生年金の額に配偶者に係る加給年金額の加算はない。

〈答〉① 731,344（円）　　② 265,637（円）　　③ 20（年）

《問2》

① 付加年金の額＝200円×付加保険料納付済月数

　　　　　　　＝200円×180月＝36,000円

② 国民年金基金の掛金の拠出限度額は月額68,000円である。

③ 国民年金基金とともに確定拠出年金の個人型年金に加入している場合、掛金の拠出限度額は合わせて月額68,000円である。

④ 小規模企業共済制度の掛金は、月額1,000円から70,000円の範囲内（500円単位）で選択できる。

〈答〉① 二　　② ヘ　　③ ヌ　　④ ト

《問3》

① 適切。老齢基礎年金および老齢厚生年金の繰上げ支給を請求した場合、繰上げ

1カ月につき0.5%の減額率で年金額が減額される。62歳0カ月で繰上げ支給の請求をした場合、36月繰り上げるため、減額率は「0.5%×36月＝18%」となる。

②　不適切。国民年金の付加保険料や国民年金基金の掛金についても、前納による割引制度がある。

③　不適切。小規模企業共済制度の掛金は、事業所得の金額の計算上、必要経費に算入することはできない。小規模企業共済等掛金控除として所得控除の対象となる。

〈答〉①　○　　②　×　　③　×

【第2問】

《問4》

①　適切。なお、ＢＢ（ダブルＢ）格相当以下の格付が付されている場合、投資不適格債または投機的債券とされる。

②　不適切。金利と債券価格は反対の動きをする。一般に、市場金利が低下する局面では、債券価格は上昇する。

③　不適切。Ａさんが満期時（3カ月後）に受け取ることができる利息額（税引前）は、下記のとおり225米ドルとなる。

$$50{,}000米ドル \times 1.8\% \times \frac{3月}{12月} = 225米ドル$$

〈答〉①　○　　②　×　　③　×

《問5》

①　最終利回り（％）＝

$$\frac{表面利率 + \dfrac{額面金額(100円) - 購入価格}{残存期間}}{購入価格} \times 100$$

$$= \frac{2.0\% + \dfrac{100円 - 104.5円}{5年}}{104.5円} \times 100 = 1.052\cdots \quad \rightarrow \quad \underline{1.05\%}$$

②　・預入時に必要な円貨の額

50,000米ドル×110.00円＝5,500,000円

※預入時に円貨を外貨に換える際の為替レートは、TTSが適用される。

　・満期時における米ドルベースでの元利金の額

50,000米ドル×（1＋1.8%×0.25年）＝50,225米ドル

※預入期間3カ月（0.25年）に対する利率は、年率に0.25年を乗じる。

・満期時における円ベースでの元利金の額

50,225米ドル×111.00円＝5,574,975円

※満期時に外貨を円貨に換える際の為替レートは、TTBが適用される。

・円ベースでの運用利回り（単利による年換算）

$$\frac{5,574,975円-5,500,000円}{5,500,000円}÷0.25年×100＝5.452\cdots \quad \rightarrow \quad \underline{5.45\%}$$

※預入期間は3カ月（0.25年）であるが、年換算（1年）の運用利回りを求めるため、0.25年で除する。

〈答〉① 1.05（％） ② 5.45（％）

《問6》

① 適切。X社債は特定公社債であるため、その利子は、支払時において所得税および復興特別所得税と住民税の合計で20.315％相当額が源泉徴収等され、原則として申告分離課税の対象となる。

② 不適切。特定公社債の譲渡益は、上場株式等の譲渡所得として申告分離課税の対象となるため、上場株式の譲渡損失の金額と損益通算することができる。

③ 適切。なお、預入時に為替予約をした場合の為替差益は、利子とあわせて源泉分離課税の対象となる。

〈答〉① ○ ② × ③ ○

【第3問】

《問7》

① 住宅借入金等特別控除の特例により、消費税率が10％の住宅を取得等した場合、所定の要件を満たせば、居住の用に供した年分以後13年間、住宅借入金等特別控除の適用を受けることができる。

② 13年間の適用期間のうち、11年目以降の住宅借入金等特別控除の額は、原則として「住宅ローンの年末残高×1％」と「（住宅取得等対価の額－消費税額）×2％÷3」のいずれか少ないほうとなる。なお、10年目までは、「住宅ローンの年末残高×1％」である。

③ 認定長期優良住宅に該当する場合の住宅ローンの年末残高の限度額は、5,000万円である。

《問8》

① 適切。直系尊属から住宅取得等資金の贈与を受けた場合の贈与税の非課税の特例では、2019年4月から2020年3月までに契約を締結して消費税率が10%の住宅を取得等した場合の非課税金額は、省エネ等住宅に該当すれば最高3,000万円である。Aさんが父親から受けた資金援助は2,000万円であるため、本特例の適用を受けると、贈与税は課されない。

② 適切。

③ 不適切。転勤等のやむを得ない事由によりAさんが単身赴任で転居した場合、妻Bさんが引き続きマンションに居住していれば、単身赴任後も住宅借入金等特別控除の適用を受けることができる。

〈答〉① ○ ② ○ ③ ×

《問9》

① 給与所得の金額 = 給与収入金額 − 給与所得控除額

$$= 920万円 − (920万円 × 10\% + 120万円)^※ = 708万円$$

Aさんには、その他の所得はないため、総所得金額は7,080,000円となる。

② Aさんの合計所得金額が900万円以下で、妻Bさん（70歳未満）の合計所得金額が以下のように38万円以下$^※$であるため、Aさんは380,000円の配偶者控除の適用を受けることができる。

妻Bさんの給与所得の金額 = 80万円 − 65万円 = 15万円 ≦ 38万円

③ 長女Cさん（19歳）は、19歳以上23歳未満で特定扶養親族に該当し、扶養控除の金額は63万円となる。二女Dさん（17歳）は16歳以上19歳未満であるため一般の控除対象扶養親族に該当し、扶養控除の金額は38万円となる。したがって、扶養控除の額は、「63万円 + 38万円 = 1,010,000円」となる。

④ 住宅借入金等特別控除 = 住宅ローンの年末残高 × 1%

$$= 2,980万円 × 1\% = 298,000円$$

〈答〉① 7,080,000（円） ② 380,000（円）

③ 1,010,000（円） ④ 298,000（円）

※2020年分の所得税から、給与所得控除額、扶養控除および配偶者控除の所得要件は変更されている。

【第4問】

《問10》

① 建蔽率の上限となる建築面積

敷地面積×建蔽率＝625㎡×（60％＋10％＋10％[※]）＝500㎡

　　※甲土地は、建蔽率の緩和について特定行政庁が指定する角地であるため、10％加算される。また、準防火地域内に耐火建築物を建築するため、さらに10％加算される。

② 容積率の上限となる延べ面積

前面道路幅員による容積率の制限：$8\,\mathrm{m} \times \dfrac{4}{10} = 320\% > 300\%$

よって、低いほうの300％が、上限となる容積率となる。

敷地面積×容積率＝625㎡×300％＝1,875㎡

〈答〉① 　500（㎡）　　② 　1,875（㎡）

《問11》

① 不適切。賃貸マンションを建設した場合、貸家建付地として評価される。評価額は、以下のように8,200万円となる。

貸家建付地の評価額＝自用地価額×（1－借地権割合×借家権割合×賃貸割合）

＝ 1億円×（1－60％×30％×100％）＝8,200万円

② 適切。

③ 適切。

〈答〉① 　×　　② 　○　　③ 　○

《問12》

① 地積規模の大きな宅地とは、三大都市圏では500㎡以上、三大都市圏以外の地域では1,000㎡以上の地積の宅地をいう。

② 地積規模の大きな宅地の評価の対象となる宅地は、路線価地域においては、普通商業・併用住宅地区および普通住宅地区に所在するものになる。

③ 指定容積率が400％（東京都の特別区は300％）以上の地域に所在する宅地等は、地積規模の大きな宅地から除かれている。

〈答〉① 　ホ　　② 　ト　　③ 　ニ

【第5問】

《問13》

・遺産に係る基礎控除額

　3,000万円＋600万円×3人[※]（法定相続人の数）＝①4,800万円

　※妻Bさん、長女Cさん、長男Dさんの3人

・課税遺産総額＝5億9,000万円−4,800万円＝5億4,200万円

・法定相続人が法定相続分どおりに取得したと仮定した取得金額

　　・妻Bさん　　　　$5億4,200万円 \times \dfrac{1}{2}$ ＝2億7,100万円……❶

　　・長女Cさん　　　$5億4,200万円 \times \dfrac{1}{2} \times \dfrac{1}{2}$ ＝1億3,550万円……❷

　　・長男Dさん　　　$5億4,200万円 \times \dfrac{1}{2} \times \dfrac{1}{2}$ ＝1億3,550万円……❸

・相続税の総額（❶〜❸に対する税額の合計）

　・妻Bさん　　❶2億7,100万円×45%−2,700万円＝　9,495万円

　・長女Cさん　❷1億3,550万円×40%−1,700万円＝②3,720万円

　・長男Dさん　❸1億3,550万円×40%−1,700万円＝　3,720万円

　　　　　　　　　　　合計（相続税の総額）③1億6,935万円

〈答〉　①　4,800（万円）　　②　3,720（万円）　　③　16,935（万円）

《問14》

① 適切。

② 不適切。権利金の認定課税を回避するためには、X社はAさんと連名で「土地の無償返還に関する届出書」を、法務局ではなく税務署に提出する必要がある。

③ 適切。

〈答〉　①　○　　②　×　　③　○

《問15》

① 妻Bさんが自宅の敷地および建物を相続した場合、特定居住用宅地等として、小規模宅地等についての相続税の課税価格の計算の特例の適用を受けることにより、330㎡までの部分について80%の減額が受けられる。

　減額される金額＝7,000万円×80%＝5,600万円

② 全体の遺留分は2分の1であり、長男Dさんの法定相続分は4分の1であるため、長男Dさんの遺留分は以下のように8分の1となる。

長男Dさんの遺留分 $= \dfrac{1}{2} \times \dfrac{1}{4} = \dfrac{1}{8}$

長男Dさんの遺留分の金額 $= 6$ 億円 $\times \dfrac{1}{8} = \underline{7,500}$ 万円

③④ 相続税の申告の際に「申告期限後<u>3</u>年以内の分割見込書」を税務署に提出し、申告期限後<u>3</u>年以内に遺産分割協議が成立すれば、本特例の適用を受けるため、分割後<u>4</u>カ月以内に更正の請求を行うことができる。

〈答〉① ヌ　② ル　③ ハ　④ ニ

──────'20〜'21年版　執筆・校閲者──────

石井　　力　（税理士法人アイアセット／税理士）
奥村　禮司　（新事業創造育成実務集団「あきつ」グループ代表　社会保険労務士）
梶谷　美果　（1級ファイナンシャル・プランニング技能士）
佐藤　正明　（佐藤正明税理士・社会保険労務士事務所／税理士／社会保険労務士
　　　　　　　／1級ファイナンシャル・プランニング技能士／日本福祉大学非常勤
　　　　　　　講師）
杉浦　恵祐　（株式会社OSP代表取締役／1級ファイナンシャル・プランニング
　　　　　　　技能士）
鈴木ひろみ　（特定社会保険労務士）
福永大治郎　（税理士法人FOKs　代表社員税理士／1級ファイナンシャル・プラ
　　　　　　　ンニング技能士）
宮田　　昇　（宮田昇税理士事務所／税理士）
森田　昭成　（モリタ総合事務所／1級ファイナンシャル・プランニング技能士）
吉田　幸一　（吉田幸一税理士事務所）

※　50音順、敬称略。所属は執筆・校閲協力時のものです。

'20〜'21年版
2級FP技能士（実技・個人資産相談業務）精選問題解説集

2017年7月12日　初版発行
2020年7月15日　'20〜'21年版発行

監　修　(一社)金融財政事情研究会
　　　　検定センター
編　著　きんざいファイナンシャル・
　　　　プランナーズ・センター
発行所　株式会社きんざい
　　　　〒160-8520 東京都新宿区南元町19
　　　　TEL　03-3358-2891（販売）
　　　　URL　https://www.kinzai.jp/
発行者　加藤　一浩
印　刷　奥村印刷株式会社

○本書の内容に関するお問合せは、書籍名及びご連絡先を明記のうえ、FAXまたは郵送でお願いいたします（電話でのお問合せにはお答えしかねます）。なお、本書の内容と直接関係のない質問や内容理解にかかわる質問については、お答えしかねますので、あらかじめご了承ください。
　　　　　　　　　　　　　　　　　　　　　FAX　03-3358-1771
○法・制度改正等に伴う記述内容の変更・追加等は下記のウェブサイトに掲載します。
　　　　　　　　　　　　　　　　　https://www.kinzai.jp/seigo/